Corrado Augias
Marco Vannini

Inchiesta su Maria

La storia vera della fanciulla che divenne mito

Rizzoli

ISBN 978-88-17-06589-4

Prima edizione: settembre 2013

Referenze iconografiche
Archivio RCS: 1, 7, 9; Bruges, chiesa di Nostra Signora: 5; Chartres, cattedrale: 15; DEA Picture Library: 13; Foto Scala, Firenze: 10, 14, 16; Foto Scala, Firenze su concessione ministero Beni e Attività Culturali: 4, 6; Mondadori Portfolio/AKG Images: 11; Parigi, Musée national du Moyen Âge – Thermes et hôtel de Cluny: 17; Pina Catino (fotografia eseguita per gentile concessione dell'Ecc.ma Deputazione della Cappella del Tesoro di San Gennaro, Napoli): 8; Recanati, museo civico di Villa Colloredo Mels: 2; White Images/Scala, Firenze: 12; Würzburg, Marienkapelle: 3.

Realizzazione editoriale: Studio Editoriale Littera, Rescaldina (MI).

Inchiesta su Maria

ABBREVIAZIONI

ANTICO TESTAMENTO

Dn	Daniele
Dt	Deuteronomio
Es	Esodo
Gen	Genesi
Gs	Giosuè
Gdc	Giudici
Lv	Levitico
Nm	Numeri
2Re	Secondo libro dei Re
Rt	Rut
2Sam	Secondo libro di Samuele

NUOVO TESTAMENTO

At	Atti degli apostoli
1Cor	Prima lettera ai Corinzi
Gal	Lettera ai Galati
Gv	Vangelo di Giovanni
Lc	Vangelo di Luca
Mc	Vangelo di Marco
Mt	Vangelo di Matteo
Rm	Lettera ai Romani
1Ts	Prima lettera ai Tessalonicesi
1Tm	Prima lettera a Timoteo

ENCICLICHE

LG	*Lumen gentium*

Preambolo

Il giorno non è ancora spuntato del tutto e ci sono già alcune decine di persone infreddolite che aspettano, parlando piano, fregandosi di tanto in tanto le mani. Molti, sussurrando tra loro, sorridono. Un paio di bambini dormono, qualcuno, un po' in disparte, fuma. Quando il disco del sole finisce di spuntare dietro il profilo irsuto di una collina i presenti sono diventati alcune centinaia, difficile valutare, si vede solo che la folla è fitta e occupa quasi per intero la spianata. Gli abiti sono modesti, variazioni su ciò che s'intende oggi per abbigliamento sportivo, da viaggio, turistico; nessuno sembra fare troppo caso a ciò che ha indosso. La sensazione complessiva è di sobrietà, forse voluta, forse inconsapevole. Ci sono molti italiani. I più sono sbarcati a Spalato, che non è lontana; navi da crociera salpate da Ancona e Pescara, qualche volta da Venezia. Visitatori fugaci, in serata saranno di ritorno. Altri invece si trattengono più a lungo. I francescani di sant'Antonio da Padova sono molto attivi nell'organizzare brevi pellegrinaggi a basso prezzo di tre giorni e due notti. Già sulla nave i devoti vengono intrattenuti da ex personaggi dello spettacolo che raccontano le loro esperienze di conversione.

Tra la folla la tensione cresce. Non proprio tensione, piuttosto un senso di attesa, di fiduciosa attesa per un evento che tutti danno per certo.

Il villaggio di Medjugorje, il nome significa «tra i monti», è circondato in realtà da colline che è eccessivo chiamare «monti». Il più alto di questi rilievi fino al 1933 si chiamava Šipovac. Poi il suo nome è diventato Križevac, ovvero «monte della croce». In quell'anno correva il diciannovesimo centenario della Redenzione, se si accredita la leggenda che Gesù Cristo morì a 33 anni partendo dall'anno zero. Papa Pio XI indisse un Anno Santo straordinario e sulla cima del Šipovac venne eretta una croce in cemento armato alta quasi dieci metri, per cui si ritenne giusto intitolare l'altura a quel pio monumento.

Nonostante la gigantesca croce, fino al 1981 Medjugorje lo conoscevano in pochi. Vi risiedevano circa quattrocento famiglie, suddivise in cinque sobborghi, lungo la strada che dalla costa dalmata sale verso Mostar, capoluogo dell'Erzegovina. Il 24 giugno di quel 1981, sei ragazzi dissero di aver visto apparire la Madonna segnando così l'ingresso del villaggio nella storia del mondo.

Siamo nella parte occidentale dell'Erzegovina, quasi al confine con la sottile striscia di costa che fa invece parte della Croazia. Infatti, durante le ultime guerre jugoslave, il villaggio di Medjugorje è stato per un breve periodo annesso alla Croazia a prevalenza cattolica, confessione alla quale appartiene del resto la quasi totalità della popolazione. Il dedalo dei confini tra i vari Stati con le loro tortuose, assurde giravolte dice da solo le difficoltà etniche, religiose e politiche dei Balcani, da sempre una delle zone più inquiete del mondo, flagellata da numerose guerre di spietata ferocia. Come sono sempre le guerre tra vicini. Non molto lontano da qui, a Sarajevo, scoccò il 28 giugno 1914 la scintilla che fece deflagrare la Grande Guerra.

Dopo un altro giugno, quello del 1981 di cui dicevamo, le apparizioni della Madonna si sono ripetute con grande frequenza, comunque con strabiliante regolarità il 2 di ogni mese.

In genere avvengono sulla collina più bassa che si chiama Podbrdo, un'altura scabra, di stenta e spinosa vegetazione, disseminata di sassi. Molti devoti ne risalgono a piedi nudi la china, da soli o in gruppo, pregando, recitando il rosario. Lungo il tormentato cammino tre lastre di rame ricordano i misteri di quella strana, ripetitiva, devota invocazione: dolorosi, gaudiosi, gloriosi.

Lo sperduto villaggio è diventato una cittadina, la «collina delle visioni» è stata risistemata, la zona attrezzata per accogliere più di un milione di visitatori all'anno. Accade, da che mondo è mondo, in ogni luogo in qualche modo legato a fenomeni ritenuti soprannaturali. Edifici sacri e civili, alberghi di modesta e frettolosa architettura, hanno coperto il fondo valle e i fianchi delle colline. Dietro la chiesa hanno eretto un'impalcatura dove si celebra la messa. Davanti c'è un enorme spazio capace di contenere migliaia di persone. Di una statua del crocefisso che si erge da un lato, si dice che spesso pianga; non è raro vedere devoti che cercano di scorgere lacrime da poter raccogliere.

Le espressioni si fanno concentrate, si spegne il brusio, risuona isolata soltanto la voce, il pianto, di un bambino. Molti giungono le mani fissando un punto imprecisato del cielo. C'è il crepitio lieve, il fruscio elettronico, di molte macchine fotografiche che tentano di fissare l'attimo irripetibile della visione, foss'anche il profilo di una nuvola che in qualche modo evochi la divina presenza della Vergine. Più d'un volto è rigato di lacrime, c'è chi bisbiglia a se stesso parole di speranza, di consolazione. Molti sono giunti spinti dalla curiosità, si ha quasi l'impressione di poterli riconoscere; ma c'è chi è venuto per invocare una grazia, riacquistare la fiducia perduta, placare una pena.

Dopo un tempo che sarebbe difficile calcolare un giovane afferra un microfono malamente amplificato e assicura che la Vergine è apparsa e ha dato il suo messaggio. La messa del pomeriggio è stata officiata in croato ma il giovane adesso parla in inglese, non tutti capiscono, ci si aiuta l'un l'altro anche se il giovane, però sempre in inglese, annuncia che più tardi presso l'ufficio informazioni sarà disponibile il testo ufficiale del messaggio lasciato da Maria in varie lingue.

Sono messaggi elementari, paiono dettati più dal buon senso che da una divina ispirazione: «Cari figlioli» ha detto la Madonna «se vi riconoscerete nello Spirito Santo e nella volontà di mio Figlio potrete diventare una nuova nazione di persone, consapevoli che se si perde Dio si perde se stessi. Vi invito tutti a riunirvi nella famiglia di Dio dove troverete una nuova forza. Se si resta individui isolati è difficile resistere alle tentazioni del male e non potrete fare molto. Tutti insieme invece, e con l'aiuto di mio Figlio, potrete aiutare voi stessi e risanare il mondo».

Il giovane ringrazia e conclude riferendo la benedizione di Nostra Signora.

Il 2 aprile 2005 Ivan Dragičevič, uno dei sei ragazzi di Medjugorje che dal 1981 vede ogni giorno la Madonna, ha avuto un'apparizione particolare. Era la notte di sabato, papa Wojtyła era spirato alle 21:37 ora di Roma. Quattro ore dopo Ivan ebbe la consueta visione. A Boston, dove risiede e dove, per via del fuso orario, erano solo le 18:40, la Madonna gli apparve. Ivan era intento alla preghiera quando la «donna bellissima» si manifestò al suo sguardo. Contrariamente al solito però non era sola. Alla sua sinistra c'era il papa appena defunto. La scena è stata riferita nel dettaglio: «Il papa era sorridente, appariva giovane ed era molto felice.

Era vestito di bianco con un mantello dorato. La Madonna si è voltata verso di lui e i due, guardandosi, hanno entrambi sorriso, un sorriso straordinario, meraviglioso. Il papa continuava estasiato a guardare la Giovane Donna e lei si è rivolta verso Ivan dicendogli: "Il mio caro figlio è con me". Non ha aggiunto altro, ma il suo volto era raggiante come quello del papa che, estatico, fissava il volto di lei».

Si può credere o meno che la santissima Madre di Dio scenda dall'alto dei cieli per dire simili banalità o dare vita a scenette non lontane da quelle di un fotoromanzo. Non è questo il punto, ognuno è libero di credere ciò che vuole, se, con la sua fede, non nuoce ad altri. In questo caso si può addirittura pensare che la fede arrechi davvero un po' di bene, che coloro i quali partecipano a questi incontri escano dalla loro esperienza migliorati, più sereni, più forti. Di fronte a fenomeni di questa dimensione non ci si può accontentare di una qualche ironia, anche perché sarebbe troppo facile.

Nel lontano 1450, il 6 aprile lunedì di Pasqua, un maldestro giocatore di pallamaglio lancia la sfera in direzione d'una sacra immagine della Vergine, forse per errore di mira o forse per moto di stizza. Il proiettile va a colpire lo zigomo della figura. Dalla «ferita» comincia a sgorgare sangue, dalla folla si levano urla d'orrore ma si grida anche al miracolo, lo sventurato finisce sulla forca. Forse. Secondo altre fonti viene invece salvato *in extremis* dal supplizio.

Passa un po' più di un secolo, si arriva al 1589. Una certa Aurelia Del Prete, donna famosa nel circondario per la sua bruttezza, si ferisce ad un piede spaccando la legna. Spaventata, promette alla Vergine di portarle come ex voto una coppia di piedi in cera se riuscirà a guarire. Per una serie di vicissitudini succede che l'ex voto non può essere consegnato, anzi la donna, incollerita dai contrattempi, lo getta a terra e lo calpesta bestemmiando e maledicendo l'immagine della Vergine, il maestro che l'ha dipinta e chi viene a venerarla. In capo a un anno la sventurata donna si ammala di un male incurabile per cui i suoi piedi si staccano letteralmente dalle gambe. I poveri arti vengono portati al santuario ed esposti perché siano di monito ad altri.

Un'iscrizione dedicatoria ricorda in questi termini l'inaugurazione della cappella:

Nell'anno del Signore 1593 il primo maggio,
essendo Papa Clemente VIII,
Re d'Ispagna Filippo II,
e Vescovo di Nola Fabrizio Gallo
fu posta questa prima pietra.

Sul lato opposto viene citata anche la sventura della povera Aurelia: «Alla Beata Vergine dell'Arco per la bestemmiatrice Aurelia castigata nei piedi l'anno 1590 il giorno 20 aprile».

Sono i due miracoli più famosi dell'immagine che si venera nel comune di Sant'Anastasia, a pochi chilometri da Napoli, sulla strada che collega da tempo immemorabile il capoluogo ai comuni vicini, nel lato del monte Somma. La località si trova oggi nella cosiddetta «zona rossa» del Vesuvio, quella considerata di massimo rischio in caso di eruzione, data la scarsità delle vie di fuga con tutt'intorno un'edilizia fitta proliferata in modo caotico.

Arcangelo Domenici nel suo *Compendio dell'historia, miracoli e gratie* (1608) così descrive la sacra effigie: «Questa divotissima Immagine della Madre di Dio sta dipinta in muro, che con la man sinistra teneramente abbraccia il suo Sacratissimo Figliolo, il quale con la mano destra stringe un pomo: la cui dolcissima Madre mostra l'età di una dolcissima fanciulla di diciott'anni circa, ed è agli occhi di tutti devota, graziosa e bella, tirando più presto al chiaro e bianco che al nero e oscuro... Par che stia a sedere sopra una sedia, secondo alcuni, secondo altri pittori siede sopra una meravigliosa nube».

In realtà l'immagine appare di assai modesta fattura, ma questo non diminuisce certo il fervore di chi la venera, anche perché alla Madonna vengono attribuiti prodigi e grazie in gran numero, come testimoniano le migliaia di ex voto conservate in un edificio annesso al santuario: navi scampate al naufragio, riproduzioni di organi umani, cimeli di guerra, armi da fuoco, lunghi coltelli a serramanico sottratti per grazia divina a chissà quale malefatta.

Ogni lunedì di Pasqua, da secoli, l'immagine della Madonna dell'Arco viene celebrata con imponenti manifestazioni di popolo. Una processione interminabile avanza lenta tra due ali fitte di gente assiepata dove tutto si mescola: la povera modernità di plastica delle bancarelle di ricordi, i chioschi di cibarie, la devozione vera e la più sfacciata superstizione, una cultura antica che si può definire «pagana»; trapela il vuoto civile che la presenza di numerosi carabinieri e altre forze dell'ordine non basta a colmare.

Numerosi pellegrini e devoti percorrono i tredici chilometri che vanno da Napoli a qui, alcuni a piedi nudi, ora di buon passo ora addirittura correndo, altri arrivano con la piccola ferrovia locale, altri, naturalmente, in auto. Ci sono donne che coprono l'ultimo tratto avanzando dolorosamente sulle ginocchia via via abrase dalle pietre scabre. Altre spingono davanti a sé le carrozzine con i loro bambini, gli uomini sono tutti vestiti di bianco, una fascia azzurra a bandoliera scende dalla spalla sinistra sul fianco destro dove s'incrocia con una fusciacca rossa stretta alla vita.

Sulla sciarpa è impressa l'immagine della Madonna. Alcune immagini sono più elaborate e brillanti, chi le indossa sembra rivestire una qualche carica nella sua corporazione detta anche «paranza».

Le varie statue della Madonna sono montate su macchine lignee ornate di fiori e stucchi, angeli e festoni variopinti; sono portate sulle spalle da sei o otto giovani, concentrati nel compito onorifico che gli è stato assegnato, schiacciati dal peso. Avanzano ondeggiando, il loro lento procedere è scandito dal suono di una banda dove prevalgono i toni aspri degli ottoni, l'incessante rullare dei tamburi. I vari gruppi sono contrassegnati da stendardi o gonfaloni, ampi, variopinti, tesi al vento come vele, di difficile maneggio, pesantissimi, chi li sorregge ha un'imbragatura di cuoio sulle spalle che finisce in un astuccio all'altezza del basso ventre dove s'incastra la base dell'asta. Dal gonfalone partono dei nastri colorati ornati di fiocchi sorretti ognuno da una ragazza.

I giovani devoti sono chiamati «vattienti», battenti. Li distingue infatti il ritmico battere dei piedi che tengono in perpetuo movimento anche quando la macchina non si sposta dalla sua posizione. Li chiamano anche «fujenti», fuggitivi, perché sono coloro che corrono incontro alla speranza. Nelle due folle, quella che assiste, e l'altra interminabile che avanza, tutto si mescola: i semplici devoti e i «femminielli» dei vicoli che vengono a chiedere una grazia particolare, i camorristi che si sentono pii anche se spacciano droga e uccidono, i curiosi, i turisti venuti da lontano pronti a raccogliere nella macchina fotografica il pittoresco italiano, un residuo di Medioevo, o di tempi ancora più antichi, sopravvissuto per la loro divertita curiosità.

Più volte prima di arrivare al santuario, gestito dai padri domenicani, i vari gruppi si arrestano dando vita a una specie di rappresentazione danzante e benedicente. Bambini e ragazzi si stringono attorno al loro gonfalone, quindi si ri traggono, mentre il porta-bandiera ruota su se stesso, per consentire ad altri di vedere, toccare, molti ripetono o mimano gli stessi movimenti. Nell'ultima fase il ritmo cambia ancora, il gruppo che sorregge la macchina con la statua della Madonna alterna alcuni passi in avanti con altri in cui invece retrocede, lentamente, con andatura sempre ondeggiante, quasi fosse una danza rituale che la banda sottolinea rafforzando intensità e asprezza dei suoni.

Al di là della parte chiassosa, coreografica, pagana, ci sono coloro che alla Madonna dell'Arco vanno solo per dire grazie o per implorare un prodigio. O anche meno, per invocare una speranza, per chiedere tra le lacrime la cessazione di una pena prima che arrivi la disperazione che tutto spegne.

A Sant'Anastasia, come a Medjugorje, si nasconde un enigma. Non sono le apparizioni, vere o immaginarie, della Vergine, non è la rumorosa fiducia in una vecchia immagine di così rustica fattura. L'enigma sta nel fatto che ogni anno enormi quantità di persone sentano il bisogno di ricorrere a questo tipo di aiuto. Con parole brutali: che si accontentino di così poco, che basti così poco per restituire un po' di serenità. Davanti a fenomeni di questa portata – che nel caso di Sant'Anastasia si ripetono addirittura da secoli – non è consentito pensare che la cosa non riguardi tutti; non è neanche lecito rispondere che fenomeni come questi ci sono sempre stati, che indovini e sibille, oracoli e stregoni hanno sempre dato consolazione a chi sentiva di dover ricorrere alle loro formule, alle misteriose parole che uscivano da un antro. Qui c'è evidentemente di più e non solo per il numero dei «devoti» o perché il fenomeno si perpetua da un così lungo tempo. Il villaggio sperduto nei

Balcani o l'affollato borgo del napoletano rendono attuale la dimensione umana di Maria madre di Gesù, il desiderio della sua presenza, della sua comprensione, il bisogno fisico della sua vicinanza, della sua accessibilità; assunta sì nell'alto dei cieli ma anche prossima, molto lontana e vicinissima, soccorrevole di fronte a ogni necessità, così piena di grazia da poterla elargire a chiunque con fiducia la chieda.

Non ci sono mai state manifestazioni del genere nella lunga storia delle religioni che si sono avvicendate sul pianeta. Si tratta di un fenomeno che usualmente ci si limita a descrivere secondo i principi della fede o addirittura della venerazione; nobili strumenti, ma non aiutano molto a capire.

Che cosa si può scoprire invece quando si tenta di scrutare gli stessi fenomeni e la lunga storia della figura di Maria con tutti gli strumenti offerti dalla indagine storica e dalla cultura contemporanea?

Le pagine che seguono tentano di rispondere a questa domanda.

I

Carte in tavola

La conversazione che stiamo per affrontare è difficile e molto delicata. La figura di Maria è una delle più complesse mai contemplate in una religione, carica d'immense valenze affettive anche perché concentra in sé tutti gli attributi della femminilità. Essendo creatura terrena può essere considerata, come ogni altra, figlia di Dio; appena adolescente diventa però anche sposa di Dio e madre di Dio pur conservando la sua condizione verginale.

La sua condizione già straordinaria è resa ancora più complessa dal fatto che il Dio di cui Maria è nello stesso tempo madre e figlia, è una divinità triplice composta a sua volta da un Padre, un Figlio e una terza sfuggente figura sacra chiamata Spirito. È questo Spirito, sia pure in circostanze e con modi non umani, a fecondarla divenendo, in un modo molto particolare, suo sposo. Anche il Figlio al quale lei darà la luce, dopo una gestazione di durata fisiologica, è a sua volta una figura doppia e cioè umana e divina nello stesso tempo. La nascita leggendaria in una grotta a Betlemme vede comparire in un'umile mangiatoia un cucciolo di uomo come milioni di altri prima e dopo di lui; ma il piccolo essere indifeso che vagisce in quella fredda notte invernale non è solo un uomo, egli è contemporaneamente un Dio eterno, in quanto tale preesiste da sempre alla sua nascita terrena. La sua volontà, distinta e unita a quella delle altre due figure della Trinità, ha scelto per ragioni imperscrutabili un certo tempo e un certo pianeta tra miliardi, per prendere forma umana in Palestina, nel ventre di un'ebrea adolescente, per poi affrontare una tragica vicenda che si chiuderà con il sacrificio della sua vita a riscatto del genere umano da un remoto peccato che ne ha macchiato l'origine. Maria è madre di Gesù Figlio di Dio ma, essendo le tre Persone della Trinità distinte ma anche unite, si può dire che sia anche madre del Padre e dello stesso Spirito dal quale è stata fecondata. Un quadro, come si vede, d'immensa complessità, inconcepibile in termini di pura ragione e che anzi in quei termini non può nemmeno essere riferito data la sua evidente assurdità. Anche le assurdità però si possono spiegare con la necessità. Se un tale intrico umano, familiare e teologico è stato messo in piedi e in piedi resiste da secoli nella venerazione di milioni d'individui (alle volte per la verità un po' distratti), vuol dire che quel nodo supera le normali regole della logica e soddisfa un bisogno di ordine diverso: emotivo, affettivo, in una parola d'amore. Sconfina cioè in un territorio in cui le regole della logica non valgono più.

Non valgono nemmeno di fronte alla facile constatazione di quanto poco le Scritture parlino di Maria e per di più in termini contrastanti, così come contrastanti sono i rapporti che ha con suo figlio. La teologia dedicata alla madre giovinetta è stata costruita a poco a poco nel corso dei secoli presumibilmente per bilanciare con una delicata presenza femminile una divinità con troppo accentuate caratteristiche maschili. La figura di Maria è stata poi arricchita rifacendosi a richiami e allusioni, vaghe a volte o mal tradotte, contenute nella Bibbia ebraica (il cosiddetto Vecchio Testamento) o a episodi anche minimi della sua vita che comprende sporadici rapporti con il figlio Gesù. Il quadro è stato completato con la fine della sua esistenza e la successiva gloria nei cieli in corpo e anima.

Insomma si potrebbe dire che il vero prodigio è aver costruito una dottrina tanto vasta partendo da fonti così povere e contraddittorie. A questa donna, madre dolorosa di una creatura eccezionale, anche se si considera Gesù in termini solo umani, la Chiesa cattolica, più di ogni altra confessione cristiana, ha dedicato enorme attenzione nonché quattro dogmi, due antichi, due piuttosto recenti, di cui parleremo.

Il risultato è che tra le varie figure celesti, divine, semidivine, santificate, Maria è certamente la più complicata, tenera e commovente. Anche se non subisce un martirio fisico, come tante altre «vergini» di quella religione, il suo destino è gravato da un'immensa pena. È una madre, ovvero l'archetipo di cui ogni essere vivente conserva memoria per l'intera vita, la matrice alla quale ognuno deve l'esistenza, la fonte di ogni consolazione non solo nell'infanzia, non di rado anche nell'età adulta. Maria però è anche una madre che vede premorire il figlio, destino terribile che rovescia nella maniera più tragica la regola di natura che chiama i figli a seppellire i genitori. Per di più la sua funzione di «madre», in un senso così pieno e doloroso, è stata costruita in una parte del mondo che alla «madre» dà un eccezionale rilievo affettivo. L'area del Mediterraneo è da tempi immemorabili quella dove varie religioni hanno eretto e venerato numerose figure materne, anche se è doveroso sottolineare che si trattava di figure per lo più limitate all'aspetto della fecondità, ovvero al compito di perpetuare la specie. Infatti, nessuna delle preesistenti figure aveva mai raggiunto una complessità di significati e di livello paragonabile a quella della giovinetta Maria.

Per quanto mi riguarda desidero fare una franca dichiarazione di apertura. Non appartengo ad alcuna religione, più precisamente, ad alcuna Chiesa. Ritengo che le Chiese possano addirittura entrare in contrasto con la spiritualità quando vi mescolano un'esplicita attività politica o troppo scoperti interessi economici. Del resto, mantenere una struttura e un'affollata gerarchia su base mondiale costa molto denaro, il che comporta *de facto* un coinvolgimento nella «politica» e nella finanza, con tutto ciò che inevitabilmente ne consegue.

Ritengo anche che chi partecipa di una fede, parola di grande impegno, non debba farsi troppe domande né chiedere troppe risposte. Non a caso il termine «fede» ha una radice comune con «fiducia»; entrambe chiedono un certo abbandono a sentimenti semplici, a quella «povertà di spirito», in senso alto e umile, non a caso raccomandata da Gesù in persona.

Anche per questo sento il dovere di precisare che le domande e, penso, le risposte di questa conversazione non coinvolgono la fede. Scorrono, se così posso dire, su un piano parallelo che riguarda un bisogno lontano dalla fede e cioè il desiderio di capire. Il mio interlocutore in questo dialogo è Marco Vannini, lo studioso indipendente che da quarant'anni esplora gli impervi territori della mistica, riportando alla luce tesori di conoscenza occultati per secoli, grazie ai quali la religione cristiana appare in una luce nuova, come mostra anche il suo ultimo libro, *Oltre il cristianesimo*.

Professor Vannini, vorrei capire come e perché sia stata costruita un'immagine come quella di Maria nella quale sono state concentrate un'inverosimile quantità di funzioni, qualità e prerogative simboliche. Ci si poteva limitare alla fecondazio-

ne divina da parte dello Spirito, che era già molto, anche se non mancano episodi analoghi nella mitologia classica. Invece la teologia ha continuato per secoli a elaborare sempre nuove prerogative fino alla proclamazione, nel 1950, come vedremo, di un ultimo dogma su Maria.

Condivido in pieno le sue preoccupazioni nell'affrontare un tema così delicato, che tocca non solo i «credenti» (una parola su cui tornerò a breve), ma in larga misura tutti coloro che sono venuti in qualche modo in contatto con la figura di Maria, compresa la sua profonda valenza simbolica di femminile e di materno. Porto un esempio estraneo al consueto repertorio della pietà mariana. Si tratta del poeta Paul Verlaine, figura eccentrica e per certi aspetti addirittura «maledetta», che dedica alla Vergine una poesia tra le sue più belle; inizia così:

> Voglio amare ormai solo mia madre Maria.
> Sono, gli altri, amori di precetto.
> Ma, benché necessari, mia madre soltanto
> Può accenderli nei cuori che l'amarono.

Del resto, se si prende in mano una qualsiasi antologia della letteratura mariana, non si può non rimanere sorpresi della quantità e qualità di testi, in prosa e poesia, che, nei secoli, hanno avuto Maria come soggetto e ispiratrice, a opera di autori che non sono sempre dei «fedeli», a riprova evidente della suggestione profonda – forse anche inconscia, come avremo modo di vedere – che la sua figura evoca. Ma di questo parleremo a lungo.

In queste battute iniziali mi sembra utile una precisazione proprio sul concetto di fede, che lei distingue dalla pura ragione, alla quale affida una funzione di comprensione da cui la fede sarebbe esclusa. In questa accezione (che è peraltro prevalente) la fede è intesa come credenza, per cui fedeli e credenti significano la stessa cosa. Ora, io condivido in pieno la sua preoccupazione di non offendere in alcun modo i credenti, ben sapendo che nella fede, anche ingenua, sono spesso riposti i tesori più profondi dell'animo; devo però rilevare che il concetto di fede come credenza non è affatto l'unico e, soprattutto, non è quello più importante.

All'interno dello stesso cristianesimo, i grandi maestri spirituali non si stancano infatti di ripetere che la fede è il movimento dell'intelligenza, ovvero di tutta l'anima, ragione compresa, verso l'Assoluto, e perciò essa non genera credenze più o meno ingenue, surrogatorie del sapere storico-scientifico e destinate, peraltro, a essere sconfitte nel contrasto. Al contrario: la fede è distacco, ovvero ciò che incessantemente rimuove, toglie via ogni credenza di cui riconosce la parzialità, la finitezza, il suo esser frutto dei bisogni e dei condizionamenti del momento. La fede vera conduce a un «non-sapere» ove nessuna credenza è possibile, al nulla, alla più oscura «notte», come dice san Giovanni della Croce. Affermazioni che possono sembrare paradossali, ma che restano molto importanti. Credo che il confronto debba essere non con l'opinione comune, bensì con i grandi maestri spirituali. Dobbiamo usare, appunto, la pura ragione, la quale, se è veramente tale in senso forte, sottomette a critica ogni posizione, ivi compresa l'eventuale non-credenza, smascherandola come frutto anch'essa di un legame. Sotto questo profilo, anzi, è facile capire che la fede, in quanto volontà di Assoluto, è elemento essenziale della ragione stessa, che, senza fede, scade a ideologia: «Solo quando si ha fede si pensa. Chi non ha fede, non pensa. Pensa solo colui che ha fede», recita la *Chāndogya Upaniṣad*.

Ecco perché aprendo le sue lezioni all'Università di Heidelberg, Hegel non chiedeva ai suoi uditori altro che la fede:

«Il coraggio della verità, la fede nella potenza dello spirito. L'uomo, che è spirito, può e deve ritenersi degno delle cose più elevate, deve avere la più completa fiducia nella grandezza e potenza del suo spirito; con questa fiducia niente vi sarà di così refrattario e resistente da non svelare il suo intimo».

Questo è il punto: un oggetto storico si affronta con le categorie della storia, ma un argomento religioso, spirituale, necessita di una ragione che sia anche spirito, ovvero capace di comprendere in sé gli opposti, com'è appunto il caso del tema che stiamo per affrontare: umano-divino, vergine-madre, eccetera. Credo che una ragione forte, cioè ricca di fede nel senso accennato, possa affrontare serenamente anche la tematica che concerne Maria, ivi comprese le delicatissime questioni da lei evocate, come il concepimento e il parto verginale, certi di poter tutto spiegare e comprendere. Penso, anzi, che chiarire i concetti che gravitano intorno alla figura della madre di Gesù-madre di Dio possa contribuire a sciogliere quei nodi concettuali, che, da sempre, legano la riflessione sull'uomo in rapporto a Dio.

Oggi i roghi per gli eretici non ardono più e possiamo liberamente discutere, ma il problema vero è che una indagine così condotta richiede sforzo: intellettuale, di riflessione, ma ancor più di onestà, mettendo in discussione, o comunque tra parentesi, per così dire, le proprie opinioni, religiose o laiche che siano, per partire da una posizione esente da pre-giudizi. Questo non è, forse, completamente possibile, come non è possibile uscire dalla propria pelle. Da parte mia confesso di essere da sempre *homo religiosus*. Infatti è a partire da un'educazione cristiana che ho progressivamente rivolto la mia attenzione alla mistica (parola che dovremo precisare), scoprendo in essa profondità ignote alla religione comunemente intesa e, anzi, spesso in contrasto con essa. Così mi è toccato di riuscire «a Dio spiacente e a' nemici sui», ovvero sgradito tanto ai credenti quanto ai laici, per conservare quella libertà dell'intelligenza, libertà dello spirito, che proprio nella mistica vive e opera al massimo grado.

Lei ha citato Verlaine e capisco perché lo abbia fatto. Quell'ubriacone omosessuale, anzi pansessuale, sembra quanto di più lontano ci sia dall'idea «educata», «corretta» del culto mariano. Io voglio citare altri versi che rientrano invece pienamente nel canone e al più alto livello. Sono quelli della sublime preghiera di san Bernardo che Dante, al termine della sua ascesa verso Dio, pone a suggello della Commedia*:*

> Vergine Madre, figlia del tuo figlio,
> umile e alta più che creatura,
> termine fisso d'etterno consiglio,
> tu se' colei che l'umana natura
> nobilitasti sì, che 'l suo fattore
> non disdegnò di farsi sua fattura.

Questi versi colpiscono non solo per la loro altezza ma anche per il fatto che lo stesso Dante sentì la necessità di aprire la preghiera con il binomio «Vergine-Madre». Vergine e madre, sono le prime parole quasi per riaffermare in nome della fede una tale incomprensibile assurdità anatomica. Con le innumerevoli conseguenze che da ciò sono derivate.

Anche noi potremmo forse seguire il passo dantesco affrontando subito questa «assurdità» all'inizio del nostro dialogo, per poi proseguire, nei capitoli successivi, con un quadro della Palestina ai tempi di Maria e con l'analisi delle fonti disponibili, a partire dai vangeli.

II

La Vergine

Affrontiamo dunque con il professor Vannini un punto centrale della figura di Maria come è venuta configurandosi nella teologia ufficiale e nella pietà popolare, vale a dire la sua perenne verginità. Secondo una tradizione eretta a dogma, Maria sarebbe rimasta vergine non solo al momento del concepimento ma anche durante e dopo il parto. Come tutto ciò sia potuto accadere nessuno lo ha mai spiegato, il che, da un punto di vista di stretta fede, è pienamente comprensibile. I misteri della fede sono per l'appunto misteri. Se avessero una spiegazione in termini di umana ragione non saremmo più di fronte a una fede, bensì a una notizia tra le tante. Il mistero di un parto verginale, secondo le vie naturali, è inspiegabile in termini razionali e anatomici. In termini di fede invece non va nemmeno affrontato, lo si accetta per ciò che è, cedendo semmai alla dolcezza che si può ricavare da una tale sublimazione di un evento naturale, sanguinoso e per certi aspetti sgradevole. «*Inter faeces et urinam nascimur*», teneva a ricordare il santo vescovo Agostino.

Premesso il più assoluto rispetto verso chi ha bisogno di credere, vorrei, gentile professore, che affrontassimo la questione da un punto di vista storico. Ovvero, come e quando l'idea della verginità ha cominciato ad affacciarsi, quali mutamenti ha avuto nel corso del tempo sembrandomi che la posizione della Chiesa sul tema si sia per così dire attenuata nel corso degli ultimi decenni. Credo di poter dire che anche questa sia una conseguenza del Concilio Vaticano II, che ha rivalutato gli aspetti umani della figura di Gesù, vedendolo certo come un essere divino, anche però come un uomo del suo tempo e del suo Paese, cioè un ebreo rimasto tale «per sempre», cioè fino alla morte. Non è un caso che le sue ultime parole «Dio, Dio perché mi hai abbandonato?» siano le prime del Salmo 21. Gesù muore rifugiandosi nel grande cuore del suo popolo.

Come per riflesso, anche la figura di Maria si è umanizzata, donna tra le donne, potrebbe aver conosciuto anche lei il travaglio e le lacerazioni del parto.

In gran parte è così. Farò un esempio che mi pare piuttosto significativo. Mezzo secolo fa, i trattati di mariologia difendevano a spada tratta il dogma della verginità *ante*, *in* e *post partum*, cercando di confutare ogni possibile obiezione antica e moderna.

Se prendiamo il *Nuovo dizionario di mariologia* delle Edizioni Paoline del 1985, la trattazione è già notevolmente cambiata. L'argomento è presentato secondo una prospettiva storica, si analizzano le varie posizioni tenendo d'occhio la storia della cultura e l'antropologia, le varie scienze umane. Si enuncia certo la posizione tradizionale, ma difendendola in modo abbastanza sfumato. La voce «Vergine», che occupa sessanta pagine, si apre dicendo esplicitamente: «La credenza nella partenogenesi di Maria comincia a disgregarsi». La si definisce «una realtà del tutto marginale in rapporto alla fede cristiana. Il concepimento verginale di Gesù sembra aver perduto importanza sia nel contesto teologico che nell'ambito della vita contemporanea», e così di seguito. Facciamo un salto di una ventina d'anni e andiamo al 2009 per leggere la *Mariologia*, un dizionario del medesimo editore. Il curatore, Stefano De Fiores, è lo stesso, uno dei maggiori mariologi italiani, da poco defunto, coadiuvato anche da numerose teologhe donne; il tono però è completamente diverso. L'impianto dogmatico è scomparso, prevale uno sguardo che definirei antropologico-culturale. Alla voce «Vergine» sono dedicate non sessanta pagine bensì otto. Vi si riporta, brevemente e in modo per così dire neutrale, il dato storico dei concili, delle dichiarazioni papali. Si conclude invitando a pensare la verginità di Maria in una «prospettiva simbolica», «misterica» che rimanda essenzialmente alla carità, al servizio del figlio.

Professore, in parole povere: mi sta dicendo che la Chiesa stessa crede ormai solo fino a un certo punto a questo dogma?
Di fatto, al livello che possiamo chiamare dotto, non ci si crede più. Ovvero si è compreso che la verginità di Maria «non è un dato primario ed autonomo» della fede cristiana, come sosteneva qualche decennio addietro il celebre teologo gesuita Karl Rahner. La verginità di Maria appare come un «teologumeno».

Sarebbe a dire?
Un assunto, un'affermazione teologica legata ai tempi. Sotto un certo profilo, potremmo dire che anche in questo ambito *veritas filia temporis*.

Caro Vannini, ma papa Benedetto XVI, dotto teologo, non ha di recente ripetuto, nel suo libro sulla Infanzia di Gesù, *che «si deve credere» alla verginità di Maria come a un elemento «fondamentale della nostra fede»?*
Credo che Benedetto XVI abbia sentito la necessità di ribadire questo elemento tradizionale proprio perché avver-

tiva lo scollamento, per così dire, tra la religiosità popolare e la cultura dei dotti, laici o ecclesiastici che siano. Probabilmente riteneva che la mancanza di tale elemento mettesse in crisi la fede del gregge di cui era pastore – e su questo indubbiamente non si sbagliava.

Certo è che Gesù non parla mai di sua madre, tanto meno per accennare a una propria nascita miracolosa e verginale. Potrebbe anche essere comprensibile un suo pudico ritegno ad affrontare un argomento così delicato. Però nemmeno Paolo di Tarso, il primo autore cristiano, anzi, secondo una corrente non secondaria, il vero fondatore del cristianesimo, nemmeno lui, dicevo, accenna mai all'argomento. Nella sinagoga di Nazareth chiamano Gesù «il figlio del carpentiere e di Maria» come si farebbe per un qualunque nato da donna. Lo stesso Giovanni ignora questo tema. C'è di più: quaranta giorni dopo il parto Maria va al Tempio per essere purificata secondo il Levitico (12,2-4): «Se una donna dà alla luce un maschio, sarà impura per sette giorni; come quando ha le mestruazioni. L'ottavo giorno il bambino sarà circonciso. Poi dovranno passare ancora trentatré giorni, prima che la madre sia purificata dal sangue perduto durante il parto; essa non deve toccare nessuna cosa santa, né recarsi al santuario, finché questo periodo di purificazione non sarà terminato». In altre parole, quaranta giorni dopo il parto le donne d'Israele dovevano recarsi al Tempio per esservi purificate. Anche Maria venne sottoposta al rito e anzi, fino a pochi anni fa, anche nei calendari cristiani si poteva leggere, alla data del 2 febbraio, la dicitura «Purificazione della Vergine».

Se Maria ha partorito senza effusione di sangue da che cosa avrebbe dovuto purificarsi? La risposta ufficiale è che così facendo si sottomise alla Torah «per darci esempio di umiltà e di obbedienza alla legge di Dio», così recita il catechismo mag-

giore di Pio X. La risposta di tipo storico dice invece che purificazione e verginità sono state tramandate da due scuole dottrinali diverse e poi unificate nello stesso racconto senza troppo badare all'incoerenza del risultato. Qual è la sua idea?
Comincio dicendo che il tema compare in Luca, ma si tratta di una costruzione simbolica.

Nel secondo capitolo l'evangelista narra la Presentazione al Tempio per mostrare che i genitori di Gesù intendono adempiere alla «legge di Mosè», ma soprattutto perché l'episodio gli serve per introdurre la profezia di Simeone, che riconosce nel fanciullo il Messia – in parallelo a quella di Zaccaria e di Giovanni Battista, espressa nel capitolo precedente.

La questione di una verginità conservata anche nel parto appartiene invece a generazioni cristiane posteriori all'evangelista Luca, e per motivi teologici. Non si deve dimenticare che i problemi relativi a Maria sorgono sempre come una conseguenza di quelli di Gesù. La questione nasce infatti con la tendenza docetista, ovvero di quei cristiani che sostenevano a tal punto la divinità di Gesù, da negare che avesse realmente un corpo fisico con sangue, sudore, feci e urina e tutte le nostre note miserie. Sostenevano che Gesù «sembrava» solo umano (*dokéo* significa in greco sembrare). Quindi, concludevano, un «corpo» di tale natura avrebbe potuto benissimo attraversare come un raggio di luce il corpo della madre senza lederlo.

A riprova di ciò, si noti che l'apologista Tertulliano, per combattere il docetismo e ribadire la concreta umanità di Gesù, giunge al punto di negare la verginità perpetua di Maria. Ma ne parleremo ampiamente più avanti.

Prima di tornare al simbolismo di Luca, vorrei fare una breve digressione relativamente al tema che ha sollevato. Cito dal romanzo di Milan Kundera L'insostenibile leggerezza dell'essere *là dove il grande scrittore racconta con gli occhi di se stesso bambino in che modo dovette affrontare l'ardito assunto che gli esseri umani sarebbero creati «a immagine e somiglianza di Dio». Vedeva chiaramente*

> la discutibilità della tesi fondamentale dell'antropologia cristiana secondo la quale l'uomo è stato creato a immagine e somiglianza di Dio. O l'uno o l'altro: o l'uomo è stato creato a immagine e somiglianza di Dio e allora Dio ha gli intestini, oppure Dio non ha intestini e l'uomo non gli assomiglia.
> Gli antichi gnostici lo sentivano con la stessa chiarezza con cui lo sentivo io a cinque anni. Per risolvere questo problema maledetto, Valentino, grande maestro della Gnosi del secondo secolo, sosteneva che Gesù «mangiava, beveva, ma non defecava».
> La merda è un problema teologico più arduo del problema del male. Dio ha dato all'uomo la libertà e quindi, in fin dei conti, possiamo ammettere che egli non sia responsabile dei crimini perpetrati dall'umanità. Ma la responsabilità della merda pesa interamente su colui che ha creato l'uomo.

In realtà sia il problema del male sia quello, solo in apparenza più banale, degli intestini, non hanno soluzione in termini di teologia tradizionale. Infatti si tratta di domande alle quali nessuno ha mai risposto.

Ma torniamo ora al tema della verginità trattato da Luca, come lei accennava, in forma simbolica.

Infatti, il racconto di Luca è tutto teso, ripeto, a stabilire un parallelo tra Giovanni Battista e Gesù e le due rispettive madri Elisabetta e Maria. Questa costruzione simbolica serve all'evangelista per inserire Gesù nelle promesse messianiche. Più in breve ma in maniera più esplicita troviamo il tema della verginità anche in Matteo (1,22-23), che la certifica rifacendosi a un'antica profezia di Isaia. Che cosa aveva detto il profeta otto secoli prima dei fatti ai quali ci riferiamo? Isaia (7,14) annuncia al re Acaz e alla casa di David la nascita di un bambino. Il testo ebraico dice semplicemente che questo bambino sarà concepito e dato alla luce da una giovane donna (*'almah*), che è probabilmente la moglie dello stesso Acaz, o comunque una donna della corte reale: «Ecco, la giovane donna concepisce e dà alla luce un figlio e gli porrà il nome di Emanuele».

Nella versione greca della Bibbia però i famosi «Settanta» tradussero *'almah*, giovane donna, con *parthénos*, vergine. È un errore. In ebraico vergine nel senso di *virgo intacta*, donna che non ha conosciuto uomo, si dice *betulah*, tali del resto dovevano essere le spose. Così Gesù viene fatto nascere da una vergine invece che da una, potremmo dire, «giovinetta».

Ora faccia attenzione a ciò che Maria risponde all'angelo che le annuncia il concepimento: «Com'è possibile, se non conosco uomo?». Con questa domanda l'evangelista Luca non sta mettendo il primo mattone del dogma sulla verginità di Maria, vuole solo significare che il Figlio viene dallo Spirito di Dio, anche se nasce attraverso una normale gestazione umana. Il senso del brano si comprende infatti dalla risposta che l'angelo dà alla Vergine: «Lo Spirito santo verrà sopra di te e la potenza dell'Altissimo ti coprirà con la sua ombra».

Qui è evidente che Luca riecheggia il passo finale del libro dell'Esodo, ove la nube divina, la gloria di Dio, «copre con la sua ombra» la tenda del convegno. Infatti l'evangelista vuol dire che Maria è la vera «tenda», cioè dimora di

Dio, luogo dell'incontro tra Dio e il suo popolo. Come si è appena detto, tutto il racconto lucano dell'Annunciazione ha un valore simbolico, ed è perciò intriso di rimandi all'Antico Testamento.

Nel Protovangelo di Giacomo, *che immagino dovremo citare più volte, c'è un mirabile racconto della maternità di Maria, pieno di umanità e di fede. Una levatrice ebrea si reca alla grotta dove il parto è avvenuto. Visto il bambino che succhia al seno della madre, esclama: «Com'è grande questo giorno per me. Io ho visto questa meraviglia mai sentita». Poi la levatrice esce dalla grotta e incontra un'altra donna, Salome, alla quale dice: «Salome, Salome, ho una meraviglia mai sentita da raccontarti: una vergine ha partorito, cosa che la sua natura non permette». Salome risponde: «Come è vero che il Signore mio Dio vive, se io non metto il mio dito e non esamino la sua natura, non crederò mai che una vergine abbia partorito». La levatrice allora torna nella grotta e dice: «Maria, preparati perché dovrai affrontare una questione di non poco peso». Maria avendo sentito questo si prepara. E Salome mette il dito nella sua natura e grida: «Maledetta la mia iniquità e la mia incredulità perché io ho tentato il Dio vivente perciò la mia mano divorata dal fuoco si stacchi da me».*

Quindi Salome s'inginocchia davanti all'Onnipotente dicendo: «Dio dei miei padri, ricordati di me, io sono della discendenza di Abramo, di Isacco e di Giacobbe, non lasciarmi come esempio ai figli di Israele ma destinami ai poveri, perché tu sai che io ho prodigato ogni cura nel tuo nome e che la ricompensa la ricevevo da te». Ed ecco che compare un angelo del Signore e le rivolge queste parole: «Salome, Salome, il Padre, padrone di tutte le cose, ha esaudito la tua preghiera, avvicina la mano al bambino e prendilo nelle tue braccia e sarà per te salvezza e gioia». E piena di gioia Salome si avvi-

cina al bambino, lo prende nelle sue braccia dicendo: «Io lo adorerò poiché è lui che è nato re per Israele».

Questo racconto, mirabile nella sua crudezza, credo sia tra le cause dell'insistenza con la quale s'è affermata la verginità di Maria. In seguito che cosa è successo?

In seguito il racconto si è per dir così fissato con la progressiva divinizzazione del figlio e con la collaterale ellenizzazione del «cristianesimo». Nella mitologia greca torna più volte l'idea di un dio (Zeus) che genera figli da una donna mortale; ad alcune di queste divinità, per esempio Eracle, era anche stato attribuito il titolo di «salvatore» (*sotér*). Non meraviglia perciò che polemisti come Celso (siamo nel II secolo) abbiano accusato i cristiani di riprendere miti come quello di Zeus che feconda Danae con la pioggia d'oro e genera Perseo, o Eaco, Anfione, Minosse, eccetera.

In parallelo alcune correnti della filosofia greca privilegiavano il distacco dalle passioni e dai legami mondani e perciò la continenza, la castità...

Sta pensando alla nobile filosofia stoica, immagino.

Lo stoicismo, ma non solo: anche il platonismo, molto diffuso nei primi secoli dell'era cristiana. Sono paradigmi etici per i quali risulta assolutamente coerente un modello di purezza e di verginità.

Il che non avviene però nell'ebraismo.

No, anzi, per la cultura ebraica la verginità degli adulti, maschi o femmine, il non aver procreato, era considerata una maledizione. Per il Talmud un uomo non sposato a vent'anni era considerato maledetto da Dio; rinunciare al matrimonio era un crimine equivalente a un delitto di sangue. Il che spiega per esempio la disperazione di Gioacchino, padre di Maria, che si ritira a pregare nel deserto per il dolore di non aver avuto figli da sua moglie Anna.

Attenzione però: come meglio vedremo in seguito, ai tempi di Gesù esisteva in Palestina anche il movimento degli esseni (del quale, secondo alcuni studiosi, faceva parte lo stesso Giovanni Battista). Costoro privilegiavano invece castità e verginità. Insomma la situazione, tanto per cambiare, era complessa.

Resta un fatto: solo alcuni testi protocristiani sostengono la nascita verginale di Gesù, circostanza che fa pensare come, all'inizio del movimento, la straordinaria condizione di sua madre non fosse considerata abbastanza verosimile o importante, o entrambe le cose. Una verginità conservata dopo il parto è talmente fuori dell'ordine naturale che se in qualche modo fosse stata non dico accertata, ma anche solo largamente condivisa, tutti i testi avrebbero dovuto segnalarla.

Infatti la fede nella verginità si è stabilizzata gradualmente nel tempo. È solo nei primi secoli del cristianesimo, «quando il sangue di Cristo era ancora caldo», come dicono i Padri della Chiesa, che comincia ad affermarsi il primato della verginità, della castità monastica, uno dei segni più forti della rinuncia al mondo. Ovvero, rovesciando la questione, è così che comincia a prevalere lo spirito che, come insegna Paolo, è sempre contro la carne.

Mi pare che oggi questa concezione sia stata completamente ribaltata. La carne, per chiamarla così, trionfa nella moda, nella pubblicità, nei consumi e nei costumi.

Oggi siamo addirittura al primato del corpo e della sessualità. Nella *Mariologia* che poco sopra ricordavo c'è, ad esempio, la specifica voce «Corpo», redatta da un'agguerrita teologa, nella quale si polemizza con la filosofia greca

(Pitagora, Platone, Aristotele, Epicuro, la Stoà: insomma la squadra al completo!) che viene liquidata come spregiatrice del corpo; la polemica investe, più o meno implicitamente, anche i passati atteggiamenti della teologia cattolica su questo tema. Rivendicando il primato del corpo, quindi della distinzione sessuale, la verginità di Maria viene per così dire messa in secondo piano. La verità è che anche molti teologi si sono avvicinati al pensiero di Nietzsche, secondo il quale la concezione verginale offende il matrimonio, il corpo, la sessualità.

Nel museo di Villa Colloredo Mels a Recanati, ho visto un sorprendente affresco che rappresentava l'Annunciazione, opera di Olivuccio da Ciccarello, lì trasportato dalla locale chiesa di Sant'Agostino. Si vede lo Spirito che feconda Maria attraverso l'orecchio. Un'altra rappresentazione analoga, ma molto più imponente, si trova nel rilievo del portale nord della Marienkapelle a Würzburg. Si vede in alto Dio Padre seduto sul trono celeste. In basso l'angelo fa l'annuncio a Maria che siede al centro. Una specie di tubo o «portavoce» collega la bocca di Dio all'orecchio della fanciulla permettendo la fecondazione. Erano tentativi, bizzarri, di dare una spiegazione razionale a un fatto che spiegazioni non ha. Ovvero ne ha solo nell'imperscrutabile campo della fede, come dicevamo.

La possibilità della fecondazione attraverso l'orecchio è stata molto dibattuta?

Molto dibattuta non direi, però ha avuto una discreta fortuna in un passato più o meno remoto. È un'idea che parte, o che ha comunque il suo corifeo, in un importante Padre della Chiesa del IV secolo, Efrem il Siro, cui si devono tantissime opere poetiche (fu chiamato «Cetra dello Spirito Santo»), molte delle quali in onore di Maria. Gioca sul fatto che «*fides ex auditu*», la fede viene dall'ascolto, come insegna l'apostolo Paolo. Maria presta appunto ascolto, nel senso che ha fede nella parola dell'angelo, ed è grazie a questo suo «prestare ascolto» che si trova immediatamente incinta.

Non ci si deve meravigliare se l'idea, per noi certamente bizzarra, del concepimento auricolare, sia stata motivo di ispirazione per tanta arte cristiana, come negli esempi che lei faceva. Lo stratagemma permetteva di rappresentare il concepimento verginale in modo teologicamente accettabile e mantenendo per dir così una certa approssimativa verosimiglianza.

Forse la dottrina si è troppo ostinata nella difesa della verginità di Maria, tanto più che le Scritture non dicono niente sul mantenimento di quella condizione dopo l'Annuncio. Sia o no rimasta vergine, poco o nulla cambia nella figura di questa donna, nella vita straordinaria che è chiamata a condurre, nelle sofferenze che deve patire. La questione della verginità tra l'altro se ne tira dietro altre due.

La prima è quella di Giuseppe. In termini per dir così di stato civile, Giuseppe sarebbe il vero sposo di Maria. Uomo notevolmente più anziano di lei, almeno secondo una certa tradizione, è il co-protagonista della vicenda, però muto nel senso che le Scritture non gli danno mai la parola. Egli non prende parte alla fecondazione di sua moglie né si è mai congiunto con lei almeno fino alla nascita del bambino. Il loro appare come un matrimonio non consumato che dunque prepara il terreno alla persistente verginità della fanciulla. Giuseppe diventa così il «padre putativo», cioè presunto, potremmo anche dire «adottivo» di Gesù, il che dovrebbe comportare, dato l'indissolubile e misterioso vincolo che unisce tra di loro le persone della Trinità, che diventi anche il padre putativo di Dio Padre nonché dello Spirito che ha fecondato sua moglie. Un intrico nel quale si rischia di perdersi.

L'altra conseguenza è quella, molto discussa, dei fratelli di Gesù. Una questione che può sembrare secondaria rispetto all'importanza complessiva del messaggio ma che risulta invece fondamentale ai fini della «verginità».

Possiamo provare a definirla nei termini più attendibili?
Posso certo esporre alcuni dati e prospettare alcune ipotesi, però con una premessa. La dibattuta questione dei «fratelli» può essere risolta in due o tre modi diversi, come subito vedremo. Ritengo onesto riconoscere che la soluzione dipende soprattutto dalla scelta fatta a priori, ovvero dalla tesi che si vuole sostenere. Personalmente, dunque, mi asterrei da un giudizio conclusivo.

La coscienza è libera. So però una cosa. Uno di questi fratelli, Giacomo, detto il Minore, sarebbe stato il primo vescovo di Gerusalemme. La notizia è data dallo storico Flavio Giuseppe (37-103), un ebreo passato ai romani, che nelle sue Antichità giudaiche *(20.9.1) lo definisce appunto: «Fratello di Gesù, il cosiddetto Cristo».*
Se è per questo anche Eusebio di Cesarea, nella sua *Storia ecclesiastica*, scritta ai tempi di Costantino, continua a chiamare Giacomo «fratello del Signore, da tutti chiamato il Giusto, dal tempo di Gesù fino ad oggi».

E non basta questo a dirimere la questione? Su altre asserite «verità» abbiamo riferimenti anche meno precisi.
Si tratta di indizi, non di prove.

E quali sono gli indizi che puntano diciamo in direzione opposta?
Voleva la storia? Ecco la storia. Marco parla di «fratelli di Gesù». Ne parlano anche Giovanni e Matteo, in alcuni casi dandone addirittura i nomi. Ometto troppi riferimenti bi-

bliografici per non appesantire. Ma per esempio in Marco 3,31-35 leggiamo:

> Nel frattempo viene la madre con i suoi fratelli, e, fermatisi fuori, lo mandarono a chiamare. Or la folla sedeva intorno a lui; e gli dissero: «Ecco, tua madre e i tuoi fratelli sono là fuori e ti cercano». Ma egli rispose loro, dicendo: «Chi è mia madre, o i miei fratelli?». Poi guardando in giro su coloro che gli sedevano intorno, disse: «Ecco mia madre e i miei fratelli. Poiché chiunque fa la volontà di Dio, questi è mio fratello, mia sorella e madre».

La pericope, come voi dotti chiamate questi brani estratti dalle Scritture, a me pare abbastanza eloquente.

La questione dei fratelli ha, schematicamente, tre possibili soluzioni. La prima potrebbe essere che i fratelli di Gesù sono i figli di primo letto di Giuseppe, uomo anziano, come abbiamo ricordato. Questo ad esempio fanno capire alcuni «Apocrifi» che parlano di un primo matrimonio, relativa vedovanza, e di un «vecchio Giuseppe». A favore di questa tesi gioca il fatto, rilevante, che nei vangeli non si usa mai, per i «fratelli» di Gesù, la dicitura «figli di Maria». Maria è chiamata sempre solo «madre di Gesù» e Gesù «figlio di Maria».

Qui abbiamo un dettaglio significativo richiamato da Ernest Renan nella sua celebre Vita di Gesù. *Lo scrittore francese paragona Gesù a Piero della Francesca, così chiamato perché figlio unico di madre vedova.*

Aggiungiamo che nel quarto vangelo (Giovanni) Gesù, morente sulla croce, affida Maria a Giovanni, discepolo prediletto, con le parole: «Ecco tua madre». È vero che anche in questo caso l'affidamento – che è duplice, giacché anche Giovanni viene affidato a Maria («Donna, ecco tuo figlio») – ha un prevalente valore teologico.

Caro professore, quando su fatti e parole concrete si cominciano a elaborare metafore teologiche, si finisce per confondere tutto, per cui tutto diventa possibile.
È vero, può accadere, non però in questo caso. Le parole vogliono chiaramente significare che da quel momento tutti i discepoli saranno, come Gesù, figli di Maria. Ma volendo restare ai fatti, la scena dice anche che ai piedi della croce non ci sono fratelli, a questi sarebbe stato logico affidare la povera madre. Insomma, sembra proprio che Gesù sia l'unico figlio.

Professore, resta che i vangeli parlano ripetutamente di «fratelli», anche questo è innegabile.
Qui compare la seconda soluzione, la più diffusa e «vincente» in ambito ecclesiale. Sostiene trattarsi non di fratelli in senso proprio, bensì di cugini. Il più celebre difensore di questa tesi è Gerolamo, nella sua opera *Contro Elvidio.* Costui sosteneva infatti che «fratelli» voleva dire veri e propri fratelli. Gerolamo, che conosceva benissimo latino, greco ed ebraico, ha buon gioco nel rilevare come le lingue semitiche indichino col termine *ach* tanto i fratelli quanto i cugini, o altri gradi di parentela come cognato, nipote, o addirittura compagno, connazionale. Il che è verissimo.

Sì certo, ma il Nuovo Testamento è in greco e il greco ha, nella sua ricchezza, parole distinte. Anepsiós *per cugino,* adelphós *per fratello,* adelphé *per sorella.*
C'è anche qui una contro-obiezione: i vangeli, come la Bibbia greca dei Settanta, tendono a mantenere le voci ebraiche di origine. Vede com'è complicato e incerto?

Talmente incerto che nel caso di 'almah *questo non è accaduto. Lì non c'è stato alcun dubbio, la «giovinetta» di cui parla il testo ebraico, diventa la* parthénos, virgo intacta, *del testo greco.*
Comunque c'è anche la terza ipotesi. Quella che ritiene appunto i fratelli come fratelli veri e propri, uterini, nati dal matrimonio Giuseppe-Maria, che diventerebbe in questo modo un'unione a tutti gli effetti, anche carnale. Seguendo questa ipotesi, è evidente che Maria non sarebbe più vergine, almeno *post partum.*

Si tratta di una tesi scarsamente seguita in passato, che però trova oggi sostenitori sempre più numerosi. Sono le tendenze della cultura attuale alle quali s'è accennato sopra.

Veritas filia temporis, *per ripetere l'antico adagio. Lei non ha citato Luca il quale invece (2,7) scrive: «Ed ella [Maria] diede alla luce il suo figlio primogenito, e lo fasciò e lo pose a giacere in una mangiatoia, perché non c'era posto per loro nell'albergo». Primogenito, dunque il primo di altri.*
Apparentemente. Sempre Gerolamo fa notare che nella cultura ebraica e nella Bibbia il primo figlio è chiamato talvolta «primogenito» anche se è e resta l'unico. Esiste, ad esempio, in Palestina, un'iscrizione sepolcrale per una donna morta di parto dando alla luce il suo primo (e, ovviamente, unico) figlio, anch'egli è definito «primogenito».

Capisco. Ho praticamente esaurito le mie obiezioni e darei il risultato in pareggio. Però mi viene in mente Matteo quando scrive (1,25) che Giuseppe «non conobbe» sua moglie «fino a quando» non dette alla luce un figlio. Se ne può dedurre che dopo la nascita si sia finalmente giaciuto con lei, povero Giuseppe.
Anche qui non bisogna dimenticare, come ho già detto, che sotto il greco dei vangeli permane la tessitura linguistica e semantica dell'ebraico dove si usa spesso l'espressione «fino a

quando» anche nel caso in cui l'azione continui. Per esempio, nella Genesi 28,15 Jahvè dice a Giacobbe: «Non ti abbandonerò fino a quando non avrò compiuto la promessa». È evidente che non lo abbandonerà neanche dopo. Oppure nel Salmo 110,1: «Siedi alla mia destra, fino a quando ponga i tuoi nemici a sgabello dei tuoi piedi». Anche qui è chiaro che i nemici seguiteranno anche dopo a «fare da sgabello», eccetera.

Insomma, una risposta si può sempre trovare. Infatti è un po' la regola generale di tutti i testi sacri dove chiunque può trovare ciò che vuole. Ci sarà sempre un versetto, un episodio, che darà sostanza a qualunque tesi si voglia sostenere. Nel nostro caso però queste cautele di tipo sessuofobico finiscono per limitare in Maria proprio quell'umanità che per altri aspetti si vorrebbe esaltare.
Il fatto, caro Augias, è che i primi cristiani non sentivano questo problema. L'affermazione ostinata della verginità perpetua di Maria dipende molto dal primato accordato alla castità, alla purezza, alla verginità, in autori come Agostino o Gerolamo. Al contrario, chi favoriva lo stato matrimoniale, la famiglia, o l'umanità come dice lei, era incline a negarla; sia nei primi secoli, sia nell'età moderna.

Una considerazione terra terra. Una famiglia, sacra che sia, dov'è vergine la madre, vergine il figlio, vergine (o costretto all'astinenza) il padre, ecco a me pare che la teologia in questo caso abbia esagerato.
Be', forse è così, però, sempre restando terra terra, si potrebbe dire che la teologia fa – o dovrebbe fare – il suo mestiere di teo-logia, ovvero parlare di Dio...

Giusto. Comunque meglio sarebbe farlo senza pretendere ogni volta di aver trovato una verità assoluta valida – come direbbe un avvocato – erga omnes.

III

Terra d'Israele

Professor Vannini, mi sembra utile inquadrare sinteticamente la figura di Maria, il suo culto e le sue prerogative, nella situazione che definirei geo-politica d'Israele nell'epoca in cui si svolgono i fatti che stiamo per raccontare. Utile anche ricordare quale fosse la condizione generale delle donne, quali i loro rapporti con il sacro, la considerazione e lo *status* giuridico e sessuale che a loro era riservato.

La zona del Medio Oriente nota come Palestina (ovvero «terra dei filistei») è un'esigua striscia di terra, parallela alla costa mediterranea che cominciava dalle alture del Golan al nord e arrivava a lambire i confini con il deserto del Negev a sud. Due specchi d'acqua la delimitano. A nord il lago di Tiberiade (detto anche con enfasi «mare di Galilea»), a sud il mar Morto, così chiamato a causa delle sue acque molto salate. Infatti il suo nome in ebraico è *Yam HaMelach*, ovvero mare del sale. Le sue rive si trovano a quasi 400 metri sotto il livello del mare e rappresentano il punto di massima depressione del pianeta. Il suo principale immissario è il fiume Giordano, non ci sono emissari, ci pensa il sole a mantenere il livello con l'incessante evaporazione.

Dal punto di vista amministrativo e politico la terra d'Israele era divisa in varie regioni. A nord la Galilea, dal paesaggio verdeggiante, rinfrescata dalle acque del grande lago di Tiberiade che ha una circonferenza di oltre 50 chilometri. Anche questo lago si trova a più di 200 metri sotto il livello del mare, le sue acque però, a differenza di quelle del mar Morto, sono dolci e pescose.

Al centro, la regione della Samaria. I suoi abitanti, i samaritani (discendenti da coloni asiatici), non avevano buoni rapporti con i giudei, donde il valore particolare dell'incontro amichevole di Gesù con la samaritana presso il pozzo di Giacobbe e il lungo dialogo che ne segue.

Scendendo ancora verso sud, troviamo la Giudea con capitale Gerusalemme al cui centro sorgeva il Tempio. L'edificio esistente negli anni di Gesù è il secondo Tempio, ricostruito nel VI secolo a.C., dopo che il babilonese Nabucodonosor aveva distrutto il primo tempio edificato da Salomone. In realtà il secondo tempio era stato distrutto e ricostruito dalle fondamenta, ampliato e reso grandioso, negli anni immediatamente precedenti le vicende che stiamo per narrare, a opera del sovrano Erode, detto il Grande. Anche questo secondo Tempio sarà distrutto, nel 70 d.C., dalle truppe romane del generale e futuro imperatore Tito.

All'estremo sud infine la regione dell'Idumea, abitata, secondo la tradizione, dai discendenti di Esaù. Già sconfitti da Saul, sottomessi da David, rimasti pagani fino a un secolo prima della nostra era, poi obbligati ad accettare la circoncisione, ma sempre considerati semi-giudei. Idumeo era anche il padre del re Erode e difatti lo storico Flavio Giuseppe, le cui *Antichità giudaiche* sono una delle nostre fonti più importanti, lo definisce proprio così: «semi-giudeo».

Anche se non corrispondono a quelle del I secolo, le dimensioni attuali dello Stato d'Israele aiutano comunque ad avere un'idea della situazione. La superficie è di circa 21.000 chilometri quadrati, ovvero poco più di quella della

Puglia. Lunghezza 470 chilometri, larghezza da 15 a 135 chilometri nel punto più ampio.

Uno degli aspetti stupefacenti è come una regione così piccola sia riuscita a influenzare in modo tanto forte e in così numerose circostanze la storia del mondo.

È vero, una limitata estensione, non si deve dimenticare però che anche nel mondo antico c'erano relazioni strettissime tra le varie regioni e le varie culture, il che vale in special modo per il territorio di cui stiamo parlando, autentico «crocevia» di popoli, lingue, culture. Lo stesso monoteismo che era il vanto dei giudei ha precedenti nell'area chiamata la «mezzaluna fertile». Lo fa notare ad esempio il professor Paolo Xella, nel suo libro *Gli antenati di Dio*. Ai tempi che riguardano la nostra conversazione, l'impero romano aveva costituito un organismo unitario, in cui le diverse culture avevano facili e frequenti interscambi. Penso ad esempio ad Alessandria d'Egitto, in cui convivevano e s'incontravano pacificamente esperienze filosofiche e religiose diverse. Gli studiosi hanno giustamente notato che la diffusione del pensiero ebraico fuori dei confini d'Israele si deve alla traduzione in greco della Bibbia che permise di farla conoscere a tutti i dotti del tempo; in mancanza, quel testo sarebbe rimasto confinato al suo ambito originario.

È la famosa versione detta dei Settanta. Secondo la tradizione, sarebbe stata elaborata nell'isola di Faro, di fronte appunto ad Alessandria, da settantadue dotti traduttori, sei per ciascuna delle dodici tribù di Israele, su iniziativa del re greco-egiziano Tolomeo Filadelfo (III secolo a.C.).

Anzi la leggenda è ancora più articolata. Infatti dice che questi traduttori produssero autonomamente, in settantadue giorni, prima una versione del Pentateuco, cioè dei primi cinque libri della Bibbia, poi dell'intero testo.

Certo, anche se la notizia è leggendaria, e già san Gerolamo, che era un intellettuale raffinato, la considera più o meno una storiella. Però resta il fatto che una traduzione effettivamente ci fu e influenzò profondamente non solo il cristianesimo primitivo, ma anche lo stesso giudaismo. Basti pensare a quell'importantissimo filosofo ebreo-ellenistico che è Filone, detto appunto Alessandrino.

Forse ci stiamo allontanando troppo dal nostro soggetto, riprendiamo la storia d'Israele utile per mettere storicamente a fuoco i nostri protagonisti. Propongo di cominciare dal 63 a.C. quando Gneo Pompeo conquista la Giudea facendone uno Stato vassallo di Roma, nominalmente guidato da un sommo sacerdote.

Intorno al 50 a.C. questa carica è ricoperta da Erode Antipatro che la ottiene da Giulio Cesare. Suo figlio...

Che si chiama Erode anche lui; ci vuole un certo allenamento per distinguere tra tutti questi Erode compreso l'Erode della passione di Gesù.

Anche con i nomi delle famiglie romane avviene la stessa cosa. Per fare un solo esempio guai a confondere Agrippina, madre di Nerone (detta Minore), con sua madre che si chiamava anche lei Agrippina, detta Maggiore proprio per distinguerla.

Riprendo. Erode, figlio di Antipatro, aiutato dai romani, si fece riconoscere re dei giudei, titolo che mantenne fino alla morte, nel 4 a.C. – noti la data. Uomo astuto, abile, sanguinario, non esitò a sbarazzarsi dei suoi nemici, o supposti tali, facendoli eliminare. Tra le vittime anche numerosi suoi familiari: cognati, moglie, suocera, e persino tre figli, tra cui il primogenito. Secondo quanto riferisce lo scrittore latino Macrobio, l'imperatore romano Augusto avrebbe pronunciato in greco la battuta che era meglio essere un porco (*hŷs*) che un figlio (*hyiós*) di Erode: il gioco di parole si spiega col fatto che la carne di porco è vietata agli ebrei, che perciò non uccidono l'animale, mentre Erode uccide i figli.

Questi fatti orribili resero in qualche modo credibile anche la leggendaria «strage degli innocenti», ossia l'uccisione dei neonati di Betlemme, ordinata da re Erode per eliminare i possibili concorrenti al regno, secondo quanto narra il vangelo di Matteo, dopo la visita dei magi a Gesù bambino.

Oltre a ricostruire il Tempio, Erode fece costruire nuove città e fortezze. Tra queste, particolarmente importanti la poderosa Torre Antonia, in un angolo del Tempio, dov'era acquartierata la guarnigione romana di Gerusalemme, e Masada, nel sud del Paese, eretta su un altopiano difficilmente espugnabile.

La giovinezza di Maria si svolse sotto il suo regno; così la nascita di Gesù che, com'è noto, non coincide con l'anno «zero» che ha dato luogo alla datazione vigente. È un computo che si basa su un errore di calcolo del monaco medievale Dionigi il Piccolo.

Lei ha già sottolineato la data, certa, della morte di Erode avvenuta nel 4 a.C. La nascita di Gesù, verificatasi sotto il suo regno, dev'essere quindi anteriore.

Usualmente si calcolano sei anni per cui la datazione ufficiale mondiale dovrebbe essere spostata di sei anni in avanti. Alla morte di Erode il regno venne diviso tra i suoi figli. Tra questi ci interessa in modo particolare un altro Erode detto Antipa. All'età di diciassette anni, ebbe in sorte la

Galilea col titolo di tetrarca. È lui l'Erode di cui si parla a proposito di Gesù. Durante un soggiorno a Roma, dal cui potere in pratica dipendeva, avviò una relazione con Erodiade, moglie di un suo fratello. I due fecero ritorno insieme in Oriente e in seguito si sposarono suscitando un doppio scandalo. La prima ragione è che Erode era già sposato, la seconda è che unendosi a sua cognata mentre suo fratello era ancora vivo, aveva violato la legge mosaica.

È lui il sovrano che fece arrestare Giovanni il Battista, colpevole, ai suoi occhi e soprattutto a quelli di Erodiade, di predicare contro la sua impura fornicazione. Erodiade ne ottenne l'arresto, ma quando chiese che il profeta fosse ucciso, Erode in un primo momento si oppose.

Resistenza abilmente vinta dalla donna, caro professore, con uno degli strumenti vecchi come il mondo.

Infatti i vangeli di Matteo e di Marco raccontano che Erodiade usò sua figlia Salome, avuta dal precedente matrimonio, con uno stratagemma di tipo erotico. Siccome la fanciulla, appena adolescente, era di grande e precoce bellezza, una sera la fece esibire in una danza molto sensuale che eccitò il patrigno al punto da indurlo a prometterle qualunque cosa avesse chiesto. Istruita da sua madre, la crudele ragazza domandò la testa del Battista. Il profeta prigioniero fu decapitato e – secondo una diffusa iconografia – la sua testa venne portata nella sala stessa del banchetto su un piatto d'argento.

In realtà il racconto evangelico è fatto a imitazione di quello del biblico libro di Ester, che chiede ad Assuero la morte di Aman. È in ogni caso vero che Erode fece uccidere Giovanni, probabilmente temendo che la sua predicazione potesse far insorgere problemi con gli occupanti romani.

La danza di Salome, detta dei sette veli, archetipo di ogni spogliarello, è uno degli episodi più noti delle Scritture per la sua dichiarata, conturbante sensualità. Oscar Wilde ne trasse un dramma in un atto scritto in francese nel 1891 quando Parigi era l'epicentro del simbolismo. Il geniale pittore Aubrey Beardsley, ventunenne, ne eseguì le illustrazioni, magnifiche e cariche del gusto del tempo. In Inghilterra la rappresentazione del testo venne proibita con il pretesto che non si potevano portare in scena personaggi della Bibbia; in realtà perché le figure di madre e figlia, Erodiade e Salome, contraddicevano l'immagine della donna che la morale vittoriana dominante voleva estranea a ogni trasporto sensuale. Mi scusi questa piccola ondata di ricordi fuori tema, caro professore, ma a suo tempo mi occupai a lungo di questo testo e del simbolismo francese. Un ultimo ricordo: Carmelo Bene allestì il testo di Wilde con incredibile abilità; fu capace di ricreare in scena con quattro stracci e luci povere ma bellissime la decadente sensualità dell'episodio.

Torniamo dunque ai nostri testi dopo questa sua escursione nel simbolismo. Nel vangelo di Luca, Gesù incontra Erode nella notte della Passione. Gesù era galileo (anche se la tradizione lo dice nato casualmente a Betlemme) e la Galilea cadeva sotto la giurisdizione del tetrarca che in quel momento era sceso a Gerusalemme per le festività. Gesù era dunque un suo suddito. Erode lo interroga ma Gesù non risponde alle sue domande per cui è rimandato al procuratore romano Ponzio Pilato, con il tragico epilogo che sappiamo.

Scrive Luca (23,8-11): «Vedendo Gesù, Erode si rallegrò molto, perché da molto tempo desiderava vederlo per averne sentito parlare e sperava di vedere qualche miracolo fatto da lui. Lo interrogò con molte domande, ma Gesù non gli rispose nulla. [...] Allora Erode, con i suoi soldati, lo insultò e lo schernì, poi lo rivestì di una splendida veste e lo rimandò a Pilato».

La provincia della Giudea non era certo la più importante ai fini dell'impero; era però una delle più irrequiete. Romani ed ebrei sembravano fatti per non capirsi.

Dipende dal fatto che erano molto lontane le rispettive visioni del mondo. Gli ebrei rimproveravano ai loro occupanti e dominatori un comportamento che pareva blasfemo o quanto meno irriguardoso verso la divinità. Famoso, per esempio, l'episodio di quando il procuratore Ponzio Pilato fece introdurre a Gerusalemme gli stendardi (o medaglioni sbalzati) recanti l'effigie dell'imperatore. L'incauto procuratore non aveva calcolato che così facendo violava la legge mosaica che proibisce l'esposizione d'immagini. La protesta fu così vivace che Pilato dovette tornare sulla sua decisione e rimandare indietro i vessilli; se avesse scelto d'imporsi con la forza avrebbe dovuto ordinare un massacro.

Per converso gli ebrei apparivano ai romani come un popolo di fanatici dediti a uno strano culto che prevedeva niente meno che un solo dio. Concetto assolutamente incomprensibile per la loro mentalità, dove la molteplicità degli dèi garantiva nello stesso tempo un'ampia scelta per ogni bisogno o desiderio umani, ma anche un'altrettanto ampia tolleranza.

Rapporti dunque spesso conflittuali mantenuti comunque a livello diplomatico tra il procuratore e la sua stretta cerchia e i più alti sacerdoti del Tempio.

Pilato esercitò il suo mandato dal 26 al 36 dell'era volgare. Il sommo sacerdote Caifa, dal 18 al 36. Il fatto che le rispettive cariche abbiano avuto fine nello stesso anno non è un caso.

Ciò che lei dice è molto importante per calibrare la personalità del procuratore. L'episodio dei medaglioni è significativo, ma lo storico Flavio Giuseppe sempre nelle Antichità giudaiche *racconta che, a parte quello, l'incauto Pilato aveva provocato numerosi altri incidenti con la popolazione.*

Uno dei più gravi, probabile causa della sua rimozione, fu la carica ordinata contro i samaritani che volevano radunarsi sul monte Garizim dove avevano il loro santuario. Per impedire l'assembramento Pilato organizzò dei posti di blocco «con un distaccamento di cavalleria e di fanteria pesante che, all'incontro con coloro che erano giunti per primi nel villaggio, fece alcuni morti durante uno scontro premeditato e costrinse gli altri alla fuga». I samaritani protestarono con il governatore di Siria Vitellio, diretto superiore di Pilato; questi ordinò che il procuratore della Giudea andasse a spiegare il suo assurdo comportamento direttamente all'imperatore Tiberio. Contemporaneamente Vitellio ordinò che anche il sommo sacerdote Caifa fosse rimosso dalla carica. Pilato giunse a Roma quando Tiberio era morto; sbarcò a Ostia ed è l'ultima cosa che sappiamo di lui; da quel momento sparisce dalla storia, anche se la leggenda lo vede protagonista di numerose vicende, a motivo della parte avuta nel processo a Gesù.

Questi episodi storicamente accertati dipingono Pilato come un funzionario brutale, privo di rispetto per la sensibilità religiosa ebraica, pronto a usare la forza contro disordini e sommosse. Nei racconti del Nuovo Testamento invece il procuratore è visto come un uomo nobilmente combattuto, tentato di liberare Gesù, affascinato dalla sua personalità. Quando alla fine decide per l'esecuzione della condanna, lo fa sotto la pressione della folla che, radunata davanti alla sua residenza, reclama il sangue di quell'innocente come dimostrerebbe la frase veemente che leggiamo in Matteo 27,25: «Tutto il popolo esclamò: "Il suo sangue ricada su di noi e sui nostri figli"». Questo punto di vista affiora del resto già nelle parole di Paolo che, prima ancora di Marco, scrive (1Ts 2,15): «I Giudei hanno ucciso il Signore Gesù e i profeti, hanno perseguitato anche noi, essi non piacciono a Dio e sono nemici di tutti gli uomini».

*L'antisemitismo di matrice cristiana ha trovato in queste parole alimento per l'accusa di deicidio rivolta per secoli all'intero popolo ebraico. Il Concilio Vaticano II (*Nostra aetate*) ha chiarito una volta per tutte che: «E se autorità ebraiche con i propri seguaci si sono adoperate per la morte di Cristo, tuttavia quanto è stato commesso durante la sua Passione non può essere imputato né indistintamente a tutti gli Ebrei allora viventi, né agli Ebrei del nostro tempo».*

È il minimo che si potesse dire, finalmente è stato detto, riconoscendo ciò che la critica storica ai vangeli aveva chiarito da tempo, e cioè che il testo di Matteo, indirizzato a cristiani di origine giudaica, con quelle parole voleva sottolineare con forza il distacco dal vecchio culto sinagogale e l'avvento d'una nuova dottrina.

In ogni caso non va nemmeno sottovalutata l'indiscutibile ostilità verso Gesù delle alte cariche del Tempio. La sua predicazione e la sua figura erano imbarazzanti o addirittura pericolose per i sommi sacerdoti né più né meno di come lo sono state, per le alte cariche della Chiesa di Roma, le figure quali Francesco d'Assisi o – per venire ai nostri tempi – monsignor Óscar Romero, il vescovo di San Salvador, ucciso dagli «squadroni della morte» nel 1980. Personaggi di questo rilievo, in grado di attrarre numerosi seguaci, entrano facilmente in conflitto con le gerarchie a causa del loro dissenso dalla linea ufficiale.

Vogliamo ora, professor Vannini, dire qualcosa intorno alle fonti principali che guideranno la nostra conversazione?

Poiché richiameremo più volte il testo dei vangeli, sia i quattro canonici sia i numerosi altri detti «apocrifi», è bene chiarire subito che, secondo la prevalente interpretazione storica, questi testi non vanno considerati come biografici. Si tratta cioè di scritti di contenuto più spirituale che storico, sicché le vicende che narrano vanno interpretate in senso metaforico, soprattutto nell'ultimo dei quattro, il vangelo detto di Giovanni, che risale ai primi anni del II secolo e ha un elevato contenuto simbolico. In altre parole Marco, Matteo, Luca, Giovanni, i nomi con i quali s'identificano i vangeli canonici, non è detto che appartengano a coloro che effettivamente li hanno scritti. I testi arrivano a noi da una tradizione posteriore di decenni alla morte di Gesù. Come afferma il professor Mauro Pesce, che insegna Storia del cristianesimo a Bologna: «Nessuno dei quattro vangeli dice il nome del suo autore». Della stessa opinione il biblista americano Bart Ehrman nel suo saggio *Sotto falso nome*. Quale che sia l'identità degli autori, si tratta comunque di testi che hanno subìto più interventi, più redazioni. Le ragioni per le quali quei quattro vangeli sono stati scelti per il canone – tra decine di altri – sono complesse e incerte, hanno a che fare con il periodo iniziale della fede cristiana che, come sempre accade a ogni movimento, dovette affrontare molte incertezze sia dottrinali sia pratiche; si trattava di dare valore costituente ad alcuni testi più o meno concordanti, relegando tutti gli altri all'oblio.

Un cenno particolare vuole il testo di Luca, che dei quattro è il più ricco di notizie su Maria. Luca non era un discepolo di Gesù, era un medico amico di Paolo di Tarso, ovvero san Paolo; gli è stato a lungo compagno nelle sue peregrinazioni di sinagoga in sinagoga. Il vangelo con il suo nome, scritto in un greco di notevole qualità letteraria, viene datato dieci o venti anni dopo la morte dell'apostolo, verso l'80, dunque alla fine del I secolo, molti anni dopo la morte di Gesù. A Luca la tradizione attribuisce anche la redazione degli Atti degli apostoli, che infatti sono per la gran parte dedicati ai viaggi e alla predicazione di Paolo.

Se la situazione politica e potremmo dire dell'ordine pubblico presentava queste difficoltà, direi che non meno complessa si presentava ai tempi di Maria la situazione religiosa.
Al tempo della detestata dominazione romana, gli ebrei erano divisi in alcune correnti politiche e di dottrina. La corrente più nota, anche perché molto citata nei vangeli quasi sempre con una connotazione negativa, è quella dei farisei.

I vangeli li descrivono come campioni d'ipocrisia, li definiscono «sepolcri imbiancati». Il termine «fariseo», che originariamente significa «separato», in quanto i farisei si sentivano distinti dal volgo ignorante e a loro parere irreligioso, è così diventato addirittura sinonimo di tartuferia e doppiezza; ne è derivato l'aggettivo «farisaico» che indica un comportamento ambiguo, ingannevole. Eppure anche Paolo di Tarso proveniva da quel movimento e, secondo lo studioso Donald Harman Akenson, lo stesso Gesù sarebbe stato un fariseo. Il critico letterario Harold Bloom ha ripreso la congettura per aggiungere, ironicamente, che proprio questo potrebbe spiegare «il furore antifarisaico del Nuovo Testamento».

Al di là di ogni polemica, i farisei erano uomini intraprendenti, abili nei commerci nonché grandi conoscitori della Scrittura, portati spesso a dare un'interpretazione formalistica dei testi sacri. Questo non impediva loro di insistere sulla libertà di scelta dell'uomo, di ritenere che le azioni umane si qualificano più che per la loro correttezza esteriore per l'intenzione di chi le compie. Fariseo era il grande rabbino Hillel, di poco precedente a Gesù. A un pagano che provocatoriamente gli aveva chiesto di insegnargli tutta la Legge nel breve tempo in cui poteva reggersi su un piede solo, rispose: «Ciò che non desideri per te, non fare al prossimo tuo. Questa è tutta la Legge. Il resto è solo commento». Peraltro, era proprio al commento, elaboratissimo e chiarito nei minimi particolari, che i farisei dedicavano la loro attenzione. I circoli farisei erano frequentati anche dagli «scribi», un termine che non indica semplicemente degli scrivani bensì coloro che, avendola studiata tutta la vita, potevano insegnare la Legge mosaica, la Torah. All'interno del Sinedrio i farisei, pur essendo minoranza, ebbero notevole influenza sull'assemblea riuscendo spesso a influenzarne le decisioni.

*Si deve del resto a questa corrente la nascita dell'ebraismo rabbinico che dopo la distruzione del Tempio nel 70 permise di riorganizzare gli ebrei della diaspora facendo convivere la Torah scritta (*Torah shebiktav*, cioè i primi cinque libri della Bibbia detti Pentateuco) con la Torah orale codificata nella Mishnah e nel Talmud anch'esse, secondo una tradizione, rivelate a Mosè sul monte Sinai.*

Tra i settanta membri del Sinedrio la corrente di maggioranza era quella dei sadducei, d'impronta aristocratica, appartenenti alla classe agiata. A loro competevano in genere i posti di potere compreso quello di sommo sacerdote. Il loro stesso nome deriva da Sadoq, antico capostipite di una famiglia sacerdotale. Oggi li definiremmo una «casta». La loro collocazione all'interno della società esigeva che mantenessero i migliori rapporti possibili con gli occupanti romani, atteggiamento che non li rendeva molto popolari tra la gente comune. Anche in materia dottrinale erano nettamente divisi dai farisei. I sadducei riconoscevano solo la Legge mosaica scritta, e non la tradizione orale. Così, per esempio, negavano la resurrezione dei morti e qualunque forma di esistenza dopo la morte, così come, per conseguenza, punizioni o ricompense in un ipotetico Al-di-là, di cui la Torah non parla.

I farisei erano di parere esattamente opposto in fatto di resurrezione, vita oltremondana, esistenza di angeli e demoni. Lo dimostra tra gli altri il fariseo Paolo che basa spesso la sua predicazione proprio sulla fede nella resurrezione. Così in 1Cor 15,12-14: «Ora, se si predica che Cristo è risuscitato dai morti, come possono dire alcuni tra voi che non esiste risurrezione dei morti? Se non esiste risurrezione dai morti, neanche Cristo è risuscitato! Ma se Cristo non è risuscitato, allora è vana la nostra predicazione ed è vana anche la vostra fede».

Il tema sarà ripreso con la consueta forza da sant'Agostino vescovo d'Ippona, che, per esempio nel suo discorso 361, sostiene: «Chi nega la risurrezione dei morti non è cristiano; ritengo che sarebbe superfluo che io indugiassi a dimostrare che i morti risorgono: il peso dell'autorità deve condurre il cristiano, che ha aderito con fede al Cristo e non teme che l'Apostolo [cioè Paolo] dica menzogne».

Condivido l'opinione che non si debba dare troppa importanza alle polemiche dei vangeli contro i farisei. Dopo la tragedia del 70 e la distruzione del Tempio, i farisei avevano preso il sopravvento nelle varie comunità ebraiche, mentre i sadducei erano praticamente scomparsi. I seguaci di Gesù, e gli estensori dei vangeli, dovettero rafforzare il tono polemico nei loro confronti, considerato che la maggioranza dei membri delle comunità guardava ai farisei con favore mentre tendeva a escludere gli altri. Molte espressioni polemiche dei vangeli rispecchiano dunque la situazione creatasi dopo il 70, che sono poi gli anni in cui quei testi vennero scritti.

È così. Tenga anche conto che le due correnti dei sadducei e dei farisei, divise in pratica su tutto, trovarono una temporanea convergenza sul pericolo rappresentato dalla predicazione di Gesù. Entrambi temettero che le sue parole, nelle quali si richiamava spesso l'avvento del regno d'Israele o del regno di Dio in Israele, potessero attirare l'attenzione degli occupanti romani compromettendo un equilibrio già molto difficile. Questa convergenza politica determinò una maggioranza nel Sinedrio dalla quale scaturì la condanna di Gesù.

Dobbiamo ricordare che il Sinedrio, vale a dire «Assemblea» o «Consiglio», era la più alta assemblea politica e religiosa (i due aspetti coincidono) in terra d'Israele in epoca greco-romana. Rappresentava la suprema magistratura con poteri misti di carattere amministrativo, legislativo e dottrinale. Poteva emettere sentenze, comprese quelle di morte, salva la loro ratifica da parte dell'autorità romana.

Tra le altre formazioni politico-religiose presenta grande interesse il gruppo degli esseni. Non sono mai nominati nel Nuovo Testamento e neppure nell'Antico, ma ce ne parla a lungo Flavio Giuseppe. Incerta l'origine del nome, che probabilmente è la forma greca dell'ebraico *chasidim*, ovvero devoti, pii. Gli adepti erano attenti studiosi e scrupolosi osservanti della Torah, vivevano in comunità che oggi definiremmo monastiche, con uno stile di vita sobrio, rigoroso, ascetico, nel disprezzo della ricchezza e ripudio dei piaceri della carne. S'è fatta l'ipotesi che Giovanni Battista e addirittura anche Gesù facessero parte di questa setta. Contrariamente al costume giudaico, la maggior parte di loro viveva nel celibato, prescrivendo la continenza sessuale, tanto che lo scrittore romano Plinio il Vecchio parla di loro come di un «popolo eterno nel quale non nasce mai alcuno». Marginale il loro coinvolgimento nelle vicende politiche del paese; molto elaborata in compenso la loro interpretazione della Legge e della dottrina. Su di loro sappiamo molte cose dopo il fortuito ritrovamento nel 1947 dei cosiddetti «Rotoli del mar Morto», una serie di testi di una delle loro biblioteche sopravvissuti per secoli all'interno di una grotta. Tale dottrina, in cui sono evidenti gli influssi ellenistici, prevedeva l'immortalità dell'anima, considerata prigioniera nel corpo corruttibile, la resurrezione dei morti, il giudizio finale con il premio dei giusti e la punizione dei malvagi.

Gli zeloti, così detti in quanto zelanti sostenitori della Legge nazionale e religiosa, al contrario degli esseni erano partigiani che combattevano in armi per l'indipendenza politica degli ebrei e della loro terra. Per il loro uso del pugnale (in latino: *sica*) negli attentati, venivano anche chiamati sicari. I romani li consideravano perciò alla stregua di terroristi o criminali comuni. Importante il loro ruolo durante la rivolta scoppiata nel 66 e culminata nel 70 con la distruzione del Tempio. S'ipotizza anche che alcuni di loro, dopo la catastrofe del Tempio, si siano uniti al gruppo residuo degli esseni condividendo tutti insieme la tragica sorte di Masada.

Questa vicenda merita qualche parola in più. Infatti la guerra tra romani e giudei ebbe sì il suo culmine nell'anno 70, ma la distruzione del secondo Tempio non fu l'episodio finale. Quattro anni dopo, il sanguinoso conflitto si chiuse definitivamente nella località Masada, da lei citata, poi divenuta leggendaria. Si tratta di un rilievo isolato collocato nella Giudea meridionale, un centinaio di chilometri a sud-est di Gerusalemme. La Masada di cui si parla è una fortezza alla sommità di un'altura di circa 400 metri, considerata quasi imprendibi-

le. Gli ultimi resistenti si erano asserragliati in quel pianoro soprelevato contando sulle difese naturali e sulla solidità delle mura. I romani però la strinsero d'assedio e, con un lento e implacabile lavoro, costruirono una rampa d'accesso (visibile ancora oggi, non senza emozione) che permise agli arieti di arrivare fin sotto la cinta muraria. Vistisi perduti, i difensori si suicidarono in massa pur di non cadere prigionieri con un gesto inaudito rimasto unico nella storia. Quando i legionari di Roma riuscirono a penetrare all'interno dell'abitato si trovarono davanti lo spettacolo agghiacciante di una distesa di morti.

Di un'ultima guerra tra ebrei e romani bisogna dar conto. Dopo la distruzione del Tempio e di gran parte di Gerusalemme operata nel 70, qualche decennio più tardi si ebbe un'altra importante ribellione contro Roma. La guidava Simon Bar Kochba («Figlio della stella») che riuscì a tenere testa alle truppe di Roma per parecchi mesi; nel 135, con la sua morte in combattimento, la rivolta venne definitivamente domata. L'imperatore Adriano ordinò una repressione durissima. Gerusalemme fu letteralmente rasa al suolo e se ne cambiò addirittura il nome. In onore dell'imperatore venne chiamata Aelia Capitolina e annessa come colonia romana. È questo l'ultimo episodio di resistenza attiva in terra d'Israele prima del 1947.

Da quell'anno 135 si fa partire usualmente la diaspora massiccia degli ebrei fuori di Eretz Yisrael e la loro separazione definitiva dai seguaci di Gesù. Da quel momento gli storici datano l'inizio di una nuova corrente religiosa a sé stante: il giudeo-cristianesimo.

Dovremmo ora, professor Vannini, aggiungere un qualche cenno, anche se sommario, su ciò che più da vicino concerne l'oggetto della nostra conversazione, ovvero la condizione della donna nella Palestina di quegli anni.

Come la maggior parte delle società arcaiche, anche quella ebraica aveva una struttura patriarcale. Come scrive Flavio Giuseppe in *Contro Apione*: «La donna, dice la Legge, è inferiore all'uomo in tutte le cose. Essa deve obbedire, non per essere costretta, ma per essere comandata, perché è all'uomo che Dio ha dato il potere». L'uomo infatti era il padre-padrone della famiglia, al punto da poter ripudiare sua moglie senza obbligo di alimenti (diremmo noi) se per esempio la donna usciva di casa senza essersi coperta convenientemente il capo; è ciò che accade ancora oggi nelle società musulmane. Le donne potevano ricevere il libello di ripudio (Dt 24,1) (*get*) per qualche impudicizia, ma anche semplicemente perché diventate spiacevoli al marito, come sosteneva il celebre rabbino Hillel, già ricordato.

Il *pater familias* era anche il padrone dei suoi figli. Un bambino non aveva nemmeno diritto alla vita. Se il padre non lo accettava come membro della famiglia, poteva gettarlo per la strada e farlo morire oppure cederlo a qualcuno come schiavo. Una situazione che spiega bene il carattere rivoluzionario delle parole di Gesù nell'azione che Marco (10,13-14) descrive in questi termini: «Gli portavano dei bambini perché li toccasse ma i discepoli li sgridarono. Gesù, veduto questo, s'inquietò e disse loro: "Lasciate che i bambini vengano a me e non ostacolateli perché di questi è il Regno di Dio"». Non si può apprezzare appieno la forza di queste parole se non si considera quale fosse la situazione dei bambini in quella società.

Le donne non potevano partecipare alla vita pubblica, né era consentito loro di rendere testimonianza in giudizio. Neppure potevano prendere parte attiva al culto; inconcepibile nella cultura e nella religione ebraiche la presenza di sacerdotesse, cosa invece usuale nell'ellenismo. I profeti associavano la presenza di sacerdotesse ai licenziosi culti pagani contro i quali più volte si erano scagliati. La struttura stessa del Tempio di Gerusalemme privilegiava i maschi. Era formato da quattro portici concentrici, ciascuno dei quali aveva una funzione particolare secondo la Legge. Nel portico esterno tutti avevano diritto di entrare, perfino gli stranieri (era il cosiddetto Atrio dei Gentili), l'accesso era proibito soltanto alle donne durante il periodo mestruale. Nel secondo entravano tutti gli ebrei e le loro mogli, quando erano libere da ogni impurità; nel terzo gli ebrei maschi, senza macchia e purificati, nel quarto i soli sacerdoti. Quanto al Sancta Sanctorum, vi aveva accesso unicamente il sommo sacerdote.

Gesù aveva molto corretto questo atteggiamento così misogino, basta pensare al suo comportamento affettuoso con prostitute e adultere che infatti suscita scandalo. Paolo invece lo riprende con la sua consueta foga. Più volte l'apostolo che molti considerano il vero fondatore del cristianesimo, torna sul tema d'una doverosa sottomissione femminile. Per esempio in una lettera ai Corinzi (1Cor 14,34) scrive: «Le donne nelle assemblee tacciano, perché non è loro permesso parlare; stiano invece sottomesse come dice anche la Legge». Idem *nella prima lettera a Timoteo che il testo ufficiale Cei intitola «Direttive per guidare una Chiesa». Scrive l'apostolo (1Tm 2,11-15): «La donna impari in silenzio con tutta sottomissione. Non concedo a nessuna donna di insegnare, né di dettare legge all'uomo; piuttosto se ne stia in atteggiamento tranquillo. [...] Essa potrà essere salvata partorendo figli». Dopo le proibizioni insomma Paolo arriva a stabilire che il ruolo più adatto alle donne consista nel mettere al mondo figli.*

In tutte le società arcaiche la partecipazione delle donne alla vita pubblica era limitata o esclusa. A cominciare da Roma. Gli ostacoli che ancora oggi impediscono un'effettiva parità tra i sessi sono il residuo di quella concezione sopravvis-

suta fino a noi. In Israele la situazione non era diversa. Gesù rappresenta l'eccezione. Paolo ristabilisce la regola generale che vuole le religioni sempre fortemente misogine. A giudicare da ciò che è accaduto in seguito si potrebbe concludere che la Chiesa cattolica è erede più di Paolo che non di Gesù.
Limitiamoci a dire che il ruolo delle donne era secondario. Ad esempio, le donne non erano tenute ad assistere alle letture del sabato nelle sinagoghe. Se presenti, non contavano nella costituzione del quorum (*minyan*) di dieci uomini necessario alla preghiera pubblica. A loro era riservato uno spazio particolare (matroneo) affinché non distraessero gli uomini dalla preghiera. Separazione in vigore anche nelle attuali sinagoghe. Non potevano essere chiamate a leggere «per rispetto alla congregazione», e del resto di norma non sapevano leggere. Erano escluse dallo studio della Torah: «Insegnare la Torah alla propria figlia è insegnarle oscenità», diceva Rabbi Eliezer (I secolo d.C.). Le donne erano dispensate anche dai precetti legati a un momento preciso del giorno o dell'anno, come pure dal pellegrinaggio a Gerusalemme per la Pasqua, per la festa delle Settimane o quella delle Capanne. La loro funzione anche religiosa era invece essenziale nell'ambito della casa: vegliare sulla purezza in materia alimentare e sessuale, accendere le luci e cuocere i pani per il sabato, eseguire la toeletta funebre e le lamentazioni per i defunti mentre preghiere e benedizioni erano riservate agli uomini.

Quando uscivano, un velo ne nascondeva il viso. Gli uomini mantenevano di fronte a loro un prudente silenzio. «Non parlare molto con una donna», insegna Josef ben Jochanan di Gerusalemme, perché «chi si intrattiene troppo con le donne, si attira il male, trascura lo studio della Legge e finirà nella Geenna», ovvero nella valle presso Gerusalemme dove si bruciavano le immondizie, usuale metafora per l'inferno.

Le cito al riguardo un passo piuttosto divertente del Talmud babilonese, enorme trattato d'istruzioni religiose e di comportamento. Vi leggiamo tra l'altro che Josef il Galileo in viaggio incontra Beruria, moglie di Rabbi Meir e le chiede: «"Che strada devo prendere per andare a Lud?" La donna risponde: "Stupido galileo, non è così che parlano le persone intelligenti. Non hai letto che non bisogna intrattenersi troppo con una donna? Avresti dovuto chiedermi: 'Per Lud?'"».

L'aneddoto dice due cose. Ribadisce il precetto di Josef ben Jochanan da lei ricordato ma dice anche di quale scarsa considerazione godessero i galilei se perfino una donna giudea si permette di riprenderli.

Possiamo aggiungere che le donne passavano lunghi periodi in disparte per l'impurità ritenuta contagiosa del ciclo mestruale, nonché durante le perdite di sangue al di fuori del ciclo. Molto significativo è perciò l'episodio evangelico della donna con perdite di sangue detta l'emorroissa di cui scrive Matteo (9,20-22): «Ora una donna, che da dodici anni soffriva di emorragia, gli si accostò di dietro e toccò la frangia del suo mantello. Diceva tra sé: Se riesco anche solo a toccare il suo mantello, sarò salvata. Gesù si volse e vedendola disse: Coraggio, figlia mia! La tua fede ti ha salvata. E da quell'istante la donna fu salvata». Questo episodio è così significativo da aver suscitato lunghe dispute. Intanto c'è da dire che se il testo parla di «frange del mantello» vuol dire che Gesù indossava l'abito rituale ebraico. Non basta. Riccardo Di Segni, rabbino capo di Roma, per esempio ha così commentato l'episodio: «Se Gesù avesse voluto rompere con la tradizione avrebbe detto alla donna che la norma era superata e quindi il suo stato non aveva alcuna importanza. Lui invece non fa così, la guarisce. Siamo ancora completamente nel sistema ebraico». Una donna che soffriva di emorragie croniche era perennemente impura, la sua vita sessuale e familiare secon-

do la Legge risultava assai compromessa. Gesù la guarisce per ridarle un'esistenza in armonia con la Legge.

Se la donna restava impura per quaranta giorni dopo il parto di un figlio, partorire una figlia la rendeva doppiamente impura, dato che i giorni di «impurità» salivano a ottanta. A questo proposito si deve tenere presente il peso che ha la purità rituale nella religione ebraica: è a essa, infatti, oltre che all'osservanza del sabato, che i rabbini dedicavano in prevalenza i loro studi d'interpretazione della Legge.

Col contratto matrimoniale la donna passava dalla tutela del padre a quella del marito, che in pratica l'acquistava dalla famiglia di origine versandone il prezzo. Questo spiega il contenuto del nono comandamento che nella sua forma biblica (Es 20,17) è molto più preciso della versione poi adottata dalle confessioni cristiane: «Non desiderare la casa del tuo prossimo. Non desiderare la moglie del tuo prossimo, né il suo schiavo, né la sua schiava, né il suo bue, né il suo asino, né alcuna cosa che appartenga al tuo prossimo». Una norma chiaramente stabilita a difesa delle varie proprietà, moglie compresa.

La celebrazione del matrimonio era considerata così importante che gli uomini appena sposati erano addirittura esentati dai doveri militari. Così Deuteronomio 24,5: «Quando un uomo si sarà sposato di fresco, non andrà alla guerra, e non gli sarà imposto alcun incarico; sarà libero per un anno di starsene a casa, e farà lieta la moglie che ha sposata».

La procedura di divorzio era piuttosto agevole e, salvo il caso di ripudio, alla moglie spettava un compenso per la separazione il cui ammontare era fissato già nel contratto di matrimonio. Solo l'uomo però poteva promuovere l'azione di divorzio, anche se su questo punto i pareri dei rabbini erano discordi. Alcuni restringevano la liceità del divorzio a fatti gravi come l'infedeltà coniugale, altri ritenevano il divorzio possibile anche se l'uomo scopriva che la sposa non sapeva cucinare.

Il matrimonio era preceduto da un contratto di fidanzamento, siglato dai genitori, che suggellava e datava l'ufficialità della promessa. Il fidanzamento era confermato unilateralmente dall'uomo; il consenso della donna, ovvero della fanciulla, non era necessario. Quando il padre della ragazza, o un suo fratello anziano, accettava la proposta di matrimonio, si contrattava il prezzo della cessione e aveva inizio il fidanzamento ufficiale che durava di regola un anno. Lo sposalizio vero e proprio era seguito (anche allora) da una grande festa, che poteva durare più giorni, accompagnata da canti, cibi e abbondanti libagioni.

Dopo la consumazione delle nozze, lo sposo esibiva agli amici il lenzuolo macchiato dal sangue della deflorazione; la sposa lo conservava poi gelosamente a testimonianza della propria illibatezza, anche come «prova» in caso di contestazioni sulla sua condizione iniziale. Se nella prima notte di nozze lo sposo trovava che la ragazza non era vergine poteva subito far ricorso a un tribunale, accusarla di adulterio e chiederne perfino la lapidazione.

Questa procedura contrattuale, fidanzamento e successive nozze, riguarda anche la storia di Maria col promesso sposo Giuseppe.

Molto interessante anche il famoso episodio delle nozze di Cana dove, secondo Giovanni, Gesù dette il suo primo «segno». L'evento materiale della trasformazione dell'acqua in vino non è solo un fatto materiale che permette alla festa di continuare, riveste infatti un forte significato simbolico, ovvero il passaggio dalla vecchia alla nuova alleanza, con l'inizio dell'era messianica, di cui le nozze, simbolo di pienezza, sono appunto un simbolo. Il rapporto tra un uomo e una donna, «due in una carne», indica infatti l'alleanza più stretta e più completa.

Ma di tutto ciò parlerà assai meglio il professor Vannini. Affrontiamo dunque le fonti evangeliche.

IV

Secondo Matteo, secondo Luca

Cominciamo dal primo incontro con Maria di cui abbiamo notizia. Tralascio il vangelo più antico, Marco, e il più recente, Giovanni. Per ragioni diverse trascurano entrambi concepimento e nascita di Gesù. In Marco, la storia comincia con il battesimo di Gesù nel fiume Giordano a opera del profeta Giovanni. In quel momento si squarciano le nubi e scende su di lui lo Spirito in forma di colomba mentre una voce dai cieli proclama: «Tu sei il mio Figlio diletto, in te mi sono compiaciuto».

Per quanto riguarda il testo dell'evangelista Giovanni, che è in pratica un manifesto teologico di cui parleremo nel capitolo successivo, Gesù viene raccontato a partire dalla sua vita adulta.

Per avere qualche informazione su Maria, dobbiamo quindi esaminare con il professor Vannini gli altri due testi: Matteo e, soprattutto, Luca.

Matteo racconta l'Annunciazione, vista però dalla parte di Giuseppe. Veniamo così a sapere che Maria, sua promessa sposa, è visibilmente incinta. Le comprensibili preoccupazioni di Giuseppe, non essendosi ancora giaciuto con lei, sono fugate da un angelo che gli appare in sogno e lo rassicura sull'origine divina della gestazione. Aggiunge che si tratta di avverare la profezia di Isaia quando dice: «La vergine concepirà e partorirà un figlio, lo chiameranno Emanuele che vuol dire Dio è con noi». Già qui si apre una seconda domanda relativa proprio alla pertinenza di questa profezia all'apparenza decisiva, in realtà più controversa di quanto non appaia. Come abbiamo visto nel capitolo dedicato alla verginità di Maria, infatti, la parola che il testo greco riporta come *parthénos*, cioè vergine in senso anatomico, *virgo intacta*, nell'originale ebraico è *'almah*, ovvero giovane donna, giovinetta. Resta comunque che, dei quattro evangelisti, Matteo è il solo a fare di Giuseppe, personaggio in genere molto trascurato, un protagonista della storia.

Dobbiamo però arrivare a Luca perché Maria diventi finalmente anche lei una protagonista. Giuseppe aveva pazientemente accettato la spiegazione dell'angelo sulla gravidanza di sua moglie. Luca invece racconta che l'annuncio dell'angelo arriva non allo sconcertato Giuseppe ma direttamente a Maria e prima del concepimento. Si tratta di un ordine divino, anche se a Maria è in qualche modo lasciata la facoltà di acconsentirvi. Infatti dopo le parole del messaggero celeste la fanciulla risponde: «Ecco la serva del Signore, sia fatta la sua volontà». Giuseppe, protagonista in Matteo, qui sparisce dalla scena.

Tra i testi ci sono dunque profonde differenze, come spesso succede nelle Scritture. In ogni caso il lettore ha l'impressione che, per una ragione o per un'altra, i quattro vangeli lascino la vicenda di Giuseppe, ma anche di Maria, molto sullo sfondo. Di loro si parla, ovviamente, ma non sembrano loro i veri protagonisti della vicenda.

Non v'è dubbio che sia così. Il fatto è che i vangeli – e non solo i quattro canonici, ma anche i numerosi altri cosiddetti «apocrifi» che dobbiamo comunque prendere in considerazione – seppur dotati di un qualche reale riferimento storico, sono testi eminentemente teologici, scritti come abbiamo già detto parecchi anni dopo la morte di Gesù, da parte di autori che non lo hanno conosciuto direttamente. Esprimono perciò la riflessione che sulla sua figura, il suo insegnamento, la sua tragica uccisione, stavano facendo le comunità di fedeli che in qualche modo a lui si richiamavano. Dico «in qualche modo» perché dobbiamo tener presente che, fin dall'inizio, non c'è stato un solo «cristianesimo» bensì molti, e diversi: quello che ci è più familiare è, in fondo, solo quello che, nel tempo, è riuscito a prevalere per motivi non solo spirituali, ma anche di ordine sociale e politico.

Ai vangeli interessa esprimere la fede in Gesù, l'Unto, il Messia ovvero, dal greco, il Cristo; dunque il loro scopo è diffondere una più o meno elaborata teologia.

Mi lasci fare un chiarimento terminologico date le diffuse incertezze in materia. L'Unto, nel senso di unzione regale o celeste, in ebraico è Mashiach. Da qui il derivato italiano Messia. In greco però Mashiach diventa Christós da cui Cristo. La popolare dizione Gesù Cristo significa dunque Gesù l'Unto (del Signore). I due appellativi vengono a volte usati in modo disgiunto per distinguere il Gesù della storia dal Cristo della fede con tutte le conseguenze che ne derivano.

Nel quadro che andiamo delineando Maria importa solo in riferimento a Gesù; ecco perché diventa così rilevante il tema del concepimento e della nascita miracolosa con la quale s'intende avvalorare l'origine divina del figlio. Sempre in rapporto a ciò, si diffonderanno anche racconti sulla nascita straordinaria di Maria stessa, a mano a mano che la sua figura di «madre di Dio» diventa più importante.

Dicevamo anche che i vangeli lasciano molto sullo sfondo le vicende della coppia Giuseppe-Maria.

La ragione è che presentano indubbiamente aspetti molto inconsueti, come ammettono anche gli studiosi cattolici quando si applicano a un'indagine di carattere propriamente storico.

Le faccio però notare anche un altro aspetto. Nella polemica, anche dura, che opponeva la tradizione giudaica alla/alle nascenti comunità cristiane che andavano progressivamente separandosi da essa, cominciò a circolare la diceria che Maria fosse una donna di strada e che il vero padre di Gesù fosse un soldato romano, di nome Pantera. Ingiuria terribile, se pensiamo ai tempi e ai luoghi e cioè alla pessima considerazione che le meretrici avevano nel mondo giudaico e al fatto che i romani erano un'odiata forza di occupazione. Se posso azzardare un confronto per analogia, la loro situazione ricorda quella dei soldati del Terzo Reich nell'Europa occupata del 1940-1945. Infatti anche contro i legionari di Roma già ai tempi di Gesù era sorta la resistenza armata degli zeloti.

Nel 70 i romani saranno responsabili della distruzione del secondo Tempio, con la conseguente diaspora degli ebrei nel mondo. Il nome attribuito al soldato romano, Pantera, è in stretta relazione col termine «vergine», che in greco (la lingua in cui è scritto il Nuovo Testamento) si dice, come lei ricordava, *parthénos*: è come se Gesù non fosse *hyiós parthénou*, figlio di una vergine, ma figlio di Pantera – quasi facendo derivare il primo significato dal secondo.

Si tratta con ogni probabilità di una calunnia, tanto più che a essa si accompagnava l'altra diceria che faceva di Gesù un omosessuale. Forse noi non ci scandalizzeremmo più di tanto, ma bisogna tener presente che il mondo ebraico condannava gli omosessuali al punto che il Levitico (20,13) ne ordina addirittura la morte. Se si aggiunge che Maria andò poi sposa a Giuseppe che fa da padre «adottivo» a Gesù, la squalifica di quest'ultimo è completa: finocchio, bastardo, figlio di puttana. Mi scuso per l'uso di questi termini, che riporto nella loro crudezza solo per rendere pienamente il peso di una calunnia, che – tengo a precisare – ritengo assolutamente infondata. Essa ebbe però un certo ruolo nella polemica anticristiana del II e III secolo, quale ci è testimoniata da autori come Giustino e Origene. Oggi è lasciata cadere da tutti gli studiosi, anche – o forse dovrei dire soprattutto – perché «inattuale» in senso nietzschiano, ovvero politicamente scorretta.

Questa diceria, come vede, è il contrario della narrazione cristiana delle vicende soprannaturali che accompagnano la nascita di Gesù, col conseguente ruolo di Maria e del padre «adottivo», Giuseppe. Si spiega con il suo scopo, diciamo, di opposizione: per colpire non tanto la madre o il padre quanto il figlio. Comunque, come spesso avviene con le calunnie, pesca nell'oscurità che, in questo caso, sembra avvolgere la storia dei due sposi.

Interessante la sua osservazione che queste dicerie mirano a colpire il figlio più che i suoi genitori. A questo punto però si presenta un altro dubbio. Uno dei quattro testi canonici, Matteo, elenca la genealogia di Gesù – non è il solo a farlo ma nel suo testo c'è la particolarità che viene menzionata anche Maria. È una lunga lista (quaranta nomi) di figure maschili che portano, scendendo di padre in figlio, da Abramo a David e da questi a Gesù. Prima di Maria compaiono quattro donne. Tutte assai discutibili. Di chi si tratta? E perché sono lì?

Queste presenze femminili sono di per sé straordinarie; la cultura ebraica privilegiava la paternità e non era solita menzionare il nome della madre. In questo caso la cosa è tanto più rilevante per il carattere almeno a prima vista negativo di queste figure; in particolare per la «irregolarità» dei loro rapporti coniugali. Si tratta di Tamar, Raab, Rut e Betsabea. Nella storia di Tamar (Gen 38) c'è un primo marito «odioso al Signore, che lo fece morire»; c'è poi un secondo marito – ex cognato, secondo la consuetudine giudaica – che altri non è se non quell'Onan da cui è derivato il nome onanismo, dato che, «ogni volta che si univa alla moglie, disperdeva il seme per terra, per non dare una posterità al fratello». Divenne perciò sgradito al Signore, che fece morire anche lui. Infine Tamar, due volte vedova senza figli (una condizione doppiamente spregevole nella cultura del tempo), proprio per avere figli si finge prostituta, unendosi al genero.

Raab (Gs 2) prostituta lo è davvero, oltre che cananea, abitante di Gerico, città votata alla distruzione. Anche Rut (Rt 4,5-22) appartiene a un popolo considerato spregevole, i moabiti, ed è anch'essa vedova senza figli. Betsabea (2Sam 11 e 12), infine, moglie di Uria l'ittita, un non-ebreo, si unisce in adulterio al re David, che le fa morire il marito dopo aver invano tentato di accollargli la paternità del bambino che da lui la donna ha concepito.

Quale scopo può avere avuto Matteo nel compilare un così discutibile elenco di antenati e soprattutto antenate di Gesù?
L'evangelista ha il fine di mostrare la sua discendenza davidica e abramitica, infatti così apre il suo vangelo. Ecco perché deve inserire nella genealogia queste figure femminili. Il suo scopo è dimostrare che il «piano salvifico di Dio», prima di compiersi in Gesù Cristo, era passato anche attraverso figure non proprio esemplari e non appartenenti al popolo eletto. È una tesi spesso sostenuta dall'apologetica

cristiana, ma – con ogni evidenza – costruita posteriormente, in contrasto col carattere squisitamente messianico del vangelo di Matteo, rivolto essenzialmente agli ebrei.

Non direi comunque di discuterla qui. Ciò che ci interessa è sottolineare che Maria compare alla fine della genealogia, quinta di queste figure femminili, radicalmente distinta da esse per la sua assoluta purezza, tanto personale quanto di stirpe.

Dunque nulla la accomuna alle figure precedenti.
Maria è collegata diciamo per antitesi. C'è il carattere straordinario del suo matrimonio e della sua maternità, la quale è in certo modo separata dal matrimonio stesso. Infatti, mentre per tutte le precedenti nascite Matteo scrive che «X (il padre) generò Y (il figlio)», per Maria leggiamo (Mt 1,16) che «Giacobbe generò Giuseppe, sposo di Maria, da cui fu generato Gesù».

La generazione è qui attribuita, con un verbo per la prima e unica volta al passivo, alla sola madre, e questo è certamente in relazione con quel che segue nel testo, ovvero il racconto del comportamento di Giuseppe nei confronti di Maria – la quale, peraltro, compare soltanto sullo sfondo.

Tutto ciò, come dicevamo, contribuisce a tenere in certo modo nell'ombra tutta la vicenda.

Abbiamo già citato una circostanza alla quale si pensa poco e che anzi si tende spesso, più o meno intenzionalmente, a sottacere. Tutti i vangeli, canonici o apocrifi che siano, sono stati scritti parecchi anni dopo i fatti che, ciascuno a suo modo, narrano, e da autori che non ne sono stati testimoni diretti. Com'è largamente ammesso dagli studiosi, lei compreso, il loro valore è più apologetico o teologico che storico. Proprio per questo l'oscurità che circonda la vicenda dei due sposi, Maria e Giuseppe, la scarsità delle notizie, per di più contraddittorie, che li riguardano, a me sembra particolarmente significativa. Nella teologia che progressivamente viene costruita, Maria occupa un ruolo molto marginale. Anzi, se non sbaglio, una decisa reticenza nei suoi confronti permea tutti i primi testi che conosciamo.

Infatti è significativo il silenzio del primo scritto, in ordine cronologico, nel quale si parla della nascita di Gesù e quindi di Maria. Si tratta della Lettera di Paolo ai Galati, redatta, secondo l'opinione più accreditata, tra il 50 e il 55 d.C. In essa leggiamo: «Quando giunse la pienezza del tempo, Dio mandò suo Figlio, nato da donna, nato sotto la Legge, per riscattare coloro che erano sotto la Legge, affinché ricevessimo la filiazione» (Gal 4,4-5). Colpisce che Paolo non faccia neppure il nome di Maria. La sola cosa che gli interessa è il discorso teologico, cristologico, con l'opposizione tra la Legge, ovvero la Bibbia ebraica, che i cristiani chiameranno Antico Testamento, e la filiazione divina, la grazia, che i fedeli ricevono dal Cristo e in Cristo. Anzi, dicendo che il Figlio di Dio è «nato da donna», sembra voler porre l'accento sulla schietta umanità di Gesù e, a maggior ragione, su quella di Maria. In effetti questa espressione, che ai nostri orecchi suona strana nella sua ovvietà, ricalca una formula ebraica che già compariva nella Bibbia e con la quale si voleva indicare la fragilità della condizione umana. Manca un qualunque accenno al concepimento e alla nascita verginali, o comunque a un qualche evento eccezionale che segni la venuta al mondo di colui che Paolo indica peraltro come il Figlio di Dio. Anche Paolo dunque, il primo degli autori cristiani, in ordine cronologico ma soprattutto d'importanza, l'uomo cui, per molti aspetti, si deve la fondazione della Chiesa e dello stesso «cristianesimo», ignora completamente Giuseppe e lascia in ombra anche la figura di Maria.

Credo che dovremo tornare su questo aspetto quando analizzeremo la progressiva costruzione della figura di Maria partendo da così scarne premesse. Per il momento noto che tra i quattro vangeli canonici, quello che tratta con più ampiezza la vicenda di Maria è il terzo, cioè Luca. Maria vi compare da protagonista nei primi capitoli, in cui è narrata l'Annunciazione e la nascita del figlio. Ed è proprio su questo testo che nei secoli successivi si formerà l'immagine della Madonna, fonte d'ispirazione non solo per tanta arte figurativa e tanta letteratura, ma anche per la riflessione teologica, sia sul Cristo sia su Maria stessa.

Sì certo, però anche in questo caso si tratta di testi essenzialmente teologici, che non ci consentono un quadro storicamente preciso della vita di Maria neppure in merito all'evento principale che la riguarda, ovvero la nascita del figlio. Luca è uno scrittore colto, che scrive nel miglior greco del Nuovo Testamento, costruisce i suoi scritti – gli sono attribuiti come abbiamo ricordato anche gli Atti degli apostoli – con elaborata tecnica letteraria.

Proviamo allora a descrivere sommariamente la struttura di questi capitoli iniziali.

I primi due capitoli di Luca sono costruiti come una sorta di dittico, dove si narrano in parallelo le vicende di Giovanni il Battista e di Gesù. Lo scopo evidente è far risaltare il primato del secondo sul primo. Infatti esistevano allora anche comunità di seguaci del Battista in concorrenza per così dire con quelle di Gesù. S'inizia col concepimento miracoloso della sterile Elisabetta, annunciato dall'angelo al marito, Zaccaria, ormai troppo vecchio per procreare: i due anziani sposi avranno un figlio, che chiameranno Giovanni e che, ispirato dallo Spirito Santo, preparerà la via al Signore che verrà. All'annuncio del concepimento miracoloso di Elisabetta fa esplicito riferimento l'angelo, quando annuncia a Maria, non sterile ma vergine, che concepirà anche lei per opera dello Spirito Santo. Quello dell'Annunciazione (Lc 1,26-38) è non solo il testo più bello e famoso, ma anche quello cruciale per quanto riguarda la figura di Maria. Esso contiene, per così dire *in nuce*, tutti i successivi sviluppi teologici che su Maria saranno costruiti. Luca prosegue poi con un intermezzo, cioè la visita che Maria, ormai incinta, fa a Elisabetta, molto più avanti nella gravidanza. L'episodio permette di riaffermare il primato di Gesù su Giovanni. L'autore del testo mette in bocca alla stessa Elisabetta le parole che lo confermano: «Benedetta tra le donne [...]. Perché la madre del mio Signore viene a farmi visita», eccetera.

Maria risponde con una preghiera molto bella che in seguito, dalla sua prima parola, prenderà il nome di Magnificat.
In realtà si tratta di un inno, ce ne sono parecchi nelle Scritture. È costruito su reminiscenze soprattutto dei Salmi, ed era usato nelle comunità giudeo-cristiane. È indubbiamente un testo molto bello, ricco di contenuto spirituale, non meraviglia che le Chiese cristiane lo abbiano inserito nella loro preghiera quotidiana e che abbia fornito lo spunto ad alcuni tra i più significativi scritti su Maria. Penso, ad esempio, a quello di Lutero.

Non lo conosco, lo possiamo riassumere?
Lutero è autore di un *Commento al Magnificat.* Lo scrisse nel 1521, quando era già impegnato nella sua Riforma, e perciò preoccupato di sottolineare il significato unico di Cristo, e

della fede in lui, nella giustificazione dell'uomo, intendo dire nella sua salvezza. Si deve tener presente che la Chiesa ha dato a Maria un ruolo di «co-redentrice» ponendola per alcuni aspetti allo stesso livello del figlio; per di più il culto mariano tendeva spesso a sconfinare, soprattutto a livello popolare, in forme apertamente superstiziose. D'altra parte Lutero è ancora «giovane», dunque sono ancora fresche in lui le letture dei mistici medievali della sua terra, ovvero di Giovanni Taulero, nonché dell'anonimo libretto che Lutero stesso aveva fatto stampare col titolo di *Teologia tedesca* – testi che pone sullo stesso piano, o quasi, della Bibbia e di sant'Agostino. Gli echi di queste letture sono percepibili nel *Commento al Magnificat*, soprattutto là dove si insiste sull'umiltà come condizione necessaria per il dono dello Spirito, che si riceve solo quando se ne abbia esperienza interiore.

Tornando al nostro tema, Luca prosegue la costruzione del suo dittico con un altro inno di ringraziamento, parallelo al *Magnificat*, che Zaccaria pronuncia alla nascita del figlio Giovanni. Così si chiude il primo capitolo.

Il secondo si apre con il famoso censimento voluto dall'imperatore Augusto, che spinge Giuseppe a muoversi da Nazareth, in Galilea, verso Betlemme. Qui però c'è un problema, rilevato da numerosi storici, i quali ritengono che Luca abbia retrodatato un censimento che in effetti ci fu ma nel 6 d.C. La possibile verità storica è che i censimenti sarebbero stati due: uno diciamo generale e uno locale disposto appunto nel 6 d.C. dal governatore Publio Sulpicio Quirinio nelle provincie di Siria e Giudea. Non credo però utile ai nostri fini addentrarci ora in questa dibattuta questione, potremo semmai tornarci in seguito. D'altronde l'autore che identifichiamo con Luca non disponeva di adeguati strumenti di controllo, sono comprensibili eventuali imprecisioni cronologiche.

Sono d'accordo, tanto più che su questo particolare aspetto ci interessa di più Matteo quando riporta (2,5-6) la profezia: «Tu, Betlemme, non sei la più piccola delle città della Giudea, perché da te uscirà il capo che guiderà il mio popolo, Israele». Luca non spende molte parole per la nascita di Gesù. Dice semplicemente che Maria seguì Giuseppe a Betlemme, ove giunse per lei il tempo del parto, per cui «dette alla luce il figlio primogenito» (2,7). Anche questo «primogenito», come abbiamo visto, ha nutrito infinite discussioni su possibili altre maternità di Maria: primogenito o unigenito? Primo di altri o figlio unico? È evidente che con più figli, un'eventuale verginità *post partum* diventa insostenibile. Luca dà invece parecchio spazio all'annuncio che gli angeli fanno ai pastori della nascita del Salvatore, con il loro *Gloria in excelsis Deo*. Segue la visita dei pastori stessi alla mangiatoia dove trovano la madre, il padre e il bambino (Lc 2,14-20).

Il bue e l'asino nella tradizione popolare del presepio sono un'aggiunta di Francesco d'Assisi, molto «italiana», molto poetica, probabilmente con riferimento al passo del profeta Isaia (32,20), ove la libertà dei due animali simboleggia l'età messianica.

Continuiamo a seguire il vangelo. Dopo questa apertura, arriva (2,22-38) l'episodio della Presentazione di Gesù al Tempio in obbedienza alla legge mosaica per cui ogni maschio primogenito appartiene al Signore. Ciò permette all'evangelista di enunciare, per bocca del santo vecchio Simeone, ancora una volta la natura di Gesù quale Salvatore.

In questo contesto Simeone si rivolge a Maria, meravigliata per le parole del vecchio, dicendole che il suo bambino sarà occasione di rovina o di resurrezione per tanti, segno di contraddizione che svelerà le intenzioni nascoste di molti cuori. Conclude: «Quanto a te, Maria, una spada ti trafiggerà l'anima». Anche questa enigmatica profezia è stata oggetto di numerose interpretazioni: la più ovvia è il dolore che Maria proverà per la morte del figlio. Infatti il passo di Luca è alla base della devozione popolare per l'Addolorata (festeggiata il 15 settembre). I frati Servi di Maria hanno anche una *Via Matris*, in parallelo con la *Via crucis*.

Nelle pene di questa donna, *Mater dolorosa*, i semplici trovano conforto ai propri dolori. L'identificazione avviene sulla base della comune esperienza umana: Maria è come una qualunque altra donna che abbia molto sofferto. Per estensione questo culto ha dato diffusione, un tempo e in certe zone, a nomi femminili come Addolorata, Dolores.

Segue l'episodio con cui Luca chiude il secondo capitolo e, con esso, il cosiddetto «vangelo dell'infanzia». Si tratta del viaggio che la sacra famiglia compie a Gerusalemme per la Pasqua, con Gesù che ha ormai dodici anni. Nel ritorno, i genitori perdono di vista il figlio e lo ritrovano solo dopo tre giorni, nel Tempio, intento a discutere con i dottori della Legge tra la meraviglia di tutti. Allora Maria si rivolge a Gesù: «Figlio, perché ci hai fatto questo? Vedi, tuo padre ed io, angosciati per causa tua, ti cercavamo» (2,48).

Maria e Giuseppe non comprendono la risposta di Gesù, che afferma di doversi occupare delle cose del Padre, ma Luca ripete ancora una volta che Maria «custodiva dentro di sé il ricordo di queste cose» (2,51). Faccio notare, di passaggio, che l'accorata domanda che rivolge al figlio, così umana nella sua materna apprensione, è uno dei pochissimi casi in cui i vangeli riportano direttamente le parole di Maria. A parte queste, infatti, vi sono solo quelle rivolte all'angelo nell'Annunciazione, e infine quelle che il vangelo di Giovanni le fa pronunciare nell'episodio delle nozze di Cana, quando avverte il figlio che i commensali «non hanno più vino», per poi ordinare ai servi: «Qualsiasi cosa vi dica, fatela!» (Gv 2,3-5). Nient'altro: Maria nel vangelo sembra quasi muta, anche se il suo agire – o non agire – e i suoi silenzi sono spesso significativi quanto le parole.

Nei primi due capitoli di Luca, così schematicamente riassunti, si trova la maggior parte del «materiale», intendo dire delle informazioni che riguardano Maria. Come lei però faceva notare, non si tratta di un resoconto di fatti. Nel racconto, se vogliamo così definirlo, prevale un'elaborata costruzione teologica.
Non solo. Quasi ogni frase è scritta con riferimento a un passo parallelo della Scrittura, nell'intento di mostrare come in Maria si compiano le promesse di redenzione fatte da Dio al suo popolo. Per esempio nel racconto dell'Annunciazione, la «vocazione» di Maria sta in stretto parallelismo con la «vocazione» di Gedeone. Nel libro dei Giudici (secondo dei libri «storici» della Bibbia ebraica) un angelo si rivolge infatti a Gedeone, salutandolo nello stesso modo in cui l'angelo saluta Maria. Gedeone, come Maria, si turba per questo e chiede – ancora come Maria – come potrà fare da solo, ma l'angelo lo rassicura, garantendogli l'aiuto divino, proprio come farà con Maria. Ometto per brevità i dettagli ma chi volesse approfondire può scoprire agevolmente con la diretta lettura del testo (Gdc 6,11-24) come si tratti della medesima vicenda, narrata con le medesime parole.

Anche la verginità trova paralleli di questo tipo?
Certamente. Il racconto di Luca rimanda con ogni evidenza ad altri concepimenti e nascite miracolose. Non si tratta solo, come abbiamo già visto, di Elisabetta madre di Giovanni Battista, ma anche di «casi» biblici, teologicamente

più rilevanti. In primo luogo, infatti, c'è il concepimento della moglie di Abramo, Sara, vecchia e sterile, che darà alla luce Isacco; c'è poi il caso delle sterili Lia e Rachele, mogli di Giacobbe, da cui nasceranno i dodici capostipiti delle tribù di Israele. Ancora: quello di Anna, sterile moglie di Elkana, da cui nascerà Samuele.

Però, come lei del resto ha già detto, il caso di Maria è assolutamente eccezionale. Maria è una fanciulla vergine, una condizione ben diversa da quella di una donna resa sterile dagli anni, cioè in menopausa.

Ma ogni biblista sa bene che per la mentalità ebraica le due condizioni, verginità e sterilità, sono nei fatti accomunate dall'impossibilità di generare, quindi ugualmente connotate in modo negativo. In fin dei conti ciò che a Luca interessa è porre l'accento sull'eccezionalità dell'intervento divino nella nascita di Gesù. Non a caso le parole che l'angelo rivolge a Maria, che non comprende come sia possibile concepire essendo vergine, sono praticamente le stesse dette a Sara, che non comprendeva come potesse procreare trovandosi così avanti negli anni. Risponde l'angelo: «C'è forse qualcosa impossibile a Dio?» (Gen 18,14).

Se capisco bene, l'Annunciazione ha dunque, per Luca, un significato essenzialmente simbolico.

Simbolico e, ripeto, teologico. Deriva dalla teologia della nuova alleanza, del Nuovo Testamento, costituitasi grazie all'apostolo Paolo, di cui, secondo la tradizione, Luca è stato discepolo e cronista. L'annuncio a Maria diventa per così dire l'inaugurazione della nuova alleanza, ecco perché l'episodio è costruito sul lessico tipico della stipula del patto nell'Antico Testamento. Per amore di concisione, ripeto un parallelo che abbiamo già evidenziato in precedenza, nel capitolo sulla verginità di Maria: lo stretto legame esistente tra un passo dell'Esodo (40,35), dove si dice che la nube divina coprirà con la sua ombra la Tenda del convegno, e le parole rivolte dall'angelo a Maria: «La potenza divina ti coprirà con la sua ombra» (Lc 1,35). Identico linguaggio, stessa metafora.

Passo a un argomento in parte diverso anche se legato nella sostanza ai temi di cui discutiamo. Una volta c'era nella pratica popolare la recita delle cosiddette Litanie della Vergine...
Litanie lauretane.

Esatto. Non so se si recitano ancora. Comunque sono molto interessanti. Per esempio tra le lodi riservate a Maria se ne contano tre nelle quali è descritta come «Vas spirituale, vas honorabile, vas insigne devotionis», *ovvero «vaso spirituale, vaso degno d'onore, vaso di straordinaria devozione». Infatti, nel grembo, utero (vaso) di Maria, la divinità s'è fatta carne. Nella tradizione vetero-ebraica la donna era spesso ridotta a strumento sessuale, chiamata nella Bibbia* rechem *(utero) e dai rabbini* kli *(recipiente, dunque anche vaso). Il problema di riportare queste tre laudi in italiano dunque c'era. Con una curiosa reticenza dove pudore e imbarazzo si mescolano, nella traduzione italiana il termine* «vas»*, vaso, utero, ripetuto in queste tre litanie è scomparso. Probabilmente era difficile trovare un adeguato sinonimo in italiano. Fatto sta che il triplice* «vas» *è stato sostituito da qualifiche diverse affidate a delle perifrasi: Tempio dello Spirito Santo, Tabernacolo dell'eterna gloria, Dimora consacrata a Dio.*

Nel caso di cui stiamo parlando, sembra invece che la madre di Gesù sia pensata da Luca come una nuova dimora visibile di Dio.

Di più. Maria diventa la nuova arca dell'alleanza – *foederis arca*, come la definiva appunto una delle richiamate litanie lauretane. Lì è l'origine dell'episodio della Visitazione, ecco perché ha anch'esso un significato primariamente, se non esclusivamente, teologico. Tutto il racconto del viaggio di Maria che si reca a visitare Elisabetta ricalca quello del trasferimento dell'arca in Giudea, quale si legge in 2Sam 6,1-12. Utilizza, fin nei minimi particolari, il medesimo linguaggio. E del resto, caro Augias, in questo primo approccio a Maria non si può trascurare, ripeto ancora una volta, come ogni riferimento temporale del racconto di Luca sia, prima che storico, simbolico e teologico.

Allo scopo?

Allo scopo di annunciare la *plenitudo temporum*, la pienezza dei tempi. Per ben tre volte l'evangelista, in questi primi due capitoli, parla di «compimento dei giorni». Rifletta: sei mesi tra annuncio a Zaccaria (Elisabetta) e annuncio a Maria; nove mesi tra annuncio a Maria e nascita di Gesù; quaranta giorni tra nascita e Presentazione al Tempio. Questi intervalli di tempo, che a un lettore ingenuo non dicono granché e che possono perciò essere visti solo in senso cronologico, sono in realtà teologicamente significativi. Sommandoli insieme si arriva infatti a quattrocentonovanta giorni, ovvero settanta settimane, che è precisamente il tempo annunciato dall'angelo Gabriele (ancora una volta!) a Daniele come preparatorio all'evento messianico (Dn 9,24).

Nessun dubbio quindi che il vangelo detto «dell'infanzia», attribuito a Luca, sia essenzialmente, se non esclusivamente, un testo teologico. La sua bellezza letteraria e la suggestione profonda che ha esercitato nei secoli, soprattutto per la figura di Maria che viene delineata, non bastano a dargli valore di documento storico nel senso in cui oggi lo intendiamo.

V

Il misterioso Giovanni

Dobbiamo ora affrontare il testo sublime e complicato del quarto vangelo detto di Giovanni. È molto diverso dai tre che lo precedono. Già in Marco, Matteo e Luca i riferimenti e gli episodi hanno più un valore allegorico che non storico o biografico. In Giovanni questo allontanamento dai fatti concreti di cui è tessuta ogni esistenza, compresa quella di Gesù, diventa pressoché totale. Non c'è episodio, compresi quelli più noti e più popolari (per esempio le nozze di Cana con la celebre mancanza di vino) che non possa, anzi debba, essere letto in chiave metaforica o simbolica. Altro che bottiglie vuote, si tratta di ben altro.

Questo pone agli esegeti parecchi problemi interpretativi, apre la strada a differenti modi d'intendere la narrazione, nel nostro caso rischia di allontanare il lettore non specialista dal fascino del racconto.

Quello che dice è vero, però vorrei far notare che, come nei tre sinottici...

Scusi se la interrompo, è solo per ricordare che con il termine «sinottici» s'intendono i primi tre vangeli accolti nel canone, che presentano numerosi punti di convergenza: Matteo, Marco, Luca.

Come nei tre sinottici, dicevo, anche nel quarto vangelo sono presenti dei particolari che fanno capire come l'autore, chiunque sia stato, era a conoscenza di fatti precisi della vita di Gesù. Ad esempio, nel capitolo primo, parlando della chiamata dei due primi discepoli, l'evangelista dice: «Era circa l'ora decima» (cioè verso le quattro del pomeriggio). Una notazione che non ha nessun senso ai fini del racconto, e che si giustifica solo in forza di un ricordo personale, o comunque di una testimonianza diretta. Più in particolare, per quanto riguarda la nostra conversazione, va sottolineato un dettaglio importante: Giovanni è l'unico a farci sapere che Maria aveva una sorella, presente accanto a lei ai piedi della croce (Gv 19,25) – un particolare che non ha significato simbolico e di cui perciò non abbiamo ragione di dubitare.

Questo è un po' il problema di ogni lettura criticamente agguerrita dei vangeli: tener presente che si tratta di documenti teologici e storici insieme, ove non è sempre facile distinguere con certezza dove finisce la storia e dove comincia il simbolo, la teologia.

Questa sua osservazione introduce un tema importantissimo, la differenza esistente tra la fede percepita dai semplici e quella elaborata dai sapienti. Si tratta quasi di due religioni diverse, quella di chi si ferma agli episodi delle Scritture così come sono narrati e quella, molto diversa, di chi sa leggere in quelle medesime storie complessi rimandi teologici.

Il suo rilievo è corretto nella sostanza. Le faccio però notare che ogni dottrina, comprese quelle politiche, così come ogni filosofia, e anche ogni storia, si presenta sempre con diversi livelli di possibile comprensione; gli specialisti d'altronde esistono proprio per questo.

Sì, certo, perfino un romanzo può essere letto con diversi livelli di approfondimento e ovviamente le letture differiscono fra loro.

Nel caso di Giovanni però si ha l'impressione che i fatti narrati, i fatti dico, cambino addirittura di significato se li si passa attraverso il filtro della teologia.
Diciamo pure il filtro delle teologie, al plurale, dal momento che in duemila anni di cristianesimo ne sono state elaborate parecchie.

Parliamo dunque di Giovanni. Intanto faccio notare che su questo testo, il più denso dal punto di vista teologico, esistono due possibili ipotesi di attribuzione. Secondo una rilevante corrente storica, sarebbe stato scritto nei decenni a cavallo tra la fine del I e l'inizio del II secolo, cioè in anni lontani dai fatti. Il nome «Giovanni» dato all'opera non si riferirebbe quindi a una persona fisica, autore materiale dello scritto, bensì a un collettivo, una scuola, una corrente di «giovannisti». Per contro una forte tradizione popolare ed ecclesiastica attribuisce il testo al «discepolo che Gesù amava», cioè a Giovanni. Non so se sia utile riprendere questo argomento che ci porterebbe fuori dal tema. Per di più le «prove» a sostegno dell'una e dell'altra ipotesi praticamente si equivalgono. Ciò che mi premeva osservare è che in un caso e nell'altro in questo testo a Maria è riservata una parte quasi insignificante...
All'apparenza...

Un'apparenza confortata dalla lettera di ciò che leggiamo.
La lettera, appunto. Ma il testo dice altro da ciò che appare a prima vista, esattamente come lei sosteneva poc'anzi. Il cambio di prospettiva è la dimostrazione della densità teologica di cui il vangelo è ricco. Subito, fin dai primi versetti di apertura.

Ricordiamoli perché sono veramente degni di memoria per chiunque. «In principio era il Verbo, e il Verbo era presso Dio e il Verbo era Dio. Egli era in principio presso di lui, e senza di lui niente è stato fatto di tutto ciò che esiste. In lui era la vita e la vita era la luce degli uomini; la luce splende nelle tenebre, ma le tenebre non l'hanno accolta.» Si avverte la densità del pensiero, il livello intellettuale della rappresentazione, sembra di ascoltare una di quelle ouverture *dove tutti i temi che saranno sviluppati vengono sinteticamente esposti per la prima volta. Versetti che non basta leggere, ovviamente.*
Infatti il Prologo di Giovanni più che un testo da leggere era un inno, quasi una preghiera. In effetti chi ha un po' d'anni, come noi, ricorda che lo si recitava a guisa di preghiera al termine di ogni messa, prima della riforma liturgica voluta dal Concilio Vaticano II.

Faccio il caso opposto al quale del resto accennavo poco sopra. Si tratta di un episodio notissimo, molto citato, in apparenza molto semplice: le celebri nozze di Cana. Si festeggia il matrimonio di amici, il vino finisce, Maria si preoccupa e chiede a suo figlio di fare qualcosa. Gesù interviene con un miracolo, il suo primo: trasforma l'acqua in un ottimo vino. Tutti sono contenti, anche i lettori che hanno finalmente l'impressione di aver pienamente colto il senso dell'episodio: l'ingresso di Gesù nel pieno della sua missione, un intervento prodigioso a beneficio di una coppia di sposi novelli.

C'è dell'altro da capire?

C'è molto altro, moltissimo altro, anzi direi che l'interpretazione corrente non sfiora nemmeno il significato profondo dell'episodio. A Cana, Gesù «durante quel banchetto, fece l'inizio dei suoi segni e manifestò la sua gloria, e credettero in lui i suoi discepoli» (Gv 2,11). Notiamo che Giovanni parla sempre di segni, mai di miracoli. Maria dice al figlio poche semplici parole: «Non hanno più vino». Gesù le risponde in modo a prima vista sbalorditivo: «Che c'è tra me e te, donna?» (Gv 2,3-4). Questo tipo di replica, che si trova anche altrove nella Bibbia, indica sempre il rifiuto di un rapporto o addirittura una vera e propria rottura, comunque una radicale divergenza di opinioni.

Infatti è una risposta sgarbata e incomprensibile a una lettura testuale. Provo ad anticipare osservando che il solo evangelista a riferire l'episodio è Giovanni nel vangelo che si segnala come il più intellettuale. Nessun altro documento parla di Cana e del vino. Ciò che il testo racconta esula quindi da un contesto storico per situarsi su un piano puramente teologico. La domanda a questo punto diventa: quale significato? Di quale teologia?

Comincio dall'inizio. Rivolgersi alla madre chiamandola «donna» è un fatto assolutamente inconsueto, forse unico, in tutta la letteratura ebraica e greca. Gesù si rivolge in quei termini alla samaritana, al pozzo di Giacobbe (Gv 4,21), e poi alla Maddalena (Gv 20,13), ma la prima è per lui un'estranea, la seconda, che conosce, non è comunque una sua parente. Chiaro dunque che sta prendendo le distanze da sua madre e, con essa, dai rapporti familiari. Del resto si comporta così anche in altre occasioni, per esempio quando dichiara che non sono beate le mammelle che ha succhiato e il ventre che lo ha portato, ma solo quelli che ascoltano la parola di Dio e la mettono in pratica, questi sono per lui madre e fratelli.

Personalmente questa freddezza con i familiari mi sorprende fino a un certo punto. Gli uomini che si ritengono investiti da una grande missione – religiosa, ma anche sociale e politica – vivono a un tale livello di concentrazione la propria esi-

stenza da arrivare a trascurare i rapporti affettivi anche con i familiari più stretti, soprattutto quando pensano che costoro non li capiscano.
Infatti troviamo altri episodi simili nei vangeli. In Marco per esempio leggiamo (Mc 3,21) che i parenti di Gesù escono per andare a prenderlo perché pensano che sia «fuori di sé».
Questo però non esaurisce la funzione simbolica del racconto delle nozze di Cana. Il banchetto nuziale è, biblicamente, il simbolo dell'alleanza tra Dio e il suo popolo nel quale scorre il vino, buono e abbondante. Solo che a Cana questo vino è finito, e il banchetto non si può compiere: occorre altro vino, nuovo, quello che porterà Gesù, con il quale l'incontro si compie – ovvero nasce la nuova alleanza. In questo senso Maria, che si fa tramite, è una figura rappresentativa dell'intero popolo d'Israele. Una peculiarità di questo quarto vangelo è che non utilizza mai il nome proprio «Maria», che viene chiamata sempre «la madre di Gesù», come se la sua identità personale non importasse, o fosse comunque di importanza secondaria. Non conta la sua identità personale, bensì un'identità in certo senso collettiva, dietro la quale quella personale scompare. Da rilevare anche il fatto che Maria è presente solo in due passi, nel capitolo secondo e nel diciannovesimo, cioè all'inizio e alla fine effettivi del testo giovanneo, che è un vero e proprio «libro dei segni».

Non insisto oltre coi dettagli di questo simbolismo. Si potrebbe però notare come i particolari cronologici che il vangelo di Giovanni fornisce non siano solo di ordine temporale, ma anche simbolico. Maria era alle nozze prima di Gesù (ovvero Israele attendeva il Messia da tempo), e il banchetto avviene tre giorni dopo l'episodio che lo precede. Il terzo giorno è infatti quello in cui si stipula la prima alleanza (Es 19,10-11.16) come pure nel terzo giorno avviene la resurrezione di Cristo, con cui la nuova si compie.

Professor Vannini, ma Gesù non è forse colui che ha detto «Beati i semplici»?, non ha detto «Fatevi come bambini»? Non voleva il suo Regno aperto ai più umili? Lei espone un'interpretazione allegorica nella quale niente è ciò che appare, tutto diventa simbolo di qualcos'altro. Altro che semplici o umili, queste sono cose da sapienti, anzi sapientissimi. Dove va a finire allora la povertà, in senso nobile, del vangelo?
La povertà, la semplicità, l'umiltà, di cui proprio Maria è esempio sublime – ricordiamo il versetto del *Magnificat*: «Ha riguardato l'umiltà della sua serva, e perciò tutte le generazioni mi chiameranno beata» (Lc 1,48) – consistono nella rinuncia a se stessi (Lc 9,23; Mt 16,24, eccetera), morendo per così dire a se stessi, come sottolinea la mistica di ogni tempo e luogo, ricordando la necessità che il chicco di grano muoia per portare frutto (Gv 12,24). La povertà, l'umiltà evangelica sono questo svuotarsi di se stessi, facendo così spazio a «grazia e verità», che sostituiscono la Legge di Mosè (Gv 1,17), e, insieme, la pretesa sapienza dei suoi sacerdoti e dottori: è infatti contro di essa che si rivolge la dura polemica di Gesù.

Il testo detto di Giovanni è tra l'altro insistentemente antigiudaico. Vi leggiamo le terribili parole (8,44-47) rivolte da Gesù agli ebrei, quanto meno secondo l'autore o gli autori del testo:

> Voi siete figli del diavolo, che è vostro padre, e volete fare i desideri del padre vostro. Egli è stato omicida fin dal principio e non si è attenuto alla verità, perché non c'è verità in lui. Quando dice il falso, parla di quel che è suo perché è bugiardo e padre della menzogna. A me, perché io dico la verità, voi non credete. [...] Chi è da Dio ascolta le parole di Dio. Per questo voi non le ascoltate; perché non siete da Dio.

È una delle invettive più violente scagliate contro quel popolo, parole piene di collera. Alla luce di quanto lei ha appena detto, chiedo: esiste una relazione possibile tra questa esplosione d'ira e la risposta diciamo «sgarbata» che Gesù dà a sua madre: «Che c'è tra me e te, donna?».
La relazione c'è: in entrambi i casi ciò che si vuole esprimere è la separazione tra vecchia e nuova alleanza, ovvero tra un Dio che è spirito, e che perciò si adora in spirito e verità, e un Dio che si adora nel Tempio (Gv 4,21-25), anche indulgendo al formalismo.

Maria però è pur sempre sua madre!
Così appunto la chiama Giovanni. La nuova alleanza si innesta comunque nell'attesa del popolo di Israele, che l'ha generata e nutrita. Non si meravigli dell'apparente contraddizione tra questi due aspetti. È la stessa realtà umana a essere complessa, dialettica, e una ragione matura non teme la contraddizione, la supera con la comprensione di tutti i suoi aspetti.

È possibile che invece io tema le contraddizioni, di questo tipo quanto meno. In ogni caso quelle parole lette alla sola luce dell'umanità di Gesù suonano stridenti, dure, immeritate. Il loro significato simbolico non ne attenua la sgradevolezza. Tanto più che dopo questa brutta risposta Gesù obbedisce e alla fine il vino arriva.
È questo che interessa l'evangelista. Non solo vino, ma il migliore, che giunge alla fine, al contrario di ciò che avveniva normalmente nei banchetti. Dunque la nuova alleanza è migliore dell'antica.

Passo ora alle ultime parole che Giovanni, e i vangeli, fanno dire a Maria. Sono quelle che, nonostante la brusca risposta del figlio, rivolge ai servi: «Fate quello che vi dirà» (Gv 2,5). Qui Maria, stando alla lettera del testo, dimostra il grandioso amore materno capace di superare le bizzarrie, gli sgarbi di un figlio.

Dimostra anche altro, per la verità. Ma prima di tutto mi faccia dire che con quelle parole Maria, per così dire, si congeda e scompare dal testo, avendo ormai esaurito il suo ruolo. Quanto al loro significato profondo, la frase testimonia e rafforza quella caratteristica di fiducia, di fede, che ne accompagna la figura fin dal racconto lucano dell'Annunciazione. In poche parole potremmo concludere che Maria lascia a tutti i fedeli, discepoli vecchi e nuovi, una consegna essenziale: mettere in pratica la parola del figlio.

Questa lettura del vangelo di Giovanni per quanto concerne Maria, è confermata dal secondo testo che la riguarda: lo Stabat Mater, *per dirla col commovente inno di Iacopone da Todi, ovvero la scena ai piedi della croce. Ritroviamo anche lì, a suo giudizio, un significato letterale e un rimando teologico?*

La scena, l'abbiamo già ricordata in precedenza, è la seguente: Gesù, vedendo la madre con altre donne e con accanto «il discepolo che egli amava», le dice: «Donna, ecco tuo figlio!». Poi, rivolto al discepolo: «Ecco tua madre!» (Gv 19,26-27). In primo piano c'è la commozione che suscita il commiato alla madre, verosimilmente vedova e sola, da parte di un figlio così tragicamente morente e l'affidamento della madre stessa al più caro degli «amici», come Gesù chiama ormai i suoi discepoli.

Scena di grande pietà, infatti rappresentata cento volte nella pittura sia alta sia popolare.

Certo, ma non solo. Di là dalla pietà la scena ha un preciso significato teologico, in stretta relazione con l'episodio delle nozze di Cana. I due episodi sono i soli in cui il figlio si rivolge alla madre chiamandola «donna», gli stessi personaggi ne sono protagonisti: Gesù, Maria, i discepoli. A Cana l'ora di Gesù non è ancora venuta, sulla croce l'ora è venuta, anzi «tutto è compiuto». Il vino nuovo con cui a Cana si è rivelato Messia, qui è sostituito dal sangue con cui la nuova alleanza è suggellata sulla croce. Acqua e vino, umano e divino si uniscono a Cana; sul Calvario acqua e sangue escono dal fianco di Cristo in croce, lacerato dalla lancia.

Poi c'è l'affidamento di Maria al discepolo prediletto.
Affidamento totale. Da quel momento Giovanni prende la donna «tra le cose proprie», come dice l'originale greco nel suo significato autentico, che non è «in casa sua» (Gv 19,27), come riducono alcune traduzioni semplificatorie ed edulcoranti. Si noti che il testo usa qui di proposito la medesima espressione che nel prologo (1,11) si adopera per la venuta del Logos nel mondo. Il significato forte dell'episodio è nello spostamento simbolico che determina: Maria, da madre di Gesù, diventa madre del discepolo prediletto e, insieme a lui, di tutti quelli che partecipano al medesimo spirito, che egli, morendo, ha consegnato dalla croce (Gv 19,30). Perciò, come abbiamo detto all'inizio, l'evangelista non la chiama mai per nome, ma sempre e solo «madre di Gesù».

Lei è giustamente attento al testo originale greco del vangelo. Come racconta Giovanni la morte di Gesù?
Le traduzioni correnti dicono semplicemente che Gesù «spirò». Nel testo greco è scritto invece che «consegnò lo spirito» (*parédoken tò pneûma*). Il verbo *paradídomi* compare una sola volta in tutto il vangelo. «Spirò» è ovviamente più semplice. Il fatto è che le traduzioni tendono a far

rientrare il testo nella dottrina stabilita dall'autorità, per i fini cosiddetti «pastorali», oscurando così i significati spirituali più forti e più veri. Per concludere, la muta presenza di Maria ai piedi della croce non è semplicemente un gesto di amore materno, ma un dato di straordinaria importanza per la sua figura. In Giovanni, Maria è già madre dei fedeli, ovvero madre della Chiesa: un ruolo destinato a crescere progressivamente, fino a diventare parte essenziale della fede cristiana, non solo a livello di teologia dotta, ma anche e soprattutto a livello del vissuto individuale.

Lei ha detto della «fede cristiana». Noi però sappiamo che il cristianesimo si divide in numerose confessioni; tra queste, quella cattolica di maggioranza venera questa figura nel modo più intenso e più diffuso quanto meno a livello popolare. Finora abbiamo parlato dei vangeli canonici, ma non possiamo trascurare un'altra fonte preziosa, quella costituita dai vangeli apocrifi. Che sono gli unici che ci raccontano qualcosa dell'infanzia di Maria. Credo che varrà la pena approfondire il tema nel prossimo capitolo.

VI

La bambina Maria

La vita di Maria e perfino la sua morte sono costellate di prodigi, ma povere di notizie. È anche difficile sapere se le informazioni che alcune antiche scritture ci danno si riferiscano a fatti reali o non siano elaborazioni costruite nel corso del tempo su un qualche frammento di realtà. Tentare quella che si chiama usualmente una biografia con fonti così povere e incerte, limitata che sia a pochi eventi essenziali, è impresa ardua. Il poco che sappiamo col tempo è stato coperto da uno spesso mantello teologico che ha finito per confondere ancor di più le acque.

Maria però è stata anche una creatura normale, è vissuta realmente in terra d'Israele in un certo periodo della storia, ha conosciuto avversità e momenti di gioia, moti dell'animo, affetti e cambi d'umore, le stesse fasi ed emozioni di cui qualunque essere umano ha esperienza. A poco a poco, nei secoli, le circostanze terrene però sono in pratica state cancellate, la venerazione d'una figura idealizzata ha prevalso oscurando il resto.

In queste condizioni, è possibile raccontare Maria come si farebbe con un qualunque altro personaggio eccellente della storia? È difficile, per certi aspetti ci si barcamena su pure ipotesi, tuttavia resta in una limitata misura possibile.

Abbiamo sufficienti informazioni sulla vita e sui costumi della Giudea e della Galilea in quegli anni, conosciamo qual era la condizione dei bambini e delle donne, che in parte abbiamo già visto, quali leggi e costumi li regolavano, che cos'era la vita in un villaggio, quale la forza dei riti religiosi. Basandoci su un quadro articolato di notizie generali è possibile misurare – se non altro per differenza – quali elementi distinguano la sua dalla vita delle altre donne in quei luoghi e in quel tempo.

Del resto, nemmeno sulla vita di Gesù sappiamo molto di più. Scambiare i vangeli per fonti biografiche, anche questo è già stato detto, è un errore poiché anche sulla sua vita ha prevalso l'elaborazione teologica. Ciò che vale per il figlio, vale ancor di più per la madre che è figura meno centrale confinata per lo più sullo sfondo. Per arrivare a intravedere la realtà si possono utilizzare le informazioni d'ordine generale che danno gli storici e poi tentare di scrutare testi e leggende nei loro interstizi, dettagli significativi che nessuno ha avuto interesse a manipolare. Lì si possono scovare particolari presumibilmente autentici: un modo di essere e di vivere, cibi, spostamenti, contrasti, procedure, riti, pene.

I testi ritenuti sacri, in particolare i quattro vangeli canonici (Marco, Matteo, Luca, Giovanni), su Maria dicono, come abbiamo visto, assai poco. Parlano poco di lei ma soprattutto la fanno parlare poco. Di Maria si leggono sporadiche e brevi apparizioni in alcuni eventi, rarissime e scarne sono le parole che pronuncia. Maria è una donna, i costumi del tempo non le concedono di più. Stranamente però, e quasi per paradosso, sono gli altri vangeli, quelli definiti «apocrifi» (letteralmente: «nascosti») cioè tenuti fuori dal canone, a darci notizie più abbondanti: dettagli della vita a cominciare dall'infanzia, aspetti del temperamento, coloriture familiari e d'ambiente. Nemmeno qui si tratta di veri eventi biografici; comunque tali informazioni ci consentono di farci un'idea, di avvicinarci alla bambina e poi alla donna Maria qual è possibile che sia stata nella realtà, prima della sua trasformazione in un astratto modello esemplare.

Per quali ragioni proprio i quattro vangeli eretti a canone sono i più reticenti? Con ogni evidenza ha prevalso l'interesse per Gesù. La dottrina, com'è comprensibile, era interessata a trovare un fondamento nelle sue parole e nelle sue azioni. Il culto di Maria sarebbe arrivato molto più tardi, non prima del IV secolo, costruito lentamente, per successivi arricchimenti, fino a edificare la figura celeste che oggi conosciamo, la più complessa mai concepita in una religione.

Professor Vannini, se vogliamo dare un connotato storico alla figura di Maria, pur con le cautele e i limiti appena detti, forse possiamo cominciare proprio da questo punto: la nascita di una bambina di nome Myriam, o Maria.
Sarebbe preferibile cominciare da un momento anteriore, cioè non la nascita ma il concepimento di Maria. Ci sono un paio di ottime ragioni per farlo. La prima è che, come vedremo, a quel concepimento è legato uno dei dogmi che la riguardano; la seconda è per dir così anagrafica e ha a che fare con l'età dei suoi genitori.

Nel cosiddetto *Protovangelo di Giacomo*, apocrifo, ma ampiamente utilizzato dalla Chiesa primitiva quasi come canonico, c'è un dettagliato racconto del concepimento, della nascita, della fanciullezza di Maria, come pure del suo matrimonio con Giuseppe e della nascita di Gesù.

Secondo questo testo, anche la nascita ha qualcosa di miracoloso. Abbiamo già accennato alla storia dei suoi pii genitori, Gioacchino e Anna, che, pur sposati da molti anni, non avevano avuto figli e per questo motivo Gioacchino, nel momento in cui si accingeva a presentare la sua offerta, era stato scacciato dal Tempio. La mancanza di figli, che allora veniva in genere attribuita alla sterilità della moglie, era considerata un segno di riprovazione divina. Addolorato, Gioacchino si era ritirato nel deserto, un consueto atto penitenziale, digiunando e pregando; Anna intanto piangeva la sua sterilità e invocava il Dio dei suoi padri perché le concedesse un figlio come aveva fatto con Sara, l'anziana moglie di Abramo.

Un giorno un angelo le appare per annunciarle la prossima nascita di un figlio. Anna promette di consacrarlo al servizio del Signore, maschio o femmina che sia. Dopo nove mesi nasce una bimba, cui la madre mette nome Maria.

Sappiamo la data di questa nascita?
Non la sappiamo. La data dell'8 settembre, festa introdotta da papa Sergio I nel VII secolo nel solco della tradizione orientale, è arbitraria.

Non sappiamo neppure dove sia nata. Si sono ipotizzate Nazareth, Gerusalemme, Betlemme. Ma direi che in fondo poco conta.

Sono d'accordo, anche perché la stessa datazione dell'anno zero dal quale si fa cominciare l'era volgare è arbitraria così come la data del 25 dicembre per la nascita di Gesù. Non è in questi dettagli la sostanza della cosa.
Comunque, se vogliamo indicare una data verosimile, anche se approssimativa, possiamo pensare che Maria sia nata verso il 18-16 a.C. – probabilmente a Nazareth – considerata la giovanissima età in cui si contraeva matrimonio nel mondo semitico.

Non solo semitico. Pensiamo che la veronese Giulietta ha circa 14 anni, Giulia Farnese diventa a 15 anni l'amante del cardinale Borgia, futuro papa Alessandro VI, che di anni ne aveva 56, Alphonsine Plessis, vero nome di Violetta Valéry protagonista della Traviata, *ha 16 anni quando comincia a Parigi la sua carriera di mantenuta. Si potrebbero fare cento nomi. La sola cosa che si prendeva in considerazione era la capacità d'una donna di generare; il concetto sociale di adolescenza, di prima giovinezza, comincia solo nel XIX secolo.*

Per quanto riguarda Maria, alcuni vangeli apocrifi la fanno nascere a Gerusalemme.

Si tratta di motivazioni solo simboliche. Vero peraltro che diverse testimonianze, tra il V e il VII secolo, parlano di una basilica in onore di Maria presso la piscina Probatica, a nord del recinto del Tempio. Nel 603 il patriarca Sofronio afferma che lì era nata Maria.

Nell'iconografia derivata dagli apocrifi, la piccola Maria appare nel recinto del santuario, circondata da rose e gigli, sovrastata da cori di angeli. Si tratta di raffigurazioni idealizzate, immagino che in realtà sappiamo poco del suo aspetto.

Non sappiamo niente. Né dobbiamo essere ingannati dalle innumerevoli raffigurazioni di Maria che seguono i tempi e le culture – dalle Madonne Nere che rimandano alla Madre Terra, alle fanciulle bionde delle Annunciazioni del Beato Angelico.

La sua fisionomia doveva essere quella di una semplice ragazza ebrea, con le connotazioni fisiche di allora della sua gente: piccola statura, capelli neri, vivaci occhi scuri, eccetera. Insomma, una delle tante «belle ragazze», come sono belle le ragazze a quell'età. Proprio con questo titolo, Bella Ragazza (*keganuisch*) sogliono chiamarla gli armeni.

Abbiamo già delineato in un capitolo precedente qual era la condizione della donna nella Palestina di quegli anni. Proviamo ora a immaginare le attività giornaliere di questa «bella ragazza» prima che la sua vita venga sconvolta dall'Annuncio.
Come tutte le fanciulle del villaggio, avrà trascorso i giorni nell'oscurità della casa paterna, attendendo ai lavori domestici: al mulino, al forno, al telaio, seguendo la madre nelle occupazioni quotidiane, o muovendosi a piedi nudi per le vie del paese con l'anfora dell'acqua sulla testa o la sporta sotto il braccio, senza distinguersi in niente dalle sue coetanee.

Nel libro biblico dei Proverbi c'è una specie di ritratto o elogio della donna virtuosa, dove si elenca tutto ciò che deve saper fare: «Si procura lana e lino / li lavora volentieri con le mani. [...] / Si alza quando è ancora notte, / prepara il cibo alla sua famiglia [...]. / Con il frutto delle sue mani pianta una vigna. [...] / Lavora con grande energia / le sue braccia non sono mai stanche. [...] / Neppure di notte si spegne la sua lucerna» (31,13 ss.).

Ho selezionato per brevità alcuni versi ma il senso è chiaro. Quello era il modello educativo. Lontane dalla vita pubblica e da quella religiosa comune, le donne al tempo di Maria dovevano esercitare le loro virtù all'interno della casa: spose, madri, abili massaie.

Del resto nemmeno il nome la distingueva: Miryam, Maria, nome molto comune.
Nell'Antico Testamento questo nome compare solo per la sorella di Mosè. Ne sono state proposte ben 74 etimologie! Secondo san Gerolamo il nome significa «Signora»; in egiziano può significare «bella», oppure «amata»; in ebraico «esaltata», «glorificata». Ai tempi di Gesù la pronuncia ebraica Miryām era mutata nell'aramaico Marjām, come nella Bibbia dei Settanta: Mariàm. Il nome Maria è portato

anche da altre donne della primitiva comunità cristiana: Maria di Magdala, ovvero la Maddalena, Maria sorella di Marta e Lazzaro, Maria madre di Giacomo, Maria di Cleofa, testimone della crocifissione di Gesù, eccetera.

Dovremo vederle un po' più da vicino tutte queste Marie. Ora però vorrei tornare al Protovangelo di Giacomo *da lei citato poc'anzi, dove si racconta un'infanzia fuori dell'ordinario, forse un po' troppo. Sembra davvero d'intravedere in quelle note la preparazione a un destino altrettanto straordinario.*
Il testo dice che i fatti andarono così: quando la piccola ebbe sei mesi, sua madre la pose a terra per vedere se stava in piedi. Maria fece sette passi e tornò in grembo ad Anna che la prese in braccio e dichiarò che non avrebbe più camminato su terra impura fino al giorno della sua Presentazione al Tempio. Le fece costruire un santuario nella sua camera e non permise che toccasse mai alcunché di profano. Quando la bambina ebbe un anno, fu presentata al popolo di Israele e ai sacerdoti, che la benedissero. Maria restò nella sua camera-santuario, in condizione di purità, fino al compimento del terzo anno, quando fu portata al Tempio, secondo il voto fatto dalla madre. La bambina salì di corsa i quindici gradini che portavano al tempio, senza voltarsi indietro a cercare la madre, come usano fare invece i piccoli – cosa che stupì tanto i genitori quanto i sacerdoti.

L'episodio della Presentazione al Tempio merita un chiarimento in quanto assai discusso dagli studiosi. Che Maria abbia trascorso un lungo periodo al servizio del Tempio è altamente improbabile. Solo alcuni sporadici accenni della Bibbia ebraica lasciano pensare a una possibilità del genere.
Più che discusso, l'episodio è proprio negato dalla maggior parte degli studiosi. Far soggiornare Maria nel Tempio, come

se fosse esistito un collegio di vergini destinate al servizio di Dio, è pura fantasia. Lo storico Flavio Giuseppe, che descrive nei dettagli il Tempio, non ne parla mai. Si tratta di una *contaminatio* con il mondo detto pagano, penso per esempio alle vergini vestali. È possibile che la Presentazione sia stata una semplice cerimonia di proscioglimento di un voto da parte della madre, poi magnificato dalla tradizione devota.

È evidente nel racconto il desiderio di costruire un'immagine di Maria come creatura di perfetta santità e purezza fin dalla prima fanciullezza, dato il suo successivo destino di madre del Salvatore.

Niente di strano in questo, spesso le biografie dei personaggi eccezionali, scritte col senno di poi, vengono adattate al destino del biografato.

Questo elemento è ancor più rafforzato nei racconti degli apocrifi che vengono dopo il *Protovangelo di Giacomo*: il *Vangelo dello Pseudo-Matteo* e il *Libro della natività di Maria*, particolarmente importanti nella Chiesa latina.

Prima nella tradizione orientale, poi in quella occidentale, persino l'incontro tra Gioacchino e Anna, durante il quale Maria viene concepita, è collocato in una dimensione di straordinaria purezza. I due sposi s'incontrano alla Porta d'Oro di Gerusalemme quando Gioacchino torna dal deserto. Lì si scambiano un abbraccio-saluto (*aspasmós*), in quel momento Maria viene concepita.

È l'atto che sarà poi definito «Immacolata Concezione»?

Diciamo che ne è il segno fisico. La purezza originale viene fatta risalire già a quella dei genitori, proprio come la santità di Gesù verrà fatta risalire al concepimento verginale di sua madre.

Si tratta con ogni evidenza di una tradizione teologica diciamo così «alta», che trascura l'aspetto umano e femminile della maternità.
Accanto a questa tradizione ve n'è infatti anche un'altra che, rovesciando la sua definizione, potremmo chiamare «bassa», dove prevalgono proprio gli aspetti umani della maternità. È ad esempio quella che ci propone Giotto nella Cappella degli Scrovegni, dipingendo Anna che ha appena partorito, sul letto, mentre riceve dalle mani della levatrice la figlia fasciata; un'altra donna le porge qualcosa da mangiare. Nello stesso affresco viene rappresentata un'altra scena: due ancelle hanno appena fatto il bagnetto alla neonata, l'hanno fasciata e le sturano il nasino perché respiri meglio, com'era consuetudine.

Nell'iconografia sacra troviamo innumerevoli esempi come questi. Infatti, accanto al destino soprannaturale di Maria, il mondo cristiano ha sempre sentito fortemente la sua umanità.

Il mondo cristiano sicuramente: il mito di Maria è stato costruito proprio per venire incontro a questo bisogno di umana dolcezza, di fiducia, di abbandono nella consolazione di un grembo materno. Le esigenze della teologia però sono diverse.
Restiamo alla versione devota. Maria trascorse nel Tempio l'intera sua infanzia e adolescenza, «allevata come una colomba, ricevendo il cibo dalle mani di un angelo». I vangeli apocrifi la descrivono in vario modo, ma comunque perfetta: già a tre anni cammina correttamente, parla come un'adulta, prega come se avesse già trent'anni. Questa perfezione aumenta via via nei secoli, col crescere del culto mariano: la bambina discorre con gli angeli che le ubbidiscono come amici, compie miracoli, se qualche ammalato la tocca, viene subito guarito. Per un altro aspetto, condivide il de-

stino di tutte le fanciulle della sua terra e del suo tempo: si dedica ai lavori femminili, per esempio filare la lana.

Si tratta in effetti di compiti modesti, niente a che vedere con le grandi figure di donne che compaiono nella Bibbia ebraica. Penso a Sara, Rachele, Lia, Rebecca – a profetesse come Miriam, sorella di Mosè, Debora, o le eroiche liberatrici del popolo come Ester e Giuditta.

Sì, certo, ma questo non cambia una realtà sociale che lo storico Flavio Giuseppe esprime seccamente nei termini che abbiamo già ricordato: «La donna, dice la Legge, è inferiore all'uomo in tutte le cose. Così essa deve obbedire, non per essere costretta, ma per essere comandata, perché è all'uomo che Dio ha dato il potere». La partecipazione religiosa delle donne era ridotta, come abbiamo già visto, ma la stessa considerazione che si aveva di loro era infima. La nascita di una bambina gettava l'intera famiglia nella più profonda tristezza. C'era chi abbandonava la neonata di notte all'angolo della strada accanto alle immondizie oppure in campagna. Il profeta Ezechiele, nel suo libro, descrive bene il destino che può attendere una bambina subito dopo essere venuta al mondo: «Quando fosti partorita non ti fu tagliato l'ombelico e non fosti lavata con acqua per purificarti [...]. Occhio pietoso non si volse su di te per usarti compassione ma come oggetto ripugnante fosti gettata via in piena campagna» (16,4-5). Ezechiele usa sempre toni spaventosi, d'altra parte bisogna capirlo, era tra i prigionieri del crudele Nabucodonosor a Babilonia, le sue nere visioni serviranno da base per l'Apocalisse. Ciò detto resta il particolare crudele della neonata gettata via come un oggetto inutile.

La condizione della donna nel mondo antico è un po' ovunque simile a questa. In Palestina le donne dovevano nascon-

dere il viso con un velo quando uscivano di casa. Ricordo che l'usanza di un velo nero come copricapo era diffusa anche nel nostro Mezzogiorno fino a tempi recenti, e ha tuttora pieno vigore nel mondo islamico.

Parlando di limitazioni giuridiche, forti restrizioni erano imposte alle donne anche a Roma, soprattutto nella vita pubblica dove vigeva la loro esclusione dai culti civici e dove, per esempio, era proibito loro compiere il più alto rituale religioso della città, cioè fare sacrifici. Compiendo un brusco salto si può aggiungere che nell'Italia moderna le donne hanno esercitato per la prima volta il diritto di voto solo nel 1946.

La Bibbia ebraica contiene molte prescrizioni relative alle ragazze sotto potestà paterna. In Esodo (21,7-8) per esempio leggiamo: «Quando un uomo venderà la figlia come schiava, essa non se ne andrà come se ne vanno gli schiavi. Se non piace al padrone che perciò non la prende come concubina, la farà riscattare». C'era una diversità di trattamento con i semplici schiavi, ma la condizione resta simile. Come abbiamo già detto, nella Palestina di quegli anni, come in ogni società arcaica patriarcale, le ragazze passavano verso i dodici anni dal potere paterno a quello maritale.

Quali che fossero le condizioni, la fanciulla entra poi nella pubertà, la fisiologia la sospinge verso il suo destino di donna.
Infatti la realtà sociale e culturale in cui Maria visse s'affaccia con prepotenza in primo piano quando la fanciulla entra nella pubertà. Allora – si legge nel *Protovangelo di Giacomo* – i sacerdoti tennero consiglio e dissero: «Ecco che Maria è giunta all'età di dodici anni [secondo altre fonti, quattordici, n.d.A.]; che faremo di lei, perché non abbia a contaminare il Tempio del Signore?» (8,2).

La frase si spiega col fatto che le mestruazioni erano ritenute dagli ebrei una grave impurità (Lv 15,19 ss.), che rendeva, tra l'altro, assolutamente impossibile l'accesso e la presenza nel Tempio di una donna durante il ciclo. «Quando una donna ha le mestruazioni ed esce sangue dal suo corpo, è impura per una settimana. Chiunque la tocca resta impuro fino a sera. Ogni letto in cui si corica e ogni sedia sulla quale siede, diventa impura [...]. Quando il flusso è finito la donna deve aspettare una settimana per essere di nuovo pura».

Il divieto è legato a una concezione sacrale del sangue come forza vitale, forse difficile da comprendere per la nostra mentalità, ma ampiamente testimoniato in molte culture, non solo di area semitica, anche al giorno d'oggi.

Ricordo a tal proposito che una delle più gravi colpe di cui possa macchiarsi un ebreo è avere rapporti sessuali con una donna mestruata. «Se un uomo giace con lei contrae l'impurità delle sue regole e sarà impuro per sette giorni» (Lv 15,24). Ricordo anche che nella nostra Italia, e altrove in Europa, è sopravvissuta a lungo – in alcune zone fin quasi ai nostri giorni – la credenza che durante il periodo mestruale una donna rendesse acidi o putridi i cibi con cui veniva a contatto. Ma per tornare a Maria, è chiaro che giunti a questo stadio del suo sviluppo si sia posto il problema di darle un marito.

È il prossimo passo, di questo infatti dobbiamo occuparci.

VII

Uno sposo per Maria

La figura di Giuseppe, come abbiamo visto, è sfuggente; nobile certamente ma sfuggente, il suo ruolo appare impreciso se non ambiguo, almeno a stare al poco che i vangeli canonici dicono di lui. Di più dicono gli apocrifi: è un uomo anziano (e così lo ritrae l'iconografia che lo riguarda) – una condizione che permette con più facilità di immaginarlo coniuge casto. La sua sposa invece è giovanissima, secondo le versioni prevalenti poco più che un'adolescente. In termini, per dir così, di stato civile Giuseppe sarebbe il vero sposo di Maria, dunque il co-protagonista dell'intera vicenda, però – abbiamo detto – resta muto. Le Scritture riconosciute non gli fanno pronunciare nemmeno una parola. Per di più egli non prende parte alla fecondazione di sua moglie né si è mai congiunto con lei, come abbiamo già detto, almeno fino alla nascita del bambino. Il loro è un matrimonio non consumato. Giuseppe diventa così, come si è detto, il «padre putativo», in altri termini adottivo, di Gesù. Notiamo però che, mentre Maria è stata dichiarata *Theotókos*, «madre di Dio», a Giuseppe, la cui figura ha goduto di straordinaria fortuna nella pietà popolare, nessuno ha mai pensato di attribuire una paternità divina, foss'anche «putativa»; egli è sempre rimasto nel ruolo marginale di padre-custode di un fanciullo di nome Gesù altrimenti concepito.

Nei vangeli canonici Giuseppe compare in Mt 1, in alcuni versetti – dal 18 al 25 – che vale la pena di rileggere:

> Maria, essendo promessa sposa di Giuseppe, prima che andassero a vivere insieme si trovò incinta per opera dello Spirito Santo. Giuseppe suo sposo, che era giusto e non voleva ripudiarla, decise di licenziarla in segreto. Mentre però stava pensando a queste cose, ecco che gli apparve in sogno un angelo del Signore e gli disse: «Giuseppe, figlio di Davide, non temere di prendere con te Maria, tua sposa, perché quel che è generato in lei viene dallo Spirito Santo. Essa partorirà un figlio e tu lo chiamerai Gesù: egli infatti salverà il suo popolo dai suoi peccati». Tutto questo avvenne perché si adempisse ciò che era stato detto dal Signore per mezzo del profeta: «Ecco, la vergine concepirà e partorirà un figlio che sarà chiamato Emmanuele», che significa «Dio con noi». Destatosi dal sonno, Giuseppe fece come gli aveva ordinato l'angelo del Signore e prese con sé la sua sposa, la quale, senza che egli la conoscesse, partorì un figlio, che egli chiamò Gesù.

Professor Vannini, già questi otto versetti di Matteo contengono una serie di spunti sui quali non si è mai cessato di discutere. Se lei è d'accordo comincerei dall'inizio, vale a dire da quando Maria è sì una «promessa sposa» ma la coppia non ha ancora cominciato la sua convivenza.

Per capire quel riferimento bisogna ricordare ciò che abbiamo detto e che vale forse la pena di ripetere: in Israele il matrimonio comportava due fasi ben definite e distinte. Nella prima, l'uomo e la ragazza, lei verso i 12 o 13 anni, si fidanzavano ma la «promessa sposa» continuava a vivere in casa della sua famiglia per circa un anno. Nonostante questo lungo intervallo, era considerata già «moglie» del futuro sposo, per cui ogni infedeltà era considerata adulterio. Il Talmud babilonese (Yebamot 12b) tollera qualche rapporto tra i due sposi il cui vincolo non è ancora perfezionato e anzi autorizza l'uso di contraccettivi, dato che la sposa nella maggior parte dei casi era ancora minorenne. I rapporti in questa fase erano invece proibiti in Galilea. Trascorso il tempo convenuto si celebravano le nozze vere e proprie, col trasferimento della sposa nella casa maritale tra luci, danze, banchetti, tipici ovunque e in ogni tempo dei festeggiamenti nuziali.

Il Deuteronomio (22,20-21) sull'argomento adulterio è durissimo: «Se la donna fidanzata non sarà trovata vergine, la si farà uscire alla soglia della casa del padre e la gente della sua città la lapiderà, così che muoia, perché ha commesso un'infamia in Israele, disonorandosi in casa del padre». Ricordo come questa ossessione o tabù della verginità sia sopravvissuta fino ai nostri giorni soprattutto nelle zone più legate alla cultura mediterranea.

Giusto il richiamo al comandamento del Deuteronomio. Ma proprio quella durezza dimostra quanto rivoluzionario sia stato il gesto di Gesù raccontato da Giovanni (8,3-11) quando scrive:

> Gli scribi e i farisei gli conducono una donna sorpresa in adulterio e, postala nel mezzo, gli dicono: «Maestro, questa donna è stata sorpresa in flagrante adulterio. Ora Mosè, nella Legge, ci ha comandato di lapidare donne come questa. Tu che ne dici?». Questo dicevano per metterlo alla prova e per avere di che accusarlo. Ma

Gesù, chinatosi, si mise a scrivere col dito per terra. E siccome insistevano nell'interrogarlo, alzò il capo e disse loro: «Chi di voi è senza peccato, scagli per primo la pietra contro di lei». E chinatosi di nuovo, scriveva per terra. Ma quelli, udito ciò, se ne andarono uno per uno, cominciando dai più anziani fino agli ultimi. Rimase solo Gesù con la donna là in mezzo. Alzatosi allora Gesù le disse: «Donna, dove sono? Nessuno ti ha condannata?». Ed essa rispose: «Nessuno, Signore». E Gesù le disse: «Neanch'io ti condanno; va' e non peccare più».

Episodio grandioso e commovente che dimostra quanto Gesù fosse incline a innovare anche sul costume sessuale. Tanto è vero che perfino i primi cristiani si mostrarono scandalizzati, riluttanti di fronte al valore eversivo dell'episodio. Il facile perdono accordato all'adultera avrebbe potuto alterare gli equilibri tra uomo e donna all'interno del matrimonio. Questi versetti vennero espunti dai vangeli, ci vollero secoli perché fossero finalmente accettati e inseriti nel vangelo di Giovanni.

L'invito alla lapidazione riguarda comunque il giudaismo arcaico. Col tempo si arrivò ad addolcire la pena prevista. Mi permetta, caro professore, un ennesimo riferimento ai nostri tempi. Credo non sia inutile tornare a inquadrare il nostro discorso nel più ampio – e persistente – panorama della cultura mediterranea. Se il Deuteronomio prevedeva la lapidazione per le adultere (ma non per gli adulteri) il codice penale italiano (Zanardelli poi Rocco) contemplava all'articolo 587 il famigerato delitto d'onore, anch'esso fortemente orientato contro le donne. La formulazione era:

Chiunque cagiona la morte del coniuge, della figlia o della sorella, nell'atto in cui ne scopre la illegittima relazione carnale e nello stato d'ira determinato dall'offesa recata all'onor suo o della famiglia, è punito con la reclusione da tre a sette anni. Alla stessa pena soggiace chi, nelle dette circostanze, cagiona la morte della persona che sia in illegittima relazione carnale col coniuge, con la figlia o con la sorella.

Dunque anche qui si tratta di mogli, figlie, sorelle che mariti, padri o fratelli possono uccidere avendo perso il lume della ragione a causa dell'offesa recata al loro «onore», sia quello personale (le famose corna, nel caso del marito), sia quello della famiglia. Non si tratta più di lapidazione ma di qualche colpo di rivoltella ben assestato. Solo nel 1981 (!) questa norma dettata da una barbarie ancestrale è stata abolita. Nel frattempo, in forza di referendum popolari, era stato finalmente introdotto il diritto al divorzio e all'aborto.
La sua citazione del divorzio, introdotto in Italia solo nel 1974, richiama anche una legge dell'antico Israele. In un giudaismo meno arcaico di quello di cui il Deuteronomio dettava le norme, la moderazione prevalse: per l'adultera si previde non più la morte bensì – per l'appunto – il divorzio.

Il che spiega il pensiero di Giuseppe che, all'annuncio di essersi vincolato a una giovinetta già incinta, come prima reazione pensa di doverla ripudiare anche se con la massima discrezione, cioè senza scandalo – «licenziarla in segreto» dice il testo. Nemmeno la condizione della divorziata però era molto facile. Quali conseguenze civili implicava questa condizione?
Le conseguenze per la donna restavano gravi. Trattandosi di una vera e propria moglie, anche se le nozze non erano ancora state celebrate, si doveva pronunciare ufficialmente un divorzio; la conseguenza era che la donna diventava un'emarginata rifiutata da tutti, compresa la sua famiglia di

origine, che si riteneva disonorata dal suo comportamento. In pratica una delle poche possibilità che le si offrivano per sopravvivere era la prostituzione. Nel caso fosse rimasta incinta, il figlio era considerato un bastardo: tale, infatti, *mamzer*, viene definito Gesù negli scritti giudaici anticristiani.

Una delle circostanze sulle quali questi scritti si basano è che, secondo Luca, quando Maria e Giuseppe si trovano a Betlemme per la nascita del bambino, la loro situazione è ancora di coppia «irregolare». In altre parole il matrimonio definitivo non è stato celebrato e Maria dovrebbe stare a casa sua con i genitori, non con il «promesso sposo». Oggi in Luca (2,4-5) leggiamo: «Giuseppe [...] salì in Giudea alla città di David, chiamata Betlemme, per farsi registrare insieme a Maria sua sposa». In realtà l'aggiustamento risale al IV secolo circa, prima di quella data il testo parlava di emnesteuméne, *vale a dire sposa promessa.*

Tralasciamo pure questa circostanza sulla quale generalmente si sorvola. Resta che Giuseppe, anche se è sconvolto dalla rivelazione, pensa di consegnare alla sua promessa il libello di ripudio nella forma più discreta, cioè solo alla presenza dei due indispensabili testimoni. In questo si rivela di animo nobile e comprensivo.

Certamente. Ad aggiustare tutto interviene comunque il sogno. A Giuseppe (come all'altro Giuseppe, quello della Genesi) durante il sonno appare un angelo che gli spiega in base a quale intervento miracoloso la sua promessa è rimasta incinta. Non solo, gli riconosce anche il diritto di dare un nome al figlio, dettaglio importante poiché si trattava di un diritto-dovere riservato al padre ufficiale; era il passaggio attraverso il quale il bambino veniva riconosciuto e inserito nella sua gente.

Colgo il suo accenno al Giuseppe della Genesi, penultimo dei dodici figli di Giacobbe (numero che ricorre anche nel Nuovo Testamento). Questo Giuseppe possedeva una straordinaria abilità nell'interpretare i sogni. È lui che scioglie per il faraone l'enigma delle vacche magre e delle vacche grasse. Mi permetto di suggerire che se gli psicoanalisti un giorno dovessero pensare a un patrono della categoria, sarebbe sicuramente lui.
Il Giuseppe che ora ci interessa, dopo il sogno chiarificatore accetta dunque di prendere Maria in sposa; la donna partorirà un figlio che lui chiamerà Gesù. Qui c'è un punto importante: Giuseppe serve all'evangelista per inserire Gesù nella successione davidica. L'angelo lo chiama infatti «figlio di David» quando dice: «*Giuseppe, figlio di David, non temere di prendere con te Maria, tua sposa, perché quel che è generato in lei viene dallo Spirito Santo*». È l'unica volta nei vangeli che questo titolo non è applicato a Gesù. Potremmo così dire – come del resto qualcuno sostiene – che Maria è colei per mezzo della quale Gesù nasce «nel mondo» come Figlio di Dio, mentre Giuseppe è colui per mezzo del quale Gesù nasce «nella storia» come figlio di David.

In genere questa distinzione viene fatta riferendosi a Gesù per il personaggio storico, e a Cristo (l'Unto, il Messia) per la creatura della fede. Dobbiamo però ricordare che una paternità non biologica ma solo legale o «adottiva» era piuttosto diffusa in Oriente.
Una serie di motivazioni pratiche aveva spinto in questa direzione. Il caso più noto è quello del cosiddetto levirato (dal latino *levir*, ovvero cognato), già prescritto in Deuteronomio (25,5-6) dove si legge:

> Se dei fratelli abitano assieme e uno di essi muore senza lasciar figli, la moglie del defunto non si mariterà ad un

estraneo fuori della famiglia; suo cognato entrerà da lei e la prenderà in moglie, compiendo verso di lei il dovere di cognato; il primogenito che ella partorirà prenderà il nome del fratello defunto, perché il suo nome non sia cancellato in Israele.

Anche in questo caso, mi scuso per la pedanteria, ricordo che l'usanza istaurata da Mosè di ricorrere – come si diceva con triviale metafora – a una «seconda canna», resterà a lungo nel costume europeo soprattutto al fine di evitare il frazionamento delle proprietà agricole di una famiglia.

In apertura di capitolo abbiamo ricordato che Giuseppe è una figura evanescente nei vangeli, anche se molto viva nella tradizione popolare per la sua evidente generosa bonomia, per la simpatia che ispira. Se compare poco nei canonici, più articolata è la sua presenza nei cosiddetti «apocrifi».

È vero, nei canonici Giuseppe compare marginalmente e sempre insieme a Maria: prima a Betlemme, poi alla nascita di Gesù, e così di seguito nella Presentazione del figlio al Tempio; nel pellegrinaggio a Gerusalemme quando Gesù fanciullo discute coi dottori della Legge. Ha anche ruolo di protagonista in alcuni sogni fondamentali: quello che lo spinge con la famiglia in Egitto, poi quello che lo invita a tornare in Palestina.

Nei testi troviamo poi altri episodi in cui Giuseppe è non protagonista ma oggetto di commenti altrui, compresi alcuni che suonano imbarazzanti o sarcastici. Potremmo ricordarli?

Viene menzionato come padre di Gesù e come motivo di imbarazzo e sarcasmo quando la gente si chiede (Lc 4,22 e Mt 13,55): «Ma non è costui il figlio di Giuseppe, il falegname?». Ancora più duro, Giovanni (6,42): «Non è costui il figlio di Giuseppe? Di lui conosciamo padre e madre.

Come può dire che è disceso dal cielo?». È l'ultima volta che sentiamo parlare di Giuseppe. Dopo questa imbarazzante domanda egli scompare dai vangeli canonici.

Queste domande, che giustamente dobbiamo considerare imbarazzanti, sono ricordate anche da Ernest Renan nella sua bella Vita di Gesù *quando scrive che il tentativo fatto da Gesù a Nazareth di operare miracoli fallì perché «vi si conosceva troppo la sua famiglia, che godeva così poca considerazione, tanto da rendere meno credibile la sua autorità». Aggiunge il pensatore francese: «Gesù osservò argutamente che questa avventura gli era comune con tutti i grandi uomini e s'applicò quel proverbio "Nessuno è profeta in patria"». Anche in questo caso però, come nel caso di Maria, sono gli altri vangeli, quelli detti «apocrifi», che danno informazioni più articolate, anche se talvolta decisamente fantasiose.*
Sì, ma sempre molto significative. Giuseppe vi appare sempre come un vecchio...

Per via della forzata castità?
Non solo, anche perché gli è stato attribuito un precedente matrimonio. S'immagina che Giuseppe sia rimasto vedovo di una prima moglie dalla quale ha avuto quattro figli maschi e due femmine. È un modo per giustificare i fratelli di Gesù, come abbiamo già detto, citati più volte anche dai vangeli canonici, che con questo stratagemma diventano dei «fratellastri».

Per quanto riguarda il suo matrimonio con Maria, il solito *Protovangelo di Giacomo* ne fa un racconto in termini addirittura miracolistici. Quando Maria raggiunge l'età per le nozze, il sommo sacerdote Zaccaria entra nel Santo dei Santi e prega per lei. Un angelo gli dice di radunare i vedovi del popolo: «Ciascuno di essi porti un bastone e Maria sarà sposa di colui il cui bastone darà un segno prodigioso» (8,3). Presi tutti i bastoni, Zaccaria entra nel santuario. Poi esce e li restituisce a tutti. Dall'ultimo bastone, quello di Giuseppe, spunta una colomba, che si posa sul suo capo.

Un episodio simile non è descritto anche nella Bibbia ebraica?
Si tratta del momento in cui Mosè parla agli ebrei e a ognuno dei capi delle dodici tribù consegna un bastone che poi ripone nella tenda dove di solito si riuniscono. Il giorno dopo, quando Mosè torna nella tenda: «Ecco che il bastone di Aronne per il casato di Levi era fiorito: aveva prodotto germogli, aveva fatto sbocciare fiori e maturato mandorle» (Nm 17,23). Nel caso di Giuseppe, dopo il prodigio della colomba, il sacerdote lo indica come prescelto. Lui però si schermisce, temendo, data la vedovanza e l'età, «di diventare oggetto di derisione per i figli di Israele». Zaccaria lo minaccia ricordandogli il castigo di chi non accetta il volere divino; allora Giuseppe, «pieno di timore», prende Maria in custodia lasciandola nella sua casa, mentre lui va a lavorare, dunque senza cominciare una convivenza.

Professor Vannini, prima che lei continui questo affascinante racconto, vorrei ricordare che il continuo ricorso alla Bibbia, chiamata nel mondo cristiano Antico Testamento, da una parte suggella la fusione delle due culture e delle due teologie ma, vista da una diversa prospettiva, dà buone ragioni a chi sostiene che si è dovuti ricorrere alla Bibbia ebraica per trovare un fondamento scritturale ai testi del Nuovo Testamento di per sé fragili.
Non si deve dimenticare che il cristianesimo nasce in Palestina e che l'humus ebraico era il suo naturale terreno di cultura. Non meraviglia, quindi, che fin dall'inizio le comunità che si rifacevano in qualche modo a Gesù e al suo

insegnamento cercassero un legame, un ancoraggio, per così dire, alla tradizione biblica. In alcuni casi questo legame era stretto al punto di non fare quasi distinzione tra quella tradizione e il neonato cristianesimo, per cui si costituirono delle comunità dette appunto giudeo-cristiane. All'estremo opposto, vi fu anche la tendenza a marcare una netta separazione tra la predicazione di Gesù e la Bibbia ebraica, una separazione che in alcuni casi diventò vera e propria opposizione, come nel caso dell'«eretico» Marcione, agli inizi del II secolo, che riteneva inconcepibile che il Dio degli ebrei fosse lo stesso Dio di Gesù.

In seguito è prevalsa l'idea dell'Antico Testamento come premessa e «prefigurazione» del Nuovo: di qui l'interpretazione in senso cristologico di tanti passi della Bibbia, non solo di carattere profetico. Di qui anche, all'occorrenza, la costruzione di racconti esemplati su narrazioni bibliche, come è il caso, appunto, dei temi di cui stiamo parlando. Questa abitudine è particolarmente evidente nei cosiddetti apocrifi, che tendono sempre a una certa amplificazione degli episodi.

Anche la scoperta della gravidanza di Maria, che Matteo liquida in un solo versetto, è potrei dire amplificata, «sceneggiata», dal Protovangelo di Giacomo.

Infatti la prima reazione di Giuseppe è di vera angoscia. Piange, si dispera, si chiede chi abbia potuto commettere una tale infamia, domanda a Maria perché lo abbia fatto. Finalmente interviene l'angelo, in sogno, a rassicurarlo.

Scribi e sacerdoti vengono però a sapere della gravidanza di Maria e accusano entrambi di aver trasgredito il comando del Signore che esigeva la sua verginità. Intimano a Giuseppe di restituirla al Tempio.

L'innocenza dei due sposi viene finalmente portata alla

luce da una sorta di giudizio di Dio. Bevono l'acqua amara prescritta dalla Bibbia per le donne sospette di adulterio. La bevanda provocava dolore se la donna era effettivamente colpevole. Nel loro caso questo non succede sicché vengono assolti e rimandati a casa.

In numerosi altri apocrifi troviamo un vasto materiale leggendario su Giuseppe, soprattutto in relazione con l'infanzia di Gesù. Lo troviamo per esempio alle prese con i tremendi miracoli del figlio. In un caso per esempio Giuseppe impone a suo figlio Gesù di resuscitare i compagni di giochi che aveva fatto morire perché gli erano di ostacolo. Lo stesso era accaduto al maestro di scuola che lo aveva picchiato, invidioso della sua precoce sapienza. Morto anche lui e poi resuscitato. Un altro apocrifo, *Storia di Giuseppe il falegname*, si presenta come una specie di biografia scritta dallo stesso Gesù ed è significativo soprattutto per la dettagliata scena dell'agonia e morte di Giuseppe, assistito da suo figlio. Secondo questa fonte, Giuseppe morì a 111 anni e venne sepolto in una grotta a Nazareth.

Poi il padre di Gesù sembra scomparire nell'ombra. Mi viene in mente a questo proposito il romanzo dello scrittore polacco contemporaneo Jan Dobraczyński, *L'ombra del padre. Il romanzo di Giuseppe*, delicata ricostruzione della vicenda di quest'uomo, che appare solo sullo sfondo, proprio come un'ombra, e come un'ombra scompare.

A me viene in mente invece la battuta finale di Amleto: «Il resto è silenzio». Infatti mi sembra che anche il culto di san Giuseppe nasca molto tardi nella storia della Chiesa, o mi sbaglio?

No, non si sbaglia affatto. Giuseppe non compare nemmeno nella enciclopedica *Legenda aurea* di Jacopo da Varazze (XIII secolo) che pure tratta di una quantità di santi grandi e piccoli. Non ha neppure un posticino – e questo è davvero significativo – nel *Paradiso* di Dante. Per cominciare a trovare attenzione, e poi anche devozione, verso Giuseppe bisogna aspettare almeno il Quattrocento. La festa del santo, il 19 marzo, venne istituita solo alla fine di quel secolo, da papa Sisto IV. In seguito però c'è una sorta di accelerazione, soprattutto nella Spagna post-tridentina, per impulso di santa Teresa d'Ávila, che aveva per lo sposo di Maria una profonda venerazione e a lui intitolò il suo primo convento. Da allora in poi il nome Giuseppe comincia a diffondersi nella onomastica cristiana, mentre prima era praticamente assente. Molte confraternite, compagnie d'arti e mestieri, istituti religiosi, si pongono sotto il patronato del santo, e questo si vede bene anche nel progressivo mutamento dell'iconografia, ove Giuseppe comincia a essere raffigurato non come un vecchio quasi decrepito, ma come un uomo ancora nel vigore degli anni, al lavoro nella sua bottega di falegname.

Infatti anche l'iconografia giuseppina è tardiva. Nei primi secoli il santo è addirittura assente dalle raffigurazioni sacre, ove compare solo la madre col bambino. Nelle numerose rappresentazioni della Natività, Giuseppe è in un angolo, da parte, mentre Maria riceve l'omaggio dei pastori e degli angeli. Solo dal Cinquecento in poi viene raffigurato, col bambino in braccio, o per mano, e sempre in quel periodo iniziano le celebri raffigurazioni pittoriche della Sacra famiglia: Raffaello, Michelangelo, Caravaggio, Rembrandt, eccetera.

Più di recente, la figura di Giuseppe è stata valorizzata come emblema del lavoratore cristiano, anche in contrapposizione al lavoratore socialista, marxista. Non è un caso che papa Leone XIII, il papa della *Rerum novarum*, abbia scritto un'enciclica dedicata interamente a Giuseppe: la

Quamquam pluries, nel 1889. In questo periodo infatti la Chiesa abbandona progressivamente il modello di santità monastico, claustrale, e comincia a privilegiare quello familiare, per il quale la Sacra famiglia diventa esempio della famiglia cristiana. La festa della Sacra famiglia viene proclamata per tutta la Chiesa da Benedetto XV nel 1921 e alla Sacra famiglia si cominciano a intitolare chiese e parrocchie: in quegli anni l'architetto catalano Antoni Gaudí lavora a Barcellona al suo capolavoro, la Sagrada Familia, appunto.

E così nell'ambito della Sacra famiglia trova un posto anche Giuseppe, che però resta comunque sempre a margine, una presenza tanto silenziosa quanto discreta, di supporto ai due veri protagonisti della famiglia, che sono la Madre e il Figlio.

Il 1° maggio 1968 papa Paolo VI lo proclamò patrono del lavoro con una solenne omelia. La Chiesa era da tempo preoccupata del crescente distacco «fra la psicologia del lavoro e quella religiosa, un distacco che ha avuto grandi ripercussioni sociali, e che ancora tiene lontane dalla fede tante folle di uomini e di donne». San Giuseppe artigiano, «umile e grande» come il papa stesso lo definì, parve la figura più adatta a colmare quel vuoto e a dare un possibile significato religioso anche alla festa del lavoro.

VIII

La nascita di Gesù

Abbiamo detto, e qui è opportuno ripetere, che Maria è anche una donna come milioni di altre, protagonista di una serie di eventi che sono «umani». La sua esistenza però è disseminata di prodigi, a volte di azioni ritenute decisamente miracolose. Inevitabile quindi che su di lei si concentri, si eserciti, la devota attenzione anche di chi la considera da un punto di vista che supera le umane possibilità. Infatti, a parte i pochi testi «ufficiali», disponiamo di una ingente mole di tradizioni e di documenti, scritti o tramandati oralmente, che raccontano queste sue prerogative. Abbondano anche le fonti letterarie, alcune dichiaratamente «sacre», altre di tipo più «narrativo», alcune provenienti dalla tradizione cristiana, altre da differenti culture religiose.

Possiamo accennare, professor Vannini, al contenuto di queste fonti illustrandone natura, tono, provenienza, argomenti usati?

Più avanti le porrò un'altra domanda, sempre all'interno del tema accennato: quale diffusione abbiano avuto queste credenze al di là della sfera cristiana.

Cominciamo dunque dalla fisicità, che, come lei giustamente afferma, ha grande rilievo. C'è solo l'imbarazzo della scelta. Il Salmo 139, per esempio, descrive la misteriosa azione di Dio che tesse e impasta la creatura umana nel grembo materno: «Sei tu che hai creato i miei reni, mi hai intessuto nel grembo di mia madre [...]. Anche l'embrione i tuoi occhi l'hanno visto e nel tuo libro erano tutti scritti i giorni, già formati prima ancora che ne esistesse uno solo». Giobbe (10,8-11) vede Dio che forma l'uomo nel grembo materno paragonandolo a un pastore che impasta una forma di formaggio. Nel poema babilonese della creazione, *Enûma Eliš*, leggiamo: «Il dio Marduk decise di creare un capolavoro. Voglio dire un reticolo di sangue, formare un'ossatura e suscitare un essere il cui nome sarà: Uomo. Sì, voglio creare un essere umano, un uomo!». Potrei continuare.

Credo che il concetto sia chiaro. Del resto sono evidenti le ragioni per cui il concepimento di un essere umano come fusione di uno spermatozoo e di un ovulo a seguito dell'accoppiamento sia giustamente stato considerato, da sempre, atto primario, l'alfa di ogni possibile azione. Naturalmente questa importanza ha investito a tanto maggior ragione il concepimento di Maria, dunque il suo corpo.

Abbiamo anche qui numerosi esempi possibili. La Chiesa etiopica ha un genere di inni, detto *Malkee* (Effigie) in cui si esaltano le parti del corpo di Maria. Sulla base della sposa descritta nel biblico Cantico dei Cantici, si evidenziano le parti preposte alla maternità, arrivando a identificare fino a 52 organi, ma benedicendo soprattutto il grembo. Nell'arte cristiana non c'è mai stato alcun imbarazzo a raffigurare Maria col ventre ingrossato, come possiamo vedere in tante miniature dei *Libri delle ore* o nel celebre affresco di Piero della Francesca *Madonna del Parto*. Come nota il cardinale Gianfranco Ravasi, tutte le culture hanno sempre celebrato con rispetto e amore la gestazione: un bellissimo proverbio berbero afferma che «se una madre ha nel ventre il figlio, il suo corpo è come una tenda quando nel deserto soffia il ghibli, è come un'oasi per l'assetato, è come un tempio per chi prega il Creatore».

Richiamo nuovamente le popolari Litanie della Vergine già ricordate in un precedente capitolo di questa conversazione. Abbiamo visto come la triplice attribuzione «Vas spirituale, vas honorabile, vas insigne devotionis», *ovvero «vaso spirituale, vaso degno d'onore, vaso di massima devozione», sia stata resa in italiano con delle perifrasi. Perché?*

Le traduzioni italiane moderne tendono spesso ad attenuare, direi quasi a edulcorare, rispetto alla nettezza del latino: *vas*, cioè utero. È come se certe realtà della fisiologia umana riuscissero troppo crude per i nostri sentimenti. La verità è che la fisicità di una creatura così eletta può aver creato qualche imbarazzo. Per esempio alcuni autori cristiani antichi, per giustificare la teoria della verginità *in partu*, sono ricorsi a un'immagine che smaterializzava l'atto nel tentativo di coniugare esigenze anatomiche e metafisica. Sostenevano costoro che come la luce attraversa un vetro senza romperlo, così Maria aveva dato al mondo Gesù. Ne conseguiva per esempio che Maria non aveva dovuto patire le doglie del parto, considerate del resto un retaggio del peccato originale così come lo è la durezza del lavoro per l'uomo.

Oggi non si pensa più così, si tende anzi a recuperare la concreta fisicità di Maria. Compresa la maternità come maternità, con tutto il dolore e la dolcezza, il sangue e la gioia che comporta.

Nel 1977, nello sceneggiato televisivo *Gesù di Nazareth*, il regista Franco Zeffirelli presentò Maria che soffre naturalisticamente le doglie del parto. Pensi che perfino Jean-Paul Sartre ha sulla maternità di Maria parole di commossa partecipazione:

> Maria avverte nello stesso tempo che il Cristo è suo figlio, è il suo bambino, ed è Dio. Lo guarda e pensa: questo Dio è mio figlio. Questa carne divina è la mia carne. È fatto di me. Ha i miei occhi. La forma della sua bocca è la forma della mia. Mi assomiglia. Nessuna donna ha mai potuto avere in questo modo per sé sola il suo Dio. Un Dio bambino che si può prendere tra le braccia e coprire di baci. Un Dio caldo che sorride e respira. Un Dio che si può toccare e che ride.

Infatti si tratta di eventi che toccano la sensibilità di ogni essere umano. Si capisce bene come non sia stato difficile trasformare fatti e sentimenti di tale intensità in eventi grandiosi creandovi intorno un intreccio di ragioni allegoriche mescolate ad altre che potremmo definire di opportunità.

Se ne può dare un esempio con la data dell'Annunciazione, fissata al 25 marzo, cioè nove mesi prima del 25 dicembre. Entrambe le date vennero stabilite per convenzione. La data del Natale coincide con il solstizio d'inverno, quella di marzo, nove mesi prima, con l'inizio della primavera, ovvero il risveglio, la rinascita della natura dopo il gelo invernale. La festa compare nel VI secolo in Asia Minore ed è accolta a Roma da papa Sergio I (687-701). Era così sentita nel mondo cristiano che nel Medioevo molte città (compresa Firenze!) facevano iniziare l'anno da quella data, ovvero *ab incarnatione*, piuttosto che da un insignificante 1° gennaio.

Insignificante fino a un certo punto. Il 1° gennaio, anche se non molti cattolici lo ricordano o lo sanno, è il giorno, ottavo dalla nascita, in cui Gesù viene circonciso, ammesso cioè nella comunità ebraica. Anzi, professore, conviene ripetere che la già citata dichiarazione Nostra aetate *(1965) stabilì che Gesù era ebreo e che tale è rimasto fino alla fine.*

In effetti la festa della circoncisione di Gesù venne soppressa con una riforma liturgica voluta proprio dal Concilio Vaticano II. È stata sostituita dalla festa di Maria Madre di Dio, dunque dalla celebrazione della sua divina maternità. Credo che con ciò si sia voluto dare un taglio netto anche a certe forme superstiziose aberranti, come la venerazione della reliquia del (presunto) prepuzio di Gesù bambino, diffusa fino a pochi decenni fa, anche dalle nostre parti – penso a Calcata, vicino a Civita Castellana nel viterbese – con cerimonie che si svolgevano proprio il 1° gennaio.

Quanto alla dichiarazione conciliare *Nostra aetate*, che lei giustamente ricorda, essa intende prima di tutto stabilire un principio di amicizia e comprensione con tutte le religioni, ivi comprese buddhismo, induismo, islamismo. Ribadisce il legame della Chiesa con la stirpe di Abramo, citando le parole di Paolo, Romani 9,4-5, secondo cui a essa appartengono i Padri «dai quali è Cristo secondo la carne, il quale è Dio, al di sopra di tutto, benedetto nei secoli dei secoli». Essenziale è comunque la ripulsa di «qualsiasi discriminazione tra gli uomini o persecuzione perpetuata per motivi di razza e di colore, di condizione sociale o di religione».

Era gran tempo che quella dichiarazione venisse fatta dopo i tanti errori e le persecuzioni consumatesi nei secoli.

Possiamo tentare ora qualche approfondimento sul controverso argomento del luogo in cui Gesù sarebbe nato?

Anche in questo caso ci troviamo davanti a tradizioni originate da esigenze diverse, come abbiamo in parte già detto parlando dei vangeli dell'infanzia. Riprendendo una profezia di Michea (5,1) nella Bibbia ebraica, Betlemme è citata da Matteo (2,1.5.6) come la città della Giudea da cui uscirà il capo di Israele, perché l'evangelista vuole indicare che in Gesù si compiono le promesse messianiche.

Comincio col dire che il richiamo a Betlemme è interpolato; il testo di Michea parla solo di Efrata, che è una *gens*, non una località. D'altra parte, la tradizione che fa nascere Gesù a Betlemme è antichissima, testimoniata anche dall'archeologia. Pensi che l'imperatore Adriano per sconsacrare il luogo voleva erigervi un tempietto dedicato ad Adone.

Caro professore, anche se stiamo uscendo un po' dal centro del nostro tema mi pare che queste informazioni siano di tale interesse che le propongo un'altra questione, assai controversa ma in certo modo connessa, che del resto, avendola già sfiorata, ci eravamo proposti di approfondire. È il famoso tema del «censimento» per cui la famiglia di Giuseppe si sarebbe dovuta spostare da Nazareth a Betlemme per farsi registrare.

Del censimento parla solo Luca; il tema sarà ripreso da Tertulliano nel II secolo. Luca richiama il censimento perché vuole dare alla nascita di Gesù un'estensione imperiale. In Gesù non si compie solo l'attesa dei giudei, egli è nato per tutto il mondo. Dà cioè compimento alle profezie, consce o inconsce, di tutti i popoli della terra. In altre parole Luca vuol dare respiro planetario alla nascita di Gesù.

Ma lo fa con un dato storicamente barcollante, infatti contestato dagli studiosi.

Di attestato dal punto di vista storico c'è solo il censimento di Quirinio, che però avviene nel 6-7 d.C., ovvero quando Gesù aveva dodici anni, se diamo fede alla più probabile data della sua nascita che risale ad almeno quattro anni prima del convenzionale «anno zero». Un altro problema è rappresentato dal fatto che la Giudea era formalmente indipendente e un censimento romano sarebbe stato, diciamo, incostituzionale o quanto meno problematico. Ancora: il censimento romano era residenziale, non «etnico», non c'era nessun bisogno di spostarsi per andare a farsi registrare. Esistono tuttavia delle eccezioni, per esempio il censimento ordinato nel 103-104 d.C. dal prefetto d'Egitto, Vibio Massimo, che era fondato sull'origine delle famiglie. Il facondo *Protovangelo di Giacomo* racconta che al viaggio da Nazareth a Betlemme partecipa anche un figlio che Giuseppe, vedovo, ha avuto da una precedente unione. A un certo punto del tragitto Maria viene colta dalle doglie e la famigliola è costretta a fermarsi dove capita, il che spiega la nascita del bambino in una grotta o ricovero per animali.

Non so se è il caso di addentrarsi ulteriormente in questo vero e proprio ginepraio, le fonti sono sterminate e contraddittorie.

Di ginepraio in ginepraio richiamiamo un altro controverso capitolo: la fuga in Egitto di cui parla solo Matteo. La famiglia di Giuseppe fugge per mettere il bambino in salvo dalla cosiddetta «Strage degli Innocenti» decretata da Erode.

L'episodio, famoso e drammatico, chiude il periodo dell'infanzia di Gesù. Anche questo racconto è riferito da Matteo (2,13-23) per mostrare il compimento delle profezie messianiche. In questo caso non si tratta più di Michea bensì di Osea (11,1): «Dall'Egitto ho chiamato mio figlio». Il senso della citazione è che quello stesso Egitto dove il popolo ebraico aveva patito la prigionia dei faraoni, per poi tornare finalmente in patria guidato da Mosè, poteva ora diventare cammino di salvezza e di libertà non solo per Gesù ma per l'intero suo popolo. In questo senso, Gesù è il nuovo Mosè e con lui si compie davvero la storia della salvezza. Preciso *a latere* che per Egitto dobbiamo probabilmente intendere non Il Cairo o le foci del Nilo, come saremmo portati a pensare, bensì quella che per noi è oggi la Striscia di Gaza.

Nel *Vangelo dello Pseudo-Matteo* (18.20) leggiamo che

durante questo viaggio «giunsero davanti a una grotta per riposarsi, ma da essa uscirono molti draghi. Gesù allora scese dal grembo di sua madre e si mise dritto in piedi davanti ai draghi: essi si misero ad adorare Gesù». Oppure:

> Nel terzo giorno del viaggio, Maria, stanca per il troppo calore del sole nel deserto, vedendo un albero di palma disse a Giuseppe: «Mi riposerò all'ombra di quest'albero». Maria guardò la chioma della palma e la vide piena di frutti. Disse a Giuseppe: «Desidererei i frutti di questa palma». E Giuseppe: «Mi meraviglio che tu dica questo, vedendo quanto è alta. Io penso piuttosto alla mancanza di acqua» [...]. Allora il bambino Gesù che sereno riposava nel grembo materno disse alla palma: «Albero, piega i tuoi rami e ristora col tuo frutto la mia mamma». A queste parole la palma piegò subito la chioma sino ai piedi della beata Maria e rimase inclinata attendendo l'ordine di rialzarsi da parte di Gesù. Costui le disse: «Apri con le tue radici la vena d'acqua che è nascosta nella terra». E subito dalla radice cominciò a scaturire una fonte d'acqua limpidissima e fresca.

Nel Delta del Nilo, a Zagazig (l'antica Bubasti) si trova Al Mahamma (in arabo = «il bagno») perché lì una sorgente miracolosa sarebbe sprizzata dal deserto per permettere a Maria di fare il bagnetto al bambino. I copti fanno risalire alla Sacra famiglia tutto il Nilo. A Sotine, secondo il *Vangelo dello Pseudo-Matteo*, la Sacra famiglia entrò «in un tempio detto Campidoglio d'Egitto, nel quale erano 355 idoli cui venivano tributi ogni giorno onori divini. Avvenne che, entrata Maria con Gesù, tutti gli idoli si prostrarono a terra, sicché giacevano tutti con la faccia a terra, interamente rovinati e spezzati». Allora Afrodisio, governatore della città, «si accostò a Maria e adorò il bambino che ella teneva al petto». Se mettiamo da parte la miracolosa metafora resta il fatto storico che l'Alto Egitto era terra d'elezione del monachesimo. Molti monaci si dedicarono alacremente alla distruzione dei templi precristiani, facendo a pezzi le statue considerate «pagane». Ancora una volta si potrebbe continuare a lungo.

Quando lei cita questa abbondanza di fonti, spesso in contraddizione tra di loro, o chiaramente frutto di fantasia, si capisce bene quanto l'argomento sia stato giudicato importante; numerosi autori vi hanno dedicato tutto il loro ingegno e la loro capacità inventiva. C'è un dettaglio, relativo ai momenti successivi alla nascita di Gesù, che rimane – almeno per un profano – misterioso. È ciò che scrive Luca, il quale dei quattro evangelisti «ufficiali» è quello che, come abbiamo visto, dedica più attenzione a Maria. In Luca 2,19 leggiamo: «Maria trattenne tutte queste cose, meditandole nel suo cuore». Parole belle, che sembrano celare un segreto.

Queste poche e intense parole possono essere interpretate in vario modo. L'evangelista fa notare che Maria quasi non partecipa alla meraviglia dell'avvenimento prodigioso. Un parto non preceduto da unione carnale che per di più l'ha lasciata *virgo intacta*, la nascita accompagnata dalla discesa degli angeli, la stella, l'adorazione dei pastori e via dicendo. È come se la giovinetta ancora non capisse bene la serie di prodigi nei quali è stata coinvolta. Non capisce, ma accetta e cerca di ricostruire i fatti con un lavorio interiore «tutto meditando nel suo cuore». C'è anche un'altra interpretazione possibile, più intima, vorrei dire più affettuosa.

Maria ripercorre nella sua mente la straordinaria serie di avvenimenti seguiti all'annuncio dell'angelo nove mesi prima. Faccia caso al verbo greco che traduciamo «meditando». Si tratta di *symbállousa*, letteralmente dovremmo dire «soppesando». Maria «soppesa» le circostanze che hanno accompagnato la nascita del bambino che ora è lì, accanto a lei. Le soppesa perché una madre trattiene nel suo cuore e nella sua memoria ogni più piccolo atto che riguarda la sua creatura, scruta intorno, cerca di presagire che cos'altro potrà accadere, a quali altri eventi è destinato il frutto del suo ventre e lei stessa.

La seconda domanda che volevo rivolgerle esula dalla tradizione cristiana. Dal ceppo fecondo dell'ebraismo sono derivati prima il cristianesimo e, sei secoli dopo, l'Islam. Sappiamo che anche in quest'ultima religione Maria ha grande considerazione, possiamo descrivere con quale ruolo?
È vero: i musulmani tengono in altissima considerazione Maria, soprattutto come modello di sottomissione alla volontà di Dio.

È mantenuta la fede nella sua verginità?
Assolutamente. Anzi, la maternità verginale è ribadita più volte anche se, sia chiaro, Gesù è considerato solo un profeta e non un Dio. Direi anzi che Maria è uno dei punti di contatto più importanti tra cristianesimo e Islam, in parallelo con la concezione che si ha di Gesù come profeta inviato da Dio. Gesù è un uomo nato da donna, però per intervento dello spirito divino. Viene da qui l'eccezionale considerazione che si ha per Maria.

Infatti è noto che il Corano, libro sacro dell'Islam, si occupa molto di lei.
Il Corano (III, 42) dichiara Maria «eletta su tutte le donne del creato» e «signora del paradiso» più ancora delle due mogli predilette del Profeta Maometto, Kadigia ed Aisha, e

della figlia Fatima (da cui, detto per inciso, prende nome il luogo famoso dell'apparizione!). Il suo è l'unico nome femminile citato nel Corano (34 volte in 13 sure), per riferirsi sia direttamente a lei, sia a Gesù attraverso di lei. Significativo al riguardo che il Corano dica sempre «Gesù figlio di Maria» e non il contrario, «Maria madre di Gesù».

Nel senso che il profeta Gesù viene preso in considerazione a partire da sua madre?
Esattamente. La sura XIX del Corano è intitolata proprio a lei. La sua storia è costruita mescolando elementi tradizionali dei vangeli canonici e apocrifi, il *Protovangelo di Giacomo* in particolare, con altri testi di origine diversa e per noi ignota.

Se si mantiene la fede in un concepimento per intervento divino, si dovrà per conseguenza fare anche menzione dell'episodio definito Annunciazione.
Nel Corano ci sono ben due racconti dell'Annunciazione. In uno (detto «della Mecca»), Maria riceve l'annuncio mentre è sola, nel deserto, e si stupisce: «Come potrò avere un figlio, rispose Maria, se nessun uomo m'ha toccata mai, e non sono una donna cattiva?» (XIX, 20). Lo spirito del Signore la rassicura: ciò è facile per Dio.

Subito dopo la sura racconta il parto, nel deserto, vicino al tronco di una palma. Maria si lamenta e si rammarica di non essere morta prima. Ma una voce la conforta, esortandola a non piangere: il Signore fa nascere un ruscello ai piedi della palma e dall'albero potrà raccogliere datteri maturi per nutrirsi.

Poi Maria va dai suoi col bambino e viene da loro accusata di impudicizia: «Non era tuo padre un uomo malvagio né fu peccatrice tua madre!» (XIX, 28).

Maria accenna al bambino, che prende subito a parlare, dichiarando la sua missione profetica. È lui che discolpa la madre dalle accuse di fornicazione.

Nell'altra versione (detta «di Medina», III, 45) sono gli angeli a informare Maria che genererà un figlio, che si chiamerà Al Masih, Isa ibn Mariam (il Messia, Gesù figlio di Maria) e che sarà famoso. Anche in questo caso Maria protesta la sua purezza e si domanda come ciò può accadere, eccetera.

Abbiamo visto come Maria parli pochissimo nei vangeli scelti come «canonici». Quale ampiezza hanno le sue parole nel libro sacro dell'Islam?

Anche nel Corano Maria parla solo tre volte. La prima, nell'infanzia, quando risponde a Zaccaria spiegando come riceva il cibo. Nel racconto coranico, infatti, Maria, orfana di padre, era stata presa in consegna dal marito della zia materna, Zaccaria appunto, e viene nutrita da Dio, tra lo stupore dello zio, che trova il cibo nella camera di lei. La seconda, quando esprime la sua meraviglia all'Annunciazione. La terza, quando si lamenta nelle doglie del parto. Poi scompare nel silenzio.

E Giuseppe?

Giuseppe, figura già evanescente nei vangeli riconosciuti, nel Corano è totalmente assente. Gesù, pur essendo solo un uomo – e non, ripeto, Figlio di Dio – non ha un padre umano.

IX

Il transito

Vorrei cominciare questo capitolo con un episodio apparentemente lontano dall'argomento, in realtà coerente e significativo. È un evento piuttosto noto della vita di Caravaggio che ho già avuto occasione di citare in un mio libro precedente. Si tratta delle vicende legate al famoso dipinto intitolato *La morte della Vergine* attualmente al museo del Louvre. Inizialmente quel mirabile quadro era stato commissionato per una cappella privata nella chiesa romana di Santa Maria della Scala in Trastevere. La chiesa era collegata a un monastero dove trovavano rifugio le donne vittime di violenza. Caravaggio dipinse la scena con occhio laico e disincantato. Il primo piano, sulla destra, è occupato dalla Maddalena seduta su una povera sedia, in lacrime. Tutt'attorno stanno gli apostoli, vecchi, per lo più calvi, coperti di miseri abiti. La Madonna per contro è più giovane, quasi una ragazza, come del resto è giovane la Madonna scolpita da Michelangelo per la sua *Pietà*, più giovane del figlio morto che sorregge. La scena è ravvivata da due fiamme rosse. Una è il teatrale drappeggio che la chiude in alto per evidenti ragioni compositive. L'altra è la veste di Maria. Il suo braccio sinistro è abbandonato, il volto terreo, il ventre gonfio, i piedi nudi, le caviglie scoperte. Un Caravaggio poco più che trentenne (siamo nel 1604) dipinse il quadro come gli dettava l'ispirazione nonché la sua simpatia per i movimenti pauperistici che si diffondevano in segno di protesta contro il lusso sfacciato della Chiesa. Michelangelo, che era morto da quarant'anni, aveva condiviso gli stessi sentimenti al punto da attirarsi il sospetto di simpatie luterane. Al riguardo si può ricordare un aneddoto anche in questo caso significativo. Papa Giulio II della Rovere un giorno era sceso nella Cappella Sistina per vedere come procedevano gli affreschi; guardò qua e là, poi fece osservare al maestro che le scene gli parevano povere di oro. Al che il sommo artista rispose secco: «Santità, quegli che sono quivi dipinti furon poveri anch'essi».

Non ci furono repliche, se ci furono non sono state tramandate.

Anche Caravaggio dipingeva come riteneva di dover fare. Un suo san Matteo per esempio era stato rifiutato dai preti che l'avevano commissionato perché la figura non aveva sufficiente «decoro e aspetto di santo». Su come dovessero intendersi «decoro e aspetto» danno ampia testimonianza le chiese, soprattutto romane, erette e ornate negli anni della Controriforma.

La Madonna pensata per Santa Maria della Scala indubbiamente quei canoni li violava. Maria è solo una giovane donna morta, sul volto ha già il colorito terreo di un cadavere, i piedi quasi in primo piano sono grandi e nudi. Il suo ventre è gonfio, il che fece nascere la leggenda che la modella fosse una donna annegata nel Tevere. Non è sicuro, forse era solo una delle amanti dell'artista, per esempio tal Maddalena Antognetti, detta Lena, che aveva già posato come modella per la *Madonna dei Pellegrini* (chiesa di Sant'Agostino, a Roma). Forse quel gonfiore ha un significato allegorico, o forse si tratta di un tocco supplementare di realismo, un dettaglio giudicato comunque inopportuno. Fatto sta che i frati, inorriditi e spaventati, rifiutarono quel dipinto giudicandolo quasi blasfemo. E dire che quella povera Madonna morta è una delle immagini sacre di più commovente umanità che ci abbia lasciato un'epoca di rigida obbedienza a canoni fastosamente retorici.

Se i frati si tirarono indietro, intenditori e mercanti fiutarono il capolavoro, e l'affare; la tela, grazie all'interessamento di Rubens, che si trovava a Roma e ne colse la grandezza, finì al duca di Mantova. Oggi, dopo varie vicissitudini, il quadro è al Louvre, non lontano dalla visitatissima *Gioconda*, molto meno celebre di quel mirabile ritratto; di cui è invece molto più importante, a mio personale giudizio.

Perché ho richiamato questo episodio? Perché il mito e il culto progressivamente costruiti attorno alla figura di Maria posero, tra gli altri problemi, quello di come farla morire.

Alcuni Padri della Chiesa e autori antichi (ma anche contemporanei: i cosiddetti «immortalisti») pensano che Maria non sia mai morta; immortale anch'essa in quanto partecipe della divinità del figlio. Si parla non di morte bensì di «transito» di Maria, ovvero di un semplice passaggio da questa nostra vita a quella celeste. Si parla di «*Dormitio virginis*», cioè di una specie di sonno, uno stato anche qui di passaggio dalla vita terrena a quella soprannaturale. Il problema della morte coinvolge del resto anche quello dell'Assunzione in cielo, che molti hanno creduto possibile molto prima che, nel 1950, papa Pio XII ne proclamasse il dogma.

Professor Vannini, credo che dovremo parlare di questi ultimi momenti. Prima di affrontarli però c'è da dare qualche informazione sulla vita di Maria dopo la straziante morte di suo figlio. Dove visse? Ebbe un qualche ruolo nella nuova corrente giudaico-cristiana?

In base ai testi ufficiali del Nuovo Testamento la risposta è in questo caso piuttosto semplice. Maria è presente nella comunità dei seguaci di Gesù a Gerusalemme, si trova insieme agli apostoli, alle donne e ai «fratelli di Gesù», nel cenacolo dove avviene la Pentecoste (Atti degli apostoli 1,14). Poi scompare definitivamente di scena e di lei non si parla più.

Veniamo dunque al tema del trapasso. Quando e dove avvenne?
Cominciamo col dire che la data della morte di Maria è ignota, anche se un apocrifo attesta il *Transitus Mariae Virginis* «nel secondo anno dopo l'Ascensione del Signore». Sappiamo anche che una festa dell'Assunzione è documentata a Gerusalemme fin dal 453. La data del 15 agosto è stata scelta perché fin dai primi secoli le Chiese orientali celebravano in quel giorno la Dormizione di Maria.

Nell'anno 600 l'imperatore di Bisanzio Maurizio ordinò che in quella data la ricorrenza venisse celebrata in tutto l'impero.

Alcune Chiese antiche (egiziana, etiope) ricordavano prima la morte di Maria, poi la sua Assunzione. Secondo alcune credenze questa sarebbe avvenuta dopo tre giorni dal decesso, secondo altre dopo 206. In questo caso la data della morte andrebbe fissata al 18 gennaio.

Credo di capire che ancora una volta ci troviamo di fronte a tradizioni diverse, per conseguenza contraddittorie. Conosciamo almeno il luogo in cui avvenne il trapasso?
Sul luogo del trapasso esistono due ipotesi principali. La prima, più accreditata, lo colloca a Gerusalemme. Sull'argomento esistono numerosi apocrifi, anche se in genere tardivi. Il più importante è la *Dormitio Mariae*, in greco, di un autore ignoto che finge di essere Giovanni evangelista, ma in realtà lo scritto risale al V o VI secolo.

La leggenda che questi testi tramandano è che Maria ebbe il privilegio di ricevere dall'angelo, tre giorni prima dell'evento, l'annuncio della morte. Gli apostoli, o almeno i più importanti, furono miracolosamente trasportati dai luoghi più diversi a Gerusalemme viaggiando, se così posso dire, sulle nubi. Giovanni per esempio arrivò da Efeso, Tommaso dall'India. Compare anche Gesù che, venuto a prendere sua madre, dice: «Ecco, da questo momento il tuo corpo prezioso sarà trasferito in Paradiso e la tua santa anima sarà nei cieli tra i tesori di mio Padre in uno straordinario splendore, dove è la pace e felicità dei santi angeli».

Il transito avviene infatti tra cori angelici, luce e gloria. Per esempio:

> E fu tanto lo splendore di luce e il soave profumo mentre gli angeli cantavano il Cantico dei Cantici al punto in cui il Signore dice: «Come un giglio tra le spine, tale è la mia amata fra le fanciulle» – che tutti quelli che erano presenti caddero sulle loro facce come caddero gli apostoli quando Cristo si trasfigurò alla loro presenza sul monte Tabor, e per un'ora e mezza nessuno poté rialzarsi.

Il testo riferisce anche che Satana cerca di sobillare gli abitanti di Gerusalemme che, prese le armi, si dirigono verso gli apostoli per ucciderli e dare alle fiamme il corpo della Vergine. Una cecità improvvisa impedisce loro però di compiere questo crimine. Intanto gli apostoli fuggono verso la valle di Giosafatte portando con sé il corpo di Maria. Lo hanno appena deposto in un sepolcro quando «li avvolse una luce dal cielo e, mentre cadevano a terra, il santo corpo fu assunto in cielo dagli angeli».

Abbondanza di miracoli, come si vede. Di particolare

interesse l'ostilità degli abitanti di Gerusalemme che, mettendo da parte Satana, fa chiaro riferimento alle difficoltà incontrate da Maria, e dalla nuova corrente giudaico-cristiana, in quella città.

Secondo un'altra tradizione, Maria sarebbe morta a casa sua, a Gerusalemme o nelle vicinanze, oppure nella casa ospitale dei parenti di Giovanni sul Monte degli Ulivi, e da qui trasportata dagli apostoli in una tomba nuova, al Getsemani.

In effetti, nella valle del Cedron, a pochi passi dal Getsemani, un portale d'epoca crociata apre su una profonda scalinata che conduce a una cripta, ultimo resto di un santuario bizantino distrutto dai persiani nel 612. Un tempietto raccoglie una tomba che si può intravedere attraverso tre aperture ovali: secondo la tradizione, sarebbe la tomba di Maria.

Tutti i racconti che riguardano Maria sono per più di un aspetto affascinanti dal punto di vista narrativo. Il profano vede in queste leggende, di scarsa attendibilità storica, il precoce bisogno di innalzare la memoria di quella donna, di costruire una mitologia all'altezza degli avvenimenti in cui venne coinvolta e ai quali partecipò con enorme dignità.

Accennava poc'anzi che esiste anche un'altra ipotesi sul luogo della morte, a parte Gerusalemme e dintorni.

Una seconda ipotesi fa morire Maria a Efeso, luogo dove secondo una tradizione abbastanza attendibile avrebbe soggiornato e sarebbe morto l'evangelista Giovanni. La tesi si basa sul fatto, già ricordato in precedenza, che appunto nel vangelo di Giovanni Gesù morente affida la madre all'apostolo prediletto perché la tenga con sé. Una tradizione di origine remota indicava una casa, antica e isolata, venerata dai cristiani superstiti ma anche dai musulmani, e da questi chiamata *Panaya Kapuli*, vale a dire «Cappella della

Panaghía», ovvero della «Tutta Santa». O anche «*Meryem Ana Evi*», cioè «Casa di nostra madre Maria».

Ho letto una volta, non ricordo francamente dove, che Maria, a Efeso, sarebbe rimasta per qualche tempo in certi locali non lontani dal luogo in cui molti anni dopo, nel 431, si sarebbe svolto il celebre Concilio. Lì e in un'altra casa sarebbe rimasta fino all'anno 46 quando, in età di 64 anni, sarebbe morta. Anche questa tradizione e queste date mi paiono aggiustare la successione degli eventi in modo da far tornare i conti. Se i fatti fossero davvero andati così, nell'anno zero della nascita di Gesù, Maria avrebbe avuto giusto 18 anni.

Ancora una volta però si tratta di eventi trascurabili rispetto alla sostanza dell'argomento che stiamo affrontando.

Più in là, quando parleremo di un tema di enorme importanza, cioè le apparizioni...

Comunque le si voglia giudicare...

Appunto. Più in là, stavo per dire, riferirò di un evento straordinario relativo ad Anna Katharina Emmerick (1774-1824), una donna che aveva ricevuto le stigmate e che visse per decenni assumendo solo acqua. Le sue visioni furono raccolte dallo scrittore e poeta Clemens Brentano.

Per ora mi limito a dire che, su un colle che domina le splendide rovine di Efeso, in un boschetto silenzioso, c'è una cappella che ricorda Maria nel luogo ove sarebbe morta, oggi meta di pellegrinaggi. E di turismo, ovviamente.

A proposito di turismo, c'è un'altra possibile ipotesi sull'abitazione di Maria. Paolo Mauri, che ha studiato il caso della Santa Casa di Loreto, ricorda le circostanze che hanno dato origine a questo culto, peraltro controverso. Secondo Pier Giorgio Tolomei, detto il Teramano, che scriveva nella se-

conda metà del Quattrocento, la Santa Casa è la stessa camera della Madonna a Nazareth che fu staccata dalle sue fondamenta nel 1291, trasportata da messi celesti (angeli?) a Tersatto in Dalmazia, poi nel 1294 nel territorio di Recanati, in località Loreto. Infinite le discussioni sul miracoloso trasporto, molti si sono chiesti come mai Dante, Petrarca e Boccaccio non ne facciano cenno. Di certo le fonti sono tardive rispetto all'evento, se mai evento c'è stato, ma questo non ha impedito il diffondersi del culto della Madonna di Loreto. Per attestare la traslazione della casa sono stati scritti documenti falsi poi smascherati: se ne occupò anche Monaldo Leopardi, padre di Giacomo. Sta di fatto che la piccola casa, oggi inglobata in una sontuosa basilica, è ancora lì, venerata dai fedeli.

Bisogna dire, caro Augias, che il culto e la devozione popolari sono sempre più forti della verità storica. Peraltro è un fatto storicamente certo l'emigrazione di cristiani dalla Dalmazia verso le coste italiane nel XV secolo, per sfuggire ai musulmani. Aggiungo solo che, grazie al volo del piccolo edificio, la Madonna di Loreto è stata proclamata patrona degli aviatori.

Torniamo a Maria: secondo alcuni testi sarebbe discesa agli Inferi, come Ercole, che in quei luoghi tenebrosi compie la sua ultima fatica; come Ulisse, come Enea e come, molti secoli dopo, Dante.

Infatti, abbiamo anche delle *Apocalissi della Vergine*, che narrano la sua discesa agli Inferi, prima di morire.

In questo caso quale finalità si attribuisce all'evento?

La sua volontà di intercedere per i dannati. «La santissima madre di Dio» dice il testo «voleva vedere le sofferenze del mondo infernale. Sul Monte degli Ulivi, ove si recava tutti i giorni a pregare, invocò il Signore [...]. L'arcangelo Michele scese e la accompagnò agli inferi.» Maria si commuove per le pene dei dannati e ottiene dal figlio misericordia. È una leggenda che ha avuto grande fortuna e diffusione, particolarmente nel mondo slavo. Anche in Etiopia si crede a un *kidane mehret*, «patto di misericordia», stipulato sul Calvario tra Maria e il figlio, che le avrebbe concesso la salvezza per tutti quelli che si fossero a lei raccomandati, invocando il suo nome. Potremmo ricordare i bellissimi versi che Dante nel V canto del *Purgatorio* dedica alla tragica vicenda di Bonconte da Montefeltro, con l'angelo che strappa al diavolo l'anima del condottiero ghibellino poiché questi ha chiuso la vita invocando il nome di Maria.

Da ultimo, su questo tema, si può ricordare anche la presenza di Maria nell'Apocalisse di Giovanni.
Molti studiosi ormai dubitano che l'Apocalisse sia davvero di Giovanni.

Si tratta comunque di uno dei massimi testi visionari della storia umana, archetipo di ogni altra visione fantastica negli spazi inesplorati dell'inconscio e della colpa. Nell'Apocalisse anche Maria ha posto.
Nel capitolo 12 compare «una donna vestita di sole, con la luna sotto i piedi e una corona di dodici stelle sul capo; aveva un bimbo in grembo e gridava in preda alle doglie e al travaglio del parto». Sono versetti grandiosi e, mi perdoni la banale tautologia, apocalittici:

> Allora apparve un altro segno nel cielo: un enorme drago rosso, con sette teste e dieci corna e sulle teste sette diademi; la sua coda trascinava un terzo delle stelle del cielo precipitandole sulla terra.

> Il drago si pose davanti alla donna che stava per partorire per divorare il bambino appena l'avesse dato alla luce. Essa partorì un figlio maschio, destinato a governare tutte le nazioni con scettro di ferro, e il figlio fu subito rapito verso Dio e verso il suo trono. La donna invece fuggì nel deserto, ove Dio le aveva preparato un rifugio perché vi fosse nutrita per milleduecentosessanta giorni.

Mi perdoni lei a sua volta: ma non c'è racconto di fantascienza che regga il confronto con queste avventure. Allora che accade?
Si scatena una guerra in cielo tra Michele con i suoi angeli e il drago, Michele ha la meglio. Poi il drago scende in terra per perseguitare la donna e il bambino, ma la donna riesce a sfuggirgli, eccetera.

Oggi gli esegeti tendono a leggere in quell'immagine di donna la Chiesa, ma per secoli si è visto in essa Maria. Anzi, il testo serviva proprio a stabilire quella corrispondenza tra Maria e la Chiesa su cui tanto ha insistito la teologia cattolica.

Non la protestante invece.
No, infatti. Anzi, i protestanti manifestano una profonda ostilità verso la stessa «mariologia». Il celebre teologo Karl Barth arriva a definirla «un tumore, cioè una costruzione malata del pensiero teologico, e i tumori devono essere recisi». Del resto, la parola stessa «mariologia» è di conio moderno, d'impronta controriformistica, come avremo modo di notare più avanti. Il primo a usarla è un teologo siciliano, Placido Nigido, nel 1602 nella sua *Summa sacrae mariologiae*; ma in precedenza non c'era una teologia su Maria separata dalla cristologia. Possiamo anche notare, di passaggio, che i francesi dicono *théologie mariale*, perché in francese *mariole* vuol dire stupido, o stupidamente furbo, come in italiano «mariolo» sta per piccolo delinquente.

Insisto a dire che l'atteggiamento dei protestanti nei confronti della «mariologia» fa parte di una diffusa diffidenza dei popoli del nord verso alcuni aspetti discutibili della pietà popolare mediterranea intrisa di elementi presi da culti ancestrali e dal cosiddetto paganesimo.

*In questa mariologia potrebbe rientrare anche la persistente interpretazione «mariologica» della bandiera europea. Il vessillo che siamo ormai abituati a vedere reca, su fondo blu, dodici stelle d'oro disposte in cerchio. Esistono varie versioni su come l'idea sia nata. Una delle più diffuse dice che fu concepita dal disegnatore cattolico Arsène Heitz, francese d'Alsazia, devoto della Vergine: le dodici stelle rimanderebbero a quelle della corona di Maria nell'Apocalisse, come si è appena detto. Nel 1955, quando il vessillo venne adottato, gli Stati membri della Ceca (Comunità Europea Carbone e Acciaio, antenata dell'Unione Europea) erano solo sei. Qualcuno chiese come mai dodici stelle. La risposta, prudente, fu che il numero dodici era, per antica sapienza, un simbolo di pienezza. L'idea grafica, religiosa o no, era indubbiamente buona, infatti passò. Il disegno fu poi perfezionato da Paul Michel Gabriel Lévy. In effetti il numero dodici compare fin dalle epoche più remote nella mitologia e nella pratica: le dodici ore del giorno e della notte, i dodici mesi, le dodici divinità olimpiche (*Dodekátheon*), le dodici costellazioni dello zodiaco, le dodici fatiche di Ercole, le dodici tribù d'Israele, i dodici apostoli, la legge romana delle dodici Tavole e via dicendo. Quanto alle stelle disposte in cerchio, così erano anche nella prima bandiera degli Stati Uniti; in quel caso però le stelle erano tredici e non dodici, simbolo dei primi tredici Stati dell'Unione. Nell'attuale bandiera americana tredici sono rimaste le strisce orizzontali bianche e rosse mentre le stelle, bianche in campo blu, sono diventate cinquanta, una per ogni Stato.*

Il discorso sul numero e sul suo significato simbolico, esoterico, è per molti versi suggestivo. Dagli antichi greci, Pitagora, che definiva il numero «somma di ogni sapere», alla cabala ebraica, fino ad arrivare a scienziati come Keplero o Newton, gli uomini si sono spesso interrogati sul valore qualitativo, e non solo quantitativo, del numero. Ma dobbiamo lasciare questo pur seducente tema per tornare all'argomento della nostra conversazione: dobbiamo ora esaminare il sorgere del culto mariano.

X

Il culto

Tutte le circostanze, gli episodi, i nomi, i luoghi, evocati fino a questo punto, possono anche essere considerati la premessa necessaria a ciò che ora diremo nel capitolo intitolato al culto di Maria. L'estensione, l'intensità, la natura, le movenze di questo culto sono molto cambiate nel tempo e nello spazio. Si va dall'ingenua invocazione del suo nome, all'imitazione del suo esempio, fino all'adorazione che in pratica innalza il personaggio al rango di figura divina.

È cambiata però anche la considerazione diciamo umana di cui Maria è stata circondata, data l'enorme diversità di ruoli e di prerogative che via via le sono stati attribuiti. Se si esamina la sua vicenda con attenzione e senza pregiudizi, si vede che il suo culto cambia in rapporto non solo alla teologia ma anche alla cultura dei tempi e dei luoghi, ai costumi, alla situazione economica, alla condizione della donna nelle varie società. Gli stessi esempi citati nel preambolo di questo libro, i casi così diversi di Medjugorje e di Sant'Anastasia, ne sono una prova, tanto più che decine di altri esempi qua e là nel mondo darebbero altrettante diverse varianti.

Dirò di più: le notizie che vangeli e altri scritti danno su Maria favoriscono questa mutevolezza data la loro approssimazione e scarsità. Le scarne indicazioni delle Scritture si prestano bene a essere piegate secondo le esigenze che un certo tempo o luogo richiedono.

Così, la fanciulla povera, umile e sottomessa descritta nei vangeli canonici, serva di Dio e a servizio del Figlio, diventa la ricca figlia di Gioacchino e Anna negli apocrifi; poi ancora una regina (*Salve Regina*) e, ancora, una Madonna e Nostra Signora nel Medioevo feudale latino; si trasforma in una «dama» nel Rinascimento (come mostra un'amplissima iconografia); in anni più recenti diventa protagonista nella teologia della liberazione, mentre nell'ideologia femminista acquisisce i caratteri di una donna forte, autonoma, che lotta per il riscatto dei poveri e degli oppressi oltre che di se stessa, un simbolo e una speranza per la condizione d'inferiorità che in vaste aree del mondo tuttora affligge le donne.

Questa mutevolezza è la prova più forte della necessità di una sua presenza. Ribadisce, credo, le affermazioni che avevo anticipato aprendo il dialogo, quando ho sottolineato il bisogno di una figura come la sua in una religione (e in una Chiesa) dove la presenza maschile è prevalente, anzi, secondo alcuni, opprimente. Maria è una madre e una donna, basterebbero queste due qualifiche a farne una figura tenera e commovente, a giustificarne il culto, a spiegarne le grandi capacità di consolazione.

Per parlare di questo culto, e descriverlo, forse possiamo cominciare dall'inizio, vale a dire dalle ragioni per le quali i primi cristiani, da una fede originaria essenzialmente concentrata sul Risorto, si sono via via rivolti sempre di più anche a Maria.

L'argomento è complesso. Devo cominciare dalla fede che queste comunità originarie avevano nella «parusia», ovvero nel ritorno glorioso del Cristo sulla terra che avrebbe segnato la fine dei tempi. Si supponeva che questo evento si sarebbe verificato prestissimo. Paolo scrive più volte che si aspettava di vederlo nel corso stesso della sua esistenza, ovvero nel giro di pochi anni. Poi però le generazioni si avvicendavano e di questo ritorno non v'era traccia. Si cominciò quindi a pensare sempre più spesso alla sorte dell'anima dopo la morte. Il rapporto unico che c'era stato tra Maria e il figlio dava a costei una posizione di potenza, l'autorizzava a esercitare la grazia, ad assumere cioè una funzione di mediatrice. Del resto il culto della sua figura ha un fondamento implicito nei vangeli, in quello di Luca in particolare. Si pensi solo all'appellativo «piena di grazia» o al versetto del *Magnificat* che dice: «D'ora in poi tutte le generazioni mi chiameranno beata» (Lc 1,48). Gli apocrifi poi, come abbiamo visto, ne incrementano addirittura il ruolo, costruendo un racconto mirabile che ha inizio con la stessa nascita.

Lei ha citato Paolo, aggiungo che questo poderoso e collerico pensatore dedica a Maria una sola scarna citazione, in pratica disconoscendone l'importanza. In ogni caso mi sembra di poter dire che il culto va intensificandosi con il passare del tempo diventando a un certo punto una costruzione che si autoalimenta, per cui sempre nuove qualità e funzioni si aggiungono alle precedenti.

In un certo senso è così. Si potrebbe cominciare con Giustino, a metà del II secolo: è a lui che si deve il parallelismo oppositivo Eva-Maria. Eva peccatrice, Maria salvatrice. Possiamo proseguire: già Ireneo di Lione – ancora nel II secolo – definisce la vergine Maria *Advocata*, chiamata cioè a difendere l'umanità dalle conseguenze della colpa commessa dall'altra vergine, Eva, anch'essa illibata quando mangiò del frutto proibito.

Ecco una circostanza alla quale raramente si pensa. Se le cose fossero davvero andate come sostiene il mito, è chiaro che al momento di «peccare» – quale che fosse la natura di questo misterioso peccato – i mitici progenitori erano entrambi vergini. Di necessità, intendo, perché essendoci solo loro due, sempre secondo il racconto biblico, se Eva era vergine non poteva non esserlo anche Adamo.

Secondo la Genesi Adamo «conobbe» Eva solo dopo la cacciata dal paradiso.

Circostanza che ha sicuramente avuto la sua influenza nell'associare l'atto sessuale a un'idea di perdita e di male. Mi viene in mente la sessuofobia di Agostino secondo il quale il «peccato originale» si trasmetteva da una generazione all'altra attraverso il coito a causa della «concupiscenza» che l'accompagna.

Per comprendere quella che lei chiama sessuofobia bisogna capire che il cristianesimo portò per così dire al limite estremo l'ideale ascetico della filosofia classica: la filosofia intesa come distacco, «esercizio di morte», come la definisce Platone. Per conseguenza la massima libertà si sperimenta nel monachesimo, soprattutto grazie all'affrancamento dalla sessualità. Comunque la verginità dobbiamo intenderla prima di tutto in senso morale, spirituale, solo secondariamente in senso fisico. Lo stesso Agostino rispose di sì alla domanda se si dovessero considerare vergini le monache o comunque le fanciulle private con la forza della loro illibatezza dai barbari. Anche il grande maestro alessandrino Origene – siamo nel III secolo – interpretava la verginità soprattutto in senso spirituale.

Ma Origene non è quel Padre della Chiesa che si autoevirò per raggiungere una perfetta condizione spirituale? Del resto non è stato il solo a infliggersi una tale penosa mutilazione. So che in quello stesso III secolo un altro cristiano un po' eccentrico, un tal Valesio, fondò una comunità i cui aderenti, per seguire alla lettera il vangelo, si amputavano i genitali per evitare ogni possibile scandalo.

Vedo che lei è bene informato. Di questo Valesio e della sua setta, i valesiani, in realtà sappiamo poco. Ne parla solo Epifanio di Salamina, nella sua opera contro le eresie, rimarcando che Valesio aveva frainteso. Aveva dato un significato materiale, fisico, a ciò che andava inteso solo in senso spirituale. Si tratta infatti di una interpretazione presa alla lettera di Matteo 19,12: «farsi eunuchi per entrare nel regno dei cieli». Da un certo punto di vista, infatti, nella concupiscenza emerge in tutta la sua chiarezza l'amore di sé contro il quale si batte l'insegnamento evangelico. Possiamo notare, di passaggio, come il fenomeno dell'autoevirazione sia presente anche in altre culture e religioni: basti pensare al culto della dea Cibele, per restare nel solo ambito mediterraneo. Origene ritiene che ogni anima vergine partecipi alla gioia della benedizione indirizzata a Maria dall'angelo. Il Figlio, in senso anche qui spirituale di Logos, Verbum, nasce nell'anima vergine, ovvero pura, umile, senza *amor sui*.

Erede di questa ininterrotta tradizione spirituale, nel XVII secolo il mistico poeta Angelus Silesius canta:

> Se l'anima tua è vergine e pura come Maria,
> dev'essere all'istante gravida di Dio.

In questo senso ogni anima vergine è Maria e guarda a lei come modello di umiltà. Cristo, il Logos, nasce e vive in ogni uomo spirituale. Questo è, ripeto, il senso profondo della frase pronunciata da Gesù sulla croce indicando Giovanni: «Questo è tuo figlio».

Professor Vannini, sono ammirato della sua erudizione ma esprimo di nuovo un dubbio che investe l'intera vicenda di Maria: le sembra credibile che di eventi di tale importanza parli solo uno degli evangelisti e in termini così contenuti?
Il fatto è, come già abbiamo avuto modo di dire, che non c'è un solo «cristianesimo». La vicenda e l'insegnamento di Gesù hanno dato luogo, fin dall'inizio, a molte e diverse interpretazioni. La cosa non è di per se stessa sconvolgente. Diceva papa Gregorio Magno che la divina Scrittura cresce con chi la legge, nel senso che la sua ricchezza si manifesta a livelli diversi, anche a seconda del lettore. Ai nostri tempi – mi riferisco all'Ottocento – il cardinale John Henry Newman parla di «sviluppo del dogma», cioè di una comprensione che cresce nel tempo, in una concezione diciamo così polifonica e non monocorde della verità.

Per rispondere più direttamente alla sua domanda, non v'è dubbio che il quarto vangelo, quello detto di Giovanni, il vangelo «tutto spirituale» come lo chiamavano i medievali, sia in effetti un grande libro di simboli.

Infatti una volta che si sia presa la comoda strada delle metafore e dei simboli diventa facile, per chiunque abbia sufficiente ingegno, elaborare i materiali modellandoli a proprio piacimento. È evidente che la scarsità e l'incertezza delle fonti lasciano il più ampio margine agli interpreti. Tanto più che il mito si amplia sempre di più, coinvolge nuove qualità e attribuzioni proprio perché risponde a una sentita necessità affettiva e consolatoria.
Affiora nella sua domanda la perennità e diffusione del culto delle «grandi madri» al quale del resto avevamo già accennato all'inizio. È un tema importante che però rimanderei più in là nel nostro dialogo. Per il momento mi limito a dire che nella religione cattolica esiste un principio fon-

damentale che tiene unite preghiera e fede, devozione e teologia, le due cosiddette «leggi», cioè la *lex orandi* e la *lex credendi*. Perfino il pensatore comunista Antonio Gramsci notava come questa religione sia riuscita a tenere insieme ingenua pietà popolare e raffinatissima teologia.

È certamente vero. Si tratta di vedere fino a che punto l'ingenua pietà popolare coincida con le elaborazioni di cui discutono i raffinati teologi. Se questa divaricazione non finisca, al limite, per costruire due «fedi» lontane l'una dall'altra. La prima fatta di edulcorate favolette, l'altra di ardite speculazioni.
In ogni dottrina e in ogni ideologia c'è sempre una diversità di comprensione e vorrei dire di «sapienza» tra i seguaci, o fedeli che siano. Ci sono coloro che si accontentano di credere, i «semplici» di cui parla Gesù, e coloro che invece indagano il mistero, pongono anche a se stessi domande. Blaise Pascal diceva che i semplici e i dotti tengono insieme il mondo; sono le mezze culture che fanno confusione.

D'accordo, in una certa misura può accadere, e accade, in ogni dottrina o ideologia. Finché queste diversità servono ad alimentare la speranza degli uni e degli altri, finché integrano – quale che sia il metodo – le limitate capacità della ragione, fino a quando i semplici e i dotti convengono su alcuni principi di fondo, va benissimo. Quando però sulla base di vedute così difformi, e dunque così opinabili, si pretende di stabilire regole valide, anzi obbligatorie, per tutti, allora non va più bene.
Lei sta alludendo al possibile valore civile di una religione, argomento molto importante, ne convengo, ma che esula dalla nostra discussione.

È vero, esula. Quindi torniamo velocemente al tema. Però non possiamo non ricordare che gli argomenti di cui trattia-

mo, da lei esposti con tanta sapienza, non restano nel chiuso delle coscienze, anch'essi talvolta «esulano» e invadono sfere che non sono, in una concezione laica della convivenza civile, di loro competenza.

Nel mondo cattolico la tradizione ha un'importanza pari a quella della Scrittura. In queste tradizioni il culto di Maria ha un ruolo fondamentale fin da tempi antichissimi. Non però nelle comunità iniziali. Infatti il culto di Maria comincia a svilupparsi solo a partire da una certa epoca mentre manca quasi del tutto nei primi tre secoli, come i protestanti non hanno mancato di far notare.

Che cosa o chi celebravano di preferenza i primi cristiani?

Le prime celebrazioni liturgiche sono state per i martiri. Cominciano agli inizi del II secolo, derivate dalle antiche liturgie funebri. Si svolgevano nel *dies natalis*, che era – puro paradosso – il giorno della morte, che per i credenti diventava quello della nascita alla vera vita del cielo.

Vennero poi le feste dei confessori, ovvero di quei cristiani che, anche senza patire il martirio, avevano difeso la fede.

Maria non era né questo né quello, né si conosceva il suo *dies natalis*. La sua prima festa, la Memoria di Maria, derivata dall'Oriente, compare in Europa solo nel V secolo: il primo testo liturgico conosciuto è del 440.

Una volta avviate però, le feste a lei dedicate sarebbero cresciute a dismisura.

Sì, aumentano sempre di più, fino a occupare buona parte dell'anno liturgico.

Diverso il discorso per le memorie a lei dedicate, che sono più precoci. Nelle catacombe romane di Priscilla ci sono alcune raffigurazioni di Maria, le più antiche delle quali, con adorazione dei magi, risalgono al II secolo.

A Nazareth, nel sottosuolo della basilica dell'Annunciazione, sorta nel luogo dove un'ininterrotta tradizione orale indicava il luogo della visita dell'angelo, scavi contemporanei (dal 1955) hanno portato alla luce una chiesa giudeo-cristiana, luogo di culto mariano, nonché graffiti del II-III secolo. In una di queste scritte si legge in lettere greche il saluto dell'angelo *Chaîre Mariám*, Ave Maria. In un altro una pellegrina scrive sull'intonaco di una colonna il nome suo e dei parenti, testimoniando di aver compiuto riti di devozione: «Prostrata sotto il santo luogo di Maria, subito scrissi lì i nomi, ornai il simulacro di lei». Potrei portare numerosissimi esempi, mi limito a uno che mi sembra importante e giustamente celebre. È una breve preghiera ritrovata agli inizi del XX secolo in un papiro egiziano, oggi proprietà della John Rylands Library di Manchester. Risale alla fine del III secolo e dice: «Sotto la tua misericordia ci rifugiamo, madre di Dio (*Theotókos*). Nella necessità non respingere le nostre suppliche, ma liberaci nel pericolo, tu sola casta, tu sola benedetta».

Vi si riconosce la verginità di Maria, la sua maternità divina, la sua particolare elezione da parte di Dio, la sua intercessione misericordiosa. Testimonia che, quanto meno in Egitto, la pietà popolare si rivolgeva a Maria, chiamandola «madre di Dio» ben prima del Concilio di Efeso (431).

Sul culto della verginità come abbiamo visto c'è un'insistenza che fa capire quanto e quanto a lungo l'illibatezza sia stata considerata importante. Esistono documenti molto impressionanti sull'argomento. Ho letto di recente un'epistola apparentemente scritta da un certo Tito, amico e corrispondente di Paolo. In questa lettera si racconta una storia molto significativa di cui è protagonista la figlia di Pietro. Quando costei era bambina, Pietro ebbe una visione in cui Dio gli ri-

velava che se sua figlia si fosse conservata in salute, crescendo avrebbe portato molti uomini alla perdizione. Era una bella bambina, diventata donna avrebbe provocato in molti il disordine della sensualità. Appena diventata pubere infatti un vicino di casa cerca di sedurla. Prima che ci riesca la ragazza viene colpita da paralisi, «per grazia del Signore». Quanto al vicino, tale fu il suo senso di colpa che divenne cieco fino a quando Pietro non lo guarì convertendolo alla vera fede. La ragazza invece rimase paralizzata per sempre dato che, se fosse guarita, avrebbe provocato altri disordini con la sua forza seduttiva.

Il testo non è incluso nel Nuovo Testamento però, unito a molte altre testimonianze di «vergini e martiri», dice chiaramente quale fosse l'importanza addirittura ossessiva della castità presso i primi cristiani.

Ritiene che anche la verginità di Maria rientri in questa concezione della purità fisica?

La verginità, scrive Gregorio di Nazianzo (uno dei tre grandi Padri Cappadoci, IV secolo), «libera dal mondo e libera il mondo. È tanto superiore al matrimonio e ai condizionamenti della vita, quanto l'anima è superiore alla carne e quanto il cielo immenso supera la terra». Racconta perciò come due vergini, Giustina e Tecla, si rivolgessero alla vergine Maria per essere salvate da chi attentava alla loro purezza.

Ai nostri giorni una corrente teologica di stampo diciamo «femminista» contesta apertamente queste idee e anzi le considera addirittura aberranti; anche Agostino, grande autorità in materia, è visto da alcuni teologi cattolici come un nemico. Ma dovremo tornare su questo punto, che ha, come vedremo, anche aspetti diversi.

Storicamente, accade che dopo l'editto di Costantino (313) con il quale si chiude l'era dei martiri, la verginità prende il posto del martirio. Il culto della verginità diventa comune, si afferma l'idea che anche Maria – ancora una volta è Agostino a diffondere in Occidente questa idea – avesse fatto un tale voto.

Torna insomma il discorso che facevo poc'anzi. Tra pietà popolare e teologia mariana c'è stato uno scambio reciproco nel senso che i due livelli di fede si sono alimentati a vicenda. La pietà degli umili aveva bisogno di credere in una vergine santa, i teologi hanno fornito a questa diffusa esigenza una base di testimonianza e di dottrina.

Per portare il suo discorso alle ultime conseguenze, questa dottrina ha finito per essere così esuberante da innalzare Maria fin quasi a renderla indistinguibile da una divinità. Nel V secolo Nestorio, patriarca di Costantinopoli, era talmente preoccupato da questa possibilità che tentò di opporsi al titolo di Theotókos *da attribuire a Maria. Così facendo, sosteneva, si sarebbe attribuita alla Vergine anche la maternità di Dio padre, dal momento che le tre persone della Trinità sono indistinguibili l'una dall'altra. Nestorio riteneva inconcepibile che una donna umana avesse potuto generare Dio che era eterno. Il dogma della Trinità e quello di Maria madre di Dio non vanno molto d'accordo. Insomma, un bel pasticcio. La tesi venne dibattuta nel Concilio di Efeso, con contrapposizioni addirittura violente tra le parti. Alla fine la tesi nestoriana andò in minoranza e uscì sconfitta.*

Fu in effetti un momento di tensione gravissima, con i partigiani delle due tesi che si batterono con ogni mezzo. Il pericolo di equiparare Maria a una dea era effettivo. Ad esempio nel celebre inno *Akáthistos* (ovvero «che si recita in piedi»), lungo e molto bello, di autore incerto, sempre del V secolo, si danno a Maria attributi propri del Cristo. Germano di Costantinopoli (VIII secolo) dichiara che nessuno si salva senza Maria e che nessuna grazia è accordata

senza di lei: Dio obbedisce a Maria come a sua madre. Il Messale Stowe, celtico, del X secolo, presenta una litania ove a Maria sono dati attributi divini: «*Sancta Maria / Regina mundi / Salvatrix mundi / Redemptrix mundi*».
Anche in un manoscritto di Magonza del XII secolo Maria viene pregata come Dio: «*Fiat voluntas tua / miserere mihi / laudo et adoro gloriam tuam*».

Nonostante queste chiare esagerazioni, la svolta rappresentata dal Concilio di Efeso finì per prevalere: la figura di Maria assume via via caratteri celesti, non terreni, accanto a un Gesù anch'egli ormai tutto celeste. Diviene, come s'è detto, Regina del cielo, *Mater misericordiae*, cooperatrice di salvezza.

La mia impressione è che in un ideale ordine celeste la sua figura venga collocata a metà strada tra la legione dei santi e la soglia della divinità. Infatti lei sola viene definita «santissima». Quattro secoli dopo la morte del figlio, il suo culto fiorisce, aumentano i miracoli che le sono attribuiti, proliferano gli ordini religiosi che si ispirano a lei, si arricchisce e diventa sterminata l'iconografia che fissa in immagini i momenti salienti della sua vita a partire dall'Annunciazione, la natività di Gesù, la sua morte sul patibolo della croce.
Talmente vasta è questa iconografia, e così rilevante, che credo bisognerà tentare di descriverla. Non dal punto di vista della storia dell'arte beninteso, ma da quello, che rientra nel nostro dialogo, della pietà e della dottrina. Lo faremo.

Questo culto s'è ampliato progressivamente fino a includere ordini religiosi ispirati a lei, santuari, pellegrinaggi, dedicando al suo nome nazioni intere o addirittura il mondo, come fece Pio XII consacrando nel 1942 il pianeta al cuore imma-

colato di Maria. Poi un po' dovunque «apparizioni». Senza dimenticare ovviamente la bella preghiera a lei dedicata.

L'*Ave Maria* è una delle preghiere più popolari. La sua struttura è ben organizzata. La prima parte, «Salutatio angelica», trae origine dai versetti evangelici «Ave Maria, piena di grazia, il Signore è con te» che si leggono in Luca 1,28. Segue il saluto di Elisabetta: «Benedetta fra le donne, benedetto il frutto del tuo seno», che sta in Luca 1,42. Questa parte è testimoniata nell'uso liturgico fin dal IV secolo.

La seconda parte «Santa Maria, madre di Dio, prega per noi peccatori, adesso e nell'ora della nostra morte» entra invece nell'uso solo nel XIV secolo. Nel 1568 Pio V la introduce nel breviario. Una tipica preghiera mariana è l'*Angelus*, che accompagna(va) la giornata del fedele. Per tre volte al giorno – aurora, mezzogiorno, sera – commemora l'annuncio dell'angelo a Maria e l'incarnazione del Verbo. Questa preghiera ha contraddistinto per secoli il mondo cristiano, testimoniata mille volte nella letteratura, già a partire da Dante.

Né si può dimenticare il commovente *Stabat Mater* di Iacopone da Todi.

Povero Iacopone, grande poeta, perseguitato da papa Bonifacio VIII, che per diverse ragioni gli fece scontare ben cinque anni di una terribile galera.

La sua tomba si trova in una cripta nella basilica di San Fortunato a Todi.

Per quanto riguarda la storia del cristianesimo, questo proliferare delle iniziative mariane diventa ulteriore motivo di attrito al momento della Riforma e, in seguito, nei rapporti con le confessioni protestanti.

Infatti la Riforma reagisce all'intensificarsi del culto mettendo l'accento sul ruolo umano di Maria. Viene mantenuto il dogma della verginità e della maternità divina; però tutte le Chiese riformate non accetteranno i dogmi definiti secoli dopo, l'Immacolata Concezione e, tanto meno, l'Assunzione in cielo. Principio fondamentale del protestantesimo è che la salvezza viene da Cristo e basta: *solus Christus.*

Al fondo di questa diffidenza c'è che i protestanti danno al culto mariano un connotato mediterraneo, per di più circoscritto in genere alle classi subalterne.

Anche per reagire a questa concezione, nello scontro di fedi che scuote l'Europa dopo la Riforma, il cattolicesimo della Controriforma esalta sempre più Maria.

Più di così. Con le guerre di religione che insanguinano il continente nel XVI secolo, il culto della Vergine diventa, come scrive il salesiano Georg Söll, nel suo saggio *Storia dei dogmi mariani*, «elemento attivo della controriforma cattolica; è intorno ad esso che si rianima e riafferma la fede tradizionale». Le faccio un solo esempio: durante la guerra dei Trent'anni (1618-1648) i reggimenti spagnoli, che si scontrano a Nördlingen con i luterani svedesi, entrano in combattimento anche al grido «Santa Maria!». Per la cronaca: vinsero.

L'invocazione è stata ripetuta più volte, non di rado a sproposito. Penso al movimento armato dei «Viva Maria» antibonapartisti e sanfedisti, fortemente antisemiti, che si segnalarono per numerose efferatezze in Toscana; penso anche, e qui so di andare un po' fuori tema, a Radio Maria, potentissima stazione radio che diffonde posizioni molto conservatrici non esenti da intransigenti condanne dei dissenzienti.

Limitandoci alla storia, si tratta di episodi che la Chiesa ha sempre tentato di reprimere.

Il Concilio Vaticano II, nella *Lumen gentium*, invita teologi e predicatori «ad astenersi con ogni cura da qualunque falsa esagerazione [...] nel considerare la singolare dignità della Madre di Dio». Dieci anni dopo (1974) Paolo VI con l'esortazione apostolica *Marialis cultus* si sforza di tenere nel giusto rapporto Maria e Gesù. Ancora: la riforma liturgica del Concilio ha soppresso tre feste mariane: la Transfissione del venerdì della Passione, Nostra Signora della Mercede (24 settembre) e il Santo Nome di Maria. Due feste sono rimaste, ma hanno cambiato nome, passando da celebrazioni della Madre a celebrazioni del Figlio: la Purificazione di Maria è diventata Presentazione del Signore (2 febbraio) e l'Annunciazione a Maria è diventata l'Annunciazione del Signore (25 marzo).

La Purificazione di Maria al Tempio, per le ragioni che abbiamo già ricordato, contraddiceva il dogma della verginità post partum.

Il Concilio Vaticano II infatti tenne ben presente che il culto mariano era andato al di là del consentito. Dal punto di vista teologico non sono ovviamente in grado di valutare quanto più in là. Sicuramente la fede popolare aveva travalicato con il rischio di stravolgere una gerarchia celeste già molto complicata.

Bisogna anche aggiungere che, in seguito, un certo primato mariano è stato ristabilito da papa Giovanni Paolo II.

Questo dipese anche dalle origini polacche di quel pontefice. Maria, come dimostra la fortezza-santuario di Częstochowa, simboleggia in quel Paese fortemente cattolico la lotta contro gli invasori. Papa Wojtyła condivideva questo forte sentimento mariano e lo manifestò in molti modi. Il suo motto, riferito proprio alla Madonna, era «*Totus tuus*», fu devoto pellegrino a Fatima dove ringraziò la Madonna per averlo salvato nell'attentato, ribadì nel 1981 quella consacrazione del mondo a Maria già annunciata da Pio XII nel 1942.

*Il movimento di liberazione della donna, compreso quello cattolico, rigetta «l'immagine della Vergine, quale risulta da certa letteratura devozionale» (*Marialis cultus*); rifiuta l'immagine materna, soprattutto respinge l'ideale irrealizzabile e frustrante di Vergine-Madre, visto come un modello di passività e di silenzio, che tende a mantenere la donna in una condizione di dipendenza.*

Caro Augias, sono i rischi di ogni teologia che, essendo una costruzione di tipo filosofico impegnata a scrutare «le cose che non si vedono», può essere piegata – sempre con le migliori intenzioni del mondo – nella direzione più consona a quello che i tedeschi chiamano *Zeitgeist* – lo spirito del tempo.

XI

I dogmi

Dal *Grande dizionario della lingua italiana* di Salvatore Battaglia trascrivo due definizioni di dogma. La prima è generica: «Principio teoretico affermato come assolutamente vero (perciò tale da non poter essere messo in discussione) cui è attribuita fondamentale importanza in un sistema filosofico, in una teoria scientifica, in una dottrina religiosa o politica. – Anche: massima inderogabile, norma pratica, regola di condotta».

La seconda è modellata sulle esigenze della teologia: «Verità di ordine soprannaturale contenuta, in modo esplicito o implicito, nella Rivelazione e dal magistero della Chiesa, mediante le definizioni papali e conciliari, posta come verità di fede, oggettiva e sostanzialmente immutabile, pur nell'illimitata possibilità di approfondimento del mistero divino e nella ricerca di sue più adeguate formulazioni». Questa definizione deve intendersi applicata in particolare ai dogmi della religione cattolica dal momento che il testo così prosegue: «Nelle altre confessioni cristiane non cattoliche, in relazione alle diverse concezioni ecclesiologiche, si definisce dogma ogni verità rivelata – è pertanto fortemente limitato o assente il carattere ecclesiastico o sociale inerente alla concezione cattolica, che è verità sancita dalla somma autorità docente della Chiesa».

Interessante anche la definizione di cui al numero 4 (*fig.*, cioè in senso figurato): «Affermazione, principio, massima imposta o accettata come verità assoluta e indiscutibile; opinione professata con esaltata convinzione o supina acquiescenza a un'autorità, con rinuncia a ogni esame critico».

Ho riportato questo insieme di definizioni, estratte da una fonte molto autorevole, per spiegare in partenza su quale terreno si muoverà la nostra conversazione nel capitolo dedicato appunto ai dogmi mariani. Terreno solidissimo per un credente, il terreno roccioso delle certezze indiscutibili. Territorio invece quasi infrequentabile per chi ritiene che l'umana ragione debba farsi strada illuminando via via il cammino davanti a sé, sbagliando, prendendo sentieri traversi, ricominciando da capo se serve, conquistando a fatica alcune limitate certezze sempre con l'obiettivo, la speranza, di trovarne di nuove.

Fin dall'Umanesimo, ancor più con il secolo XVIII giustamente detto «dei Lumi», l'intera attività intellettuale si è fondata sul principio della ricerca che consiste nel verificare le certezze acquisite, consapevoli che queste possono essere dimostrate false o errate, per cui è necessario trovarne di nuove e più solide.

Due modi opposti di affrontare le incognite della conoscenza: la ragione e il dogma; fondato quest'ultimo su affermazioni apodittiche e senza prova, ipotesi trasformate in verità indiscutibili.

Si dovrebbero per questo rifiutare i dogmi? Sicuramente no; anche i dogmi hanno una loro utilità umana; in qualche caso sono addirittura indispensabili. È però necessario sapere di che cosa si sta parlando. Proprio la loro inconsistenza logica trasforma i dogmi in altrettante certezze capaci di offrire enorme consolazione, un soccorso che la ragione raramente conosce.

Ho fatto questa premessa, caro professore, perché so la sua immensa preparazione sull'argomento e sono curioso di ascoltare in che modo si sono formati e consolidati i quattro dogmi che riguardano Maria. Due accettati da tutte le confessioni cristiane, due invece, i più recenti, propri del solo cattolicesimo.

Condivido solo in parte la divisione così netta da lei tracciata tra, diciamo, fede e ragione. Le astrattezze teologiche, che noi non riusciamo quasi a seguire, o che sembrano solo ingegnose astrazioni, diventano concrete se le riconduciamo alla misura umana. Come diceva Ludwig Feuerbach nell'*Essenza del cristianesimo*, il segreto della teologia è l'antropologia: tutto ciò che appare falso nel teologico diventa vero nell'antropologico.

Così anche la Maria del cielo si spiega con la Maria, ovvero la donna, sulla terra. Chi comprende davvero l'umano comprende la verità del cristianesimo, che è una verità prima di tutto antropologica, non teologica. Non è, dunque, tanto un problema di credenza dogmatica, quanto un problema di esperienza.

Non vorrei dilungarmi in una discussione su Feuerbach ma il concetto da lei richiamato ha bisogno, credo, di una breve precisazione. Secondo il pensatore tedesco le religioni nascono da una necessità pratica; gli uomini sentono la loro insicurezza nel mondo, la fragilità della loro condizione mortale per cui cercano una rassicurazione in un essere infinito, immortale, onnipotente al quale danno il nome di Dio. Da qui il famoso e popolare aforisma di Feuerbach: «Non Dio ha creato gli uomini, ma gli uomini Dio». E da qui anche, come lei ha ricordato, il fatto che la teologia si capisce meglio alla luce della scienza sugli esseri umani, delle loro esigenze, debolezze, necessità di rassicurazioni, in una parola dell'antropologia.

Ricordo anche però che quando Feuerbach dopo tanto studio di teologia si iscrisse ai corsi di Hegel, si sentì rinascere illuminista.

È così. Che sia l'uomo a rappresentarsi Dio a propria immagine e somiglianza è affermato anche in un celebre frammento di Senofane, agli inizi della filosofia greca. Nel XIV secolo il mistico cristiano Meister Eckhart, molto amato proprio da Hegel...

E da lei!

Io l'ho molto studiato. Meister Eckhart dunque scrive: «Prego Dio che mi liberi da Dio», per dire che un cammino davvero religioso passa per la rimozione delle nostre immagini del divino e anche degli eventuali «dogmi» a esse legati.

Venendo comunque al nostro tema, come abbiamo già accennato, i dogmi mariani sono quattro. I primi due risalgono ai primi secoli dell'era cristiana, i secondi due sono contemporanei (1854 e 1950). I primi due sono definiti da Concilii, gli altri due vengono da pronunciamenti papali, sospinti essenzialmente dalla devozione popolare.

Tutti, che io sappia, sono stati adottati per dir così «a maggioranza», ovvero superando forti contrasti interni alla stessa Chiesa.

Infatti è così e i dogmi mariani hanno incontrato opposizioni anche tra figure venerande nella storia della Chiesa. Bisogna però capire perché questo è avvenuto. Solo dopo che i Concilii stabilirono che Gesù aveva una doppia natura, umana e divina, si cominciò a pensare che Maria fosse *Theotókos*, e non solo madre di un uomo, o madre di Cristo.

Tutto ciò per pura speculazione filosofico-teologica, senza fondamento nelle Scritture.

Infatti i dogmi mariani si comprendono solo alla luce di quelli su Gesù: la riflessione su Maria dipende da quella su Cristo.

E questo non li indebolisce? Dogmi così impegnativi vengono affermati come verità indiscutibili sulla base di alcune ipotesi e teorie elaborate da uomini vissuti secoli dopo i fatti.
Mi sorprende che lei faccia quest'osservazione. Lei sa che le dottrine vivono di una loro interna coerenza, ogni edificio dottrinale è una costruzione intellettuale la quale risponde *in primis* alla sua logica interna. Come abbiamo già avuto occasione di ricordare, nell'Ottocento il cardinale John Henry Newman parlò perciò di «sviluppo del dogma», ossia di una comprensione che cresce per così dire dall'interno.

Ha ragione, sottovalutavo il fatto che stiamo parlando di dogmi, cioè di prerogative comunque indimostrabili.
D'altronde nemmeno la divinizzazione di Gesù è stata immediata. I vangeli lo presentano con altri «titoli»: maestro, Messia, figlio dell'uomo, Figlio di Dio, eccetera. Solo Giovanni lo chiama per due volte, e due sole, «Dio». Nel Prologo, dove dice che «il Logos era Dio» e alla fine del capitolo 20, quello sulla incredulità di Tommaso, che esclama: «Mio Signore e mio Dio». Basta.

Per cui?
Per cui facendo di Cristo il Logos che è Dio, Giovanni fa di Maria implicitamente la madre di Dio.

Tutto qui?
Quasi tutto qui, perché poi ci sono le tradizioni, la fede popolare, i resoconti orali non compresi nei vangeli, eccetera.

Capisco. Cominciamo dunque dal dogma numero uno: verginità di Maria.
La questione della verginità si comprende alla luce della doppia polemica che la Chiesa dovette sostenere al suo interno. Da un lato le tendenze giudaizzanti che facevano di Gesù solo un uomo. Così, ad esempio, l'apocrifo *Vangelo degli Ebioniti* che nega la nascita verginale. Dall'altro quelle di tipo gnostico (ricorda Marcione?) che facevano di Gesù un essere solo spirituale, contestando l'incarnazione. Tertulliano, per esempio, proprio per combattere lo gnosticismo e dare a Gesù anche una concreta umana consistenza, nega la verginità di Maria dopo il parto. Secondo gli ebioniti, Gesù era figlio naturale di Giuseppe. Ireneo di Lione difende invece la verginità di Maria ma solo prima del parto, sul dopo non si esprime. Una corretta traduzione dell'ebraico *'almah* in Isaia sarebbe stato, come abbiamo visto, «giovinetta» e non «vergine». In queste dispute si vede ribollire il magma di una dottrina che si sta formando.

Che dunque non nasce come Minerva armata di tutto punto dalla testa di Giove. È una dottrina che cerca anch'essa la sua strada, tra gli inevitabili contrasti di ogni impresa umana.
Cerca e trova la sua strada sulla base di alcune premesse inequivocabili, di consonanze, del bisogno di completare un quadro già tracciato nelle sue linee. Avendo comunque presente, ripeto, che non esiste alcuna decisione magisteriale sulla verginità di Maria che sia autonoma, tutto viene elaborato in riferimento a Cristo.

Si «crede» in ciò che non si conosce, ma come continuare a credere se i testi sacri sembrano contraddirsi o sbagliare? Agostino ha una possibile risposta a questa domanda cruciale;

scrive: «Nullus quippe credit aliquid, nisi prius cogitaverit esse credendum», *nessuno senza dubbio crede in qualcosa se prima non ha saputo che bisognava credere.*
Guardi che anche Platone diceva che alcune cose si spiegano col Logos, altre col mito. A volte perfino la poesia può aiutare in questo percorso. Le racconto una parabola attribuita a Efrem il Siro, il cosiddetto *Sermo de margarita,* dove si fa un paragone tra la nascita di Gesù e quella della perla da una conchiglia.

> Come la conchiglia non viene distrutta, né quando ha concepito né quando partorisce senza dolore una perla perfetta, così la Vergine concepì senza lesione della sua verginità e partorì senza dolore [...]. Il generato era la perla; per questo essa scivolò fuori e fu partorita senza doglie di parto né dolori [...]. A motivo della forza che era in lei, la Vergine partorì in modo naturale come la conchiglia e come donna non sofferse in nessun modo, in quanto la natura, come i due gusci della conchiglia, ritornò nuovamente al suo stato originale [...]. Il nato non lese il sigillo della verginità, né la Vergine soffrì. Fu sì divisa dalla massa del nascente, ma ritornò di nuovo al suo sigillo, così come i gusci della conchiglia che si aprono per il passaggio della perla e poi ritornano nella loro impenetrabile unione e al loro sigillo.

Bella. Però mi chiedo perché tanto dispendio di ingegni per stabilire una qualità che non è necessariamente una virtù. L'insistenza sull'integrità dell'imene a me sembra un residuo barbarico. Di tanto in tanto trapela nel cristianesimo una certa vocazione materialistica. La purità è certamente una dote apprezzabile, ma ridurla a pochi centimetri quadrati di membrana mi sembra francamente semplicistico.

Sono d'accordo: non è una questione anatomica. D'altra parte, noi parliamo di dispute che risalgono a quindici secoli fa e proprio lei, che parte da una dichiarata prospettiva storica, non può giudicarle col metro di oggi. In Occidente il IV secolo è il periodo in cui si attribuisce un primato alla verginità: Ambrogio, Agostino, Gerolamo. In particolare Ambrogio è il costruttore della figura di Maria come moralmente perfetta, dotata di ogni virtù, soprattutto vergine. Ambrogio pensa che la perdita della verginità da parte di una fanciulla sia una deturpazione dell'opera del creatore; Gerolamo addirittura che il matrimonio sia tollerabile solo perché da esso nascono nuove vergini. Certo, affermazioni di questo tipo a noi suonano quasi incomprensibili, come provenienti da un altro pianeta, ma mi domando: siamo sicuri di comprenderle? Abbiamo l'esperienza spirituale necessaria a capirle davvero?

Ripeto il mio punto di vista: farsi invadere dalla sessualità, pensare con insistenza all'attività e al modo in cui la vita sessuale si esplica mi sembra tipico di una società repressa, prigioniera dei suoi tabù. So che questa opinione può essere contestata ma continuo a preferire una vita sessuale meno prigioniera della vergogna. Mi viene in mente l'immagine poderosa di Masaccio quando ritrae i mitici progenitori cacciati dal paradiso terrestre. Si nascondono il volto, i poveretti, Eva presenta una fisionomia sconvolta dall'angoscia. In una concezione materialistica la meccanica della sessualità (tralasciando fantasie e varianti proprie del genere umano) è simile in tutti i mammiferi. Ma dal punto di vista della fede l'istinto è dato da Dio, dunque perché ritenerlo offensivo o impuro? Perché Gerolamo si allieta al pensiero di nuove vergini? Bisognerà che qualcuno le tolga di pulzellaggio (come si diceva una volta) se si vuole che il genere umano continui.

Maria vergine e madre è una contraddizione dal punto di vista ginecologico, ma qui non abbiamo solo un problema ginecologico; anche se certi «moralisti» stile Alfonso de' Liguori hanno rischiato di ridurlo a quello. Sa come i seminaristi fiorentini chiamavano il trattato sulla morale della vita fisica in uso fino a mezzo secolo fa? Era un ponderoso volume, pieno di dettagli anatomici, perciò lo chiamavano scherzosamente il *De porcheriis*.

Invece l'affermazione della verginità di Maria si comprende nel suo pieno significato proprio in rapporto alla spiritualità umana. Ciò che sfugge alla sua interpretazione, caro Augias, è che il Figlio nasce dal Padre in eterno e da Maria nel tempo. Ma c'è un terzo fattore, una terza ed essenziale nascita che avviene in ogni istante, nel presente, ed è quella del Logos nel cuore del credente: senza questa nascita le prime due non servono a nulla. È il credente che deve essere «vergine», proprio come Maria. È un concetto che comincia con Origene ed è poi sviluppato dalla mistica per arrivare fino ai nostri giorni.

I più accorti tra i Padri della Chiesa avvertirono il disagio di muoversi su un terreno crudamente fisiologico. Intesero la verginità non nella nuda oggettività corporea, ma come una conseguenza di quella del cuore. La verginità fisica come segno di quella spirituale.

Ricorda ciò che le ho detto di Agostino? Alla domanda se potessero essere considerate vergini le ragazze o le monache violate dai barbari, rispose di sì. In questo senso si comprende anche il significato di una verginità *post partum*: se verginità significa umiltà, distacco, dedizione, allora è condizione che può esserci (o non esserci) per sempre.

Spostando la questione sul piano della fede, o della mistica, o della metafora edificante si taglia alla radice ogni possibile obiezione. Non ne partecipo, mi sembra un po' un gioco di prestigio, lo rispetto.

Passiamo al dogma numero due: maternità divina.
Venne deciso a Efeso nel 431, in un concilio, bisogna dirlo, che si svolse con modalità molto scorrette. Gliele riassumo in breve fin dalle ragioni della sua convocazione.

Nestorio, patriarca di Costantinopoli, accentuava l'umanità di Gesù e si opponeva pertanto all'uso del termine *Theotókos*, cioè madre di Dio, limitandosi a quello di *Christotókos,* ovvero madre di Cristo. Cirillo, patriarca di Alessandria, era di opinione contraria. Dopo varie vicende, Nestorio ottenne dall'imperatore Teodosio II di poter convocare un concilio, da tenersi a Efeso con inizio il giorno di Pentecoste dell'anno 431. Tenga anche presente la tradizione della morte di Maria in quella città.

Il 22 giugno però Cirillo prese l'iniziativa, riunì nella chiesa di Santa Maria il concilio, lo dichiarò aperto e ne assunse la presidenza. Per protesta, Nestorio e i suoi si ritirarono dall'assemblea. I delegati papali non erano ancora arrivati. Fu così facile per Cirillo, che voleva il titolo di madre di Dio, dare lettura di una sua lettera a Nestorio, con la quale gli contestava l'errore. Scriveva tra l'altro:

> I santi Padri non dubitarono di chiamare la vergine santa *Theotókos*, non nel senso che la natura divina del Logos abbia avuto origine da lei, ma nel senso che egli ha preso il suo corpo santo, dotato di anima razionale, da lei. Pertanto, essendo il Logos ipostaticamente [cioè sostanzialmente] unito a questo corpo, si può dire che egli sia veramente nato secondo la carne.

La lettera venne approvata e la sera stessa il concilio fu chiuso tra le urla e le acclamazioni dei fedeli: «Sia lodata la

Theotókos!», «Lunga vita a Cirillo!». Era, ripeto, il 22 giugno. Il giorno 26 giunsero i vescovi di Siria, cui si unì Nestorio, e scomunicarono Cirillo! Il 10 luglio arrivarono finalmente i delegati papali, che aprirono una seconda sessione, e scomunicarono Nestorio. Tralascio il resto. In breve: la questione venne decisa dall'autorità imperiale, come era sempre avvenuto da Nicea in poi.

In parole povere si trattò di una decisione politica come del resto era stata quella di Costantino di rendere il cristianesimo «religio licita». *Non le sembra assurdo che un dogma diciamo «celeste» venga stabilito per volontà imperiale?*
Le questioni teologiche hanno spesso rappresentato soluzioni anche politiche. Comunque dobbiamo prendere atto che, nonostante l'andamento scorretto del concilio, la decisione passò. Fondata, offro armi alla sua tesi, non su un documento ufficiale, bensì su una lettera. Dopo ulteriori dispute che le risparmio, il termine *Theotókos* entrò per la prima volta in una deliberazione conciliare a Calcedonia nel 451; insieme al corrispondente passo cristologico:

> Prima di tutti i tempi egli fu generato dal Padre secondo la divinità, ma negli ultimi giorni il medesimo, per noi e per la nostra salvezza, fu partorito, secondo l'umanità, da Maria vergine Madre di Dio (*Theotókos*).

Con Calcedonia terminano, di fatto, le grandi dispute cristologiche. Si ribadisce la fede in Cristo, «vero Dio e vero uomo», ovvero le sue due nature, umana e divina, fuse in un'unica persona. Lei magari pensa che siano astrattezze teologiche...

Penso che siano decisioni adottate dopo un'assemblea drammaticamente divisa e con una forma inadeguata. Direi che peggio di così non si poteva fare. Si tratta, ripeto, di decisioni politiche nel senso che servono a diffondere tra i seguaci una coerenza, anzi di più: tratti d'identità condivisa. Del resto, professore, non è una novità, sempre s'è costruita così la robustezza delle ideologie, la possibilità stessa che queste si espandano e attraggano nuovi aderenti. Non si deve dimenticare però che qui stiamo parlando non di un'ideologia qualunque bensì di dogmi che chiedono a chi vi partecipa, quanto meno in un'accezione «figurata», di essere accettati, riprendo il Battaglia, «come verità assoluta e indiscutibile; opinione professata con esaltata convinzione o supina acquiescenza a un'autorità, con rinuncia a ogni esame critico».

Ripeto anch'io ciò che dicevo poco fa: la teologia va sempre pensata in termini di antropologia. Qui è in gioco il concetto che il divino e l'umano sono sostanzialmente uniti. Non ci sono due realtà, quella «soprannaturale» e quella naturale. Hegel lo comprese bene, difendendo gli antichi Padri della Chiesa e la loro speculazione nutrita di pensiero greco. Essi capirono – dice il filosofo – che natura umana e natura divina sono una cosa sola, giacché quello che si attribuisce al Cristo, vale in realtà per tutto l'umano.

Questo è il pensiero dell'Uno, il pensiero mistico, ben lontano dalla religione come superstizione, che pone due mondi, uno di qua e uno di là. Qui è l'essenza del cristianesimo, ben lontano da ebraismo e islamismo, cui è legato solo storicamente, vicino semmai all'induismo.

È la sua interpretazione, professore: per l'appunto mistica. Legittima, ovviamente. Giustificata dalle elaborazioni intellettuali, ma anche, diciamo, dalla elasticità dei riferimenti scritturali ai quali si può far dire quasi qualsiasi cosa, basta scegliere i versetti giusti. Quando non si tratta, mi lasci aggiungere, di falsificazioni che la filologia rende manifeste, come dimostra Bart Ehrman nel già citato Sotto falso nome. *A proposito del quale aggiungo che il titolo originale inglese rende meglio di quello italiano il contenuto: «Falsi: scrivere in nome di Dio; perché gli autori della Bibbia non sono le persone che noi pensiamo che siano».*

*Grazie a questa «elasticità» delle Scritture, diventa legittimo pensare anche a interpretazioni diverse su questa «unificazione dei due mondi». Possiamo per esempio pensare a quel panteismo (compreso Spinoza: «*Deus sive Natura*») che il cristianesimo ha sempre combattuto, rivendicando la trascendenza di Dio, anche se con l'incarnazione la si è molto indebolita.*

Unificando sacro e profano attraverso l'Incarnazione, non è che il mondo diventi «sacro», è Dio che si congeda dal sacro per farsi mondo. Il senso della redenzione per l'ebraismo è «attesa del futuro». La Redenzione per i cristiani è Gesù che si lascia crocifiggere, pur potendo annichilire i suoi nemici, perché è anche un uomo. Annullando la separazione tra sacro e mondo, il cristianesimo «ha perso la dimensione del sacro», il suo cielo è diventato «vuoto», scrive Umberto Galimberti nel suo ultimo saggio La religione dal cielo vuoto.

Lei lo sa, professore, che in materia religiosa ogni questione ha sempre due o più facce. Ognuno sceglie quella che più gli piace, o gli conviene.

Non c'è dubbio che in qualche modo si scelga sempre la propria «verità», e non solo in ambito religioso. Però, le ripeto, quel che conta è la propria esperienza, che in questo caso è soprattutto esperienza interiore. Allude a questa esperienza Meister Eckhart quando dice: «Molta gente semplice immagina Dio lassù e noi quaggiù. Ma non è così: Dio e io siamo una cosa sola».

Capisco il suo misticismo il quale, com'è noto, è materia indiscutibile, fondata com'è su premesse indimostrabili.

Cosa possiamo dire sul dogma numero tre: assunta in cielo?

Anche questo dogma pose un particolare problema. Nelle Scritture non c'è nulla sulla morte di Maria né sulla sua sepoltura né su sue eventuali reliquie. Maria semplicemente sparisce.

Dopo il Concilio di Efeso però il suo culto esplode, soprattutto a livello popolare. I fedeli si chiedono cosa è stato di lei alla e dopo la morte. Il suo corpo ha forse evitato la corruzione che tutti aspetta? Ma è poi morta davvero? O ha evitato questo estremo passaggio, grazie alla sua elezione divina? Epifanio di Salamina (lo abbiamo già incontrato) dichiara di non avere alcuna soluzione; ammette però la possibilità che sia morta martire.

Le storie narrate dagli apocrifi sono posteriori di qualche secolo ai fatti. Dipendono quasi tutti da un apocrifo detto «R», del V secolo. In sostanza tutti raccontano una morte naturale di Maria a Gerusalemme, la sua sepoltura a opera degli apostoli e l'Assunzione in cielo del suo corpo.

Se capisco bene si tratta di ipotesi, vociferazioni, costruzioni astratte per di più lontane secoli dai fatti.

La diffusa credenza nell'Assunzione di Maria ha conseguenze importanti, soprattutto per la sua attività di mediatrice in cielo. Nella Chiesa bizantina questo concetto è espresso per esempio da Germano di Costantinopoli (VII-VIII secolo):

> «Come potrebbe essere che tu, o tutta santa madre di Dio, con la tua dipartita, lasciassi orfani gli uomini della tua premurosa sovrintendenza? [...] Nessuno viene salvato se non per tuo tramite, o vergine madre, nessuno

> viene liberato dai pericoli se non per tuo tramite, nessuno viene redento se non per tuo tramite» [...] perciò il tuo popolo cristiano deve presentare a te le sue preghiere, perché tu le porti a Dio.

In Occidente solo Bernardo di Chiaravalle, nel XII secolo, toccherà questi livelli.

Ancora una volta è la fede popolare che spiana la strada. A Bisanzio la ricorrenza della Dormizione del 15 agosto diventa la più importante festa di Maria. Pensi che nel X secolo viene menzionata accanto al Natale e alla Pasqua! Alla fine del XIII secolo l'imperatore Andronico II dedicò al mistero della festa tutto il mese di agosto.

Nella coscienza dei fedeli l'Assunzione di Maria era implicitamente legata al suo essere «immacolata», letteralmente «senza macchia».

Sta di fatto che Assunzione e Immacolata Concezione procedono, nella storia della Chiesa, di pari passo.

Non ho commenti da fare. Si tratta di una storia molto particolare che si sviluppa su esigenze di spiritualità popolare. Poeticamente potremmo dire che è stata sospinta da un sentimento di nostalgia per l'amore materno che i monoteismi, tutti e tre molto aridi sotto questo aspetto, non avevano incluso nelle loro dottrine.

Al contrario delle religioni classiche, dove la donna e la femminilità sono presenti sotto varie forme, nel cristianesimo delle origini non sembra esserci spazio per le donne. Maria riempie questo vuoto, non meraviglia che il suo culto sia cominciato per una spinta dal basso. Caro professor Vannini, a che altro servono le religioni se non ad asciugare qualche lacrima, come diceva Chateaubriand?

Anzi le confesserò che uno dei miei tanti dubbi deriva

proprio dalla coesistenza nella stessa religione del culto consolatorio di una vergine e di una credenza come quella del peccato originale che mi sembra di particolare crudeltà.

Badi, Augias, il peccato originale, simboleggiato nella disobbedienza dei progenitori Adamo ed Eva, è l'amore di se stessi, «*amor sui, amor privati boni*», che è «*radix omnis mali et peccati*», fonte di ogni male e peccato. L'amore di sé, in quanto essenzialmente utilitaristico, è nemico del Bene in universale, questo è il peccato originale.

È un'accezione possibile. Continuo però a pensare che sia molto crudele l'idea di marchiare ogni essere umano appena venuto al mondo, minuscole creature inconsapevoli, a malapena capaci di distinguere il buio dalla luce, tutte già macchiate dal peccato. Un teologo cattolico come Vito Mancuso dichiara addirittura «indegna di Dio la visione cristiana tradizionale del peccato originale quale si deve per la gran parte a sant'Agostino, che infatti io combatto nei miei scritti».

Tra l'altro c'è nel racconto biblico una brutta contraddizione. Dio crea i due prototipi umani «a sua immagine e somiglianza». I due sciagurati, appena lasciati soli, commettono il famoso peccato che non s'è mai capito bene in che cosa consista. Com'è stato detto scherzosamente: «Se la creazione fosse un procedimento industriale se ne dovrebbe dedurre un "difetto di fabbricazione" e ordinare il ritiro del prodotto dal commercio».

Ancora una volta, Augias, provi a riportare la teologia al comportamento umano, lasci perdere la teologia, vediamo che succede. Glielo dico io: succede che il misterioso «peccato originale» si spiega come il peccato dei peccati: lo smisurato amore di sé che nega il resto, azzera l'amore per gli altri, riduce l'agire umano al proprio esclusivo interesse. Le *moi haïssable*, l'odioso ego di cui parla Pascal. La riflessione agostiniana, e poi quella di tanta filosofia, ha scavato nelle profondità «egoistiche» dell'agire e del pensare. Kant parla di «male radicale» nell'uomo. Non solo i cristiani, anche «atei» come Schopenhauer e Nietzsche hanno compreso la serietà della cosa.

Se è per questo si possono tirare in ballo anche Dostoevskij o Freud, chiunque abbia scovato nei recessi della mente umana quella tenebrosa inclinazione al male che ci fa lupi gli uni agli altri; donde la necessità di un antidoto – si trovi questo nella forza delle leggi o in quella delle religioni.

C'è però in Agostino una componente che quasi sconfina nella psicopatologia. Il grande filosofo, come abbiamo già ricordato, sostiene che il peccato passa da una generazione all'altra a causa del tumulto carnale che conclude l'accoppiamento.

Da parte di un credente è quasi un dare a Dio la colpa di averci fatti come siamo.

C'è una spiegazione anche per questo. L'espressione primaria del peccato originale è la concupiscenza, perché dai trasporti della sensualità è ineliminabile l'aspetto «egoistico». Da questo egli fa derivare il primato della castità, della continenza, della verginità.

Ecco perché per Agostino il peccato originale è universale. Compresa Maria, che è senza peccati, ma non senza peccato originale.

Bernardo di Chiaravalle attacca furiosamente i canonici di Lione che volevano celebrare la festa dell'Immacolata Concezione l'8 dicembre. Perché? Perché anche lui pensa che l'atto sessuale sia comunque segnato dalla malizia della concupiscenza. Rendere il concepimento di Maria oggetto di devozione equivale a santificare il congiungimento dei suoi genitori.

Scrive il *doctor marianus*: «Con questo volete proclamare che lo Spirito santo ha avuto parte nel peccato della concupiscenza carnale? Oppure dobbiamo credere che c'era il desiderio, ma non il peccato?».

Confesso, con ogni dovuto rispetto, che sono questioni poco comprensibili al di fuori di un atto di fede. Elucubrazioni di uomini casti e pii inclini a includere la sessualità in un catalogo De porcheriis *come i seminaristi da lei citati. Quale differenza con la serenità che circondava il sesso nel mondo classico: niente colpa né malizia né trasgressione né imbarazzo. Pieno accordo con la natura come canta l'immenso Lucrezio nel suo* Inno a Venere. *Me ne lasci citare l'inizio:* «Aeneadum genetrix, hominum divomque voluptas, alma Venus»*:*

> Madre degli Eneadi, voluttà degli uomini e degli dèi,
> alma Venere, che sotto gli astri vaganti del cielo
> popoli il mare solcato da navi e la terra feconda
> di frutti, poiché per tuo mezzo ogni specie vivente si forma,
> e una volta sbocciata può vedere la luce del sole...

Caro Augias, mi fa molto piacere constatare che condividiamo almeno l'amore per la letteratura latina. Le ricordo allora che l'immenso Lucrezio che apre il suo poema con l'invocazione alla *alma Venus*, nel quarto libro si diffonde a lungo nel descrivere con estrema crudezza di particolari il rapporto carnale nella sua animalità.

Professore, ma io canto con Lucrezio quando leggo versi come questi (Canto IV, vv. 1076-1083, magnificamente tradotti da Renata Raccanelli per Einaudi):

Nel momento del possesso
vacilla tra incerti smarrimenti l'ardore degli amanti
e non sanno cosa godere prima con gli occhi e con le mani.
Ciò che hanno bramato lo stringono forte e fanno male
al suo corpo e spesso affondano coi denti nelle sue dolci labbra
e vi spremono baci, perché non è puro il piacere
e vi si celano impulsi che spingono a tormentare l'oggetto da cui sgorgano quei germi di furia.

Non è puro il piacere, certo, vi ha una parte l'animalità ma anche quella prerogativa tipicamente umana, sconosciuta infatti agli altri mammiferi, che sono le fantasie. Torbide, spesso. Umane, troppo umane.

Apprezzo il suo entusiasmo ma le ricordo, per contro, che lo stesso Agostino cui lei rimprovera una concezione repressiva della sessualità, nelle sue *Confessioni*, rammentando gli amori giovanili, scrive le bellissime frasi: «*Nondum amabam et amare amabam... quaerebam quid amarem, amans amare*», quando amavo le ragazze e i loro bei corpi, non stavo ancora amando, ma cercando cosa amare; era in realtà l'amore che amavo, perché l'uomo è amore e nato per amare.

Come vede, le cose non sono mai così semplici, univoche. Ma credo che siamo d'accordo anche su questo.

Con una piccola postilla. Il suo Agostino è anche quello che scrive «Inter faeces nascimur et spurcissimum sperma», *nasciamo tra le feci e la sozzura dello sperma, così dimostrando il suo orrore per l'animalità sanguinosa della generazione.*

Per la verità mi sembra che la frase suoni, come abbiamo già detto, «*inter faeces et urinam nascimur*», ricordando il modo della nascita, del parto, non quello della generazione. In parallelo, imponendo le Ceneri al fedele, il celebrante rammentava all'uomo la fine: «*Memento quia pulvis es et in pulverem reverteris*», ricordati che sei polvere, e in polvere ritornerai. Sono frasi passate di moda, certo, ma a me pare che non fossero per niente insensate, tutt'altro.

Lasciando comunque questa interessante discussione e tornando al nostro tema, è la pietà popolare che considera Maria «immacolata» e come tale la prega, la festeggia, la canta. Anzi, nelle preghiere per le feste mariane, importate da Bisanzio, Maria è indicata come assunta in cielo.

Si discute semmai se questa «Assunzione» abbia compreso anche il corpo oppure no. Gerolamo è in dubbio; il trattato medievale *De Assumptione beatae virginis Mariae*, di autore ignoto, ma attribuito ad Agostino, e quindi di grande autorità, pensa di sì. Gli apocrifi sul *Transitus Mariae* forniscono varie, leggendarie, versioni.

Comunque sia, sotto la pressione del popolo dei fedeli, dopo molte incertezze e nonostante pareri autorevoli in contrario, il 1° novembre 1950 papa Pio XII proclamò questo ultimo dogma: Maria «assunta alla gloria celeste in anima e corpo».

Come Romolo primo re di Roma, capisco. Passiamo al dogma numero quattro: Immacolata Concezione. Converrà ripetere, caro professore, che esso significa il concepimento di Maria senza la macula, *la «macchia» del peccato originale, e non, come spesso credono anche molti fedeli, il concepimento verginale di Gesù.*

Si sviluppa in parallelo a quello dell'Assunzione. Però la sua esplicita teorizzazione si deve al francescano Giovanni Duns Scoto, alla fine del Duecento. Il suo ordine lo segue, mentre i domenicani seguono il loro Tommaso d'Aquino, che contesta l'evento.

Ne nascono dispute anche molto accese tra immacolisti e macolisti; ovvero tra chi dichiarava Maria senza macchia e chi lo negava.

Com'erano divisi i due campi?
I «macolisti» avevano dalla loro autorità come Agostino, Bernardo, Tommaso, nonché l'assenza di un qualunque riferimento nelle Scritture. Roberto Bellarmino, gesuita, cardinale, poi santo...

L'uomo che mandò al rogo Giordano Bruno. Alcuni teologi cattolici lo definiscono addirittura «mandante di assassinio». Scusi l'interruzione.
Proprio lui. Bellarmino, che qui cito come uomo comunque molto dotto, ai primi del XVII secolo scrive: «*In Scripturis nihil habemus, neque in Traditione, de conceptione Virginis immaculatae*». Già nel XV secolo il teologo domenicano Giovanni di Torquemada aveva manifestato analoga opinione.

E gli altri? Gli «immacolisti»? Su che cosa basavano le loro convinzioni?
Essi avevano dalla loro altri importanti teologi, ma soprattutto il peso della credenza popolare. Ricordi quello che abbiamo detto a proposito della distinzione tra *lex orandi* e *lex credendi*, col primato della prima.

A Roma nel 1477, dopo una celebre disputa tra macolisti e immacolisti, papa Sisto IV, francescano, pubblica una costituzione, *Cum praeexcelsa,* che permetteva una celebrazione liturgica per la festa dell'Immacolata.

Siamo alla fine del XV secolo, sta per deflagrare il trauma della Riforma luterana che spaccherà l'universo cattolico di-

stogliendo dall'obbedienza al papa romano buona parte dell'Europa settentrionale.

Ha fatto bene a citare la Riforma. Lutero infatti seguiva Agostino ed era «macolista». Perciò al Concilio di Trento, con il quale si cercherà di riparare i guasti della Riforma, su questo aspetto non si prende posizione, proprio per non esacerbare i protestanti con la definizione di nuovi dogmi, questo in particolare.

In ogni modo, il termine Immacolata Concezione entra gradualmente nella liturgia sostituendo il più generico *Conceptio Virginis Immaculatae.* Nel 1767 gli spagnoli ottengono da papa Clemente XIII il permesso di celebrare un ufficio proprio col titolo di *Immaculata Conceptio.*

Sono gli spagnoli infatti i più accaniti sostenitori di questa prerogativa mariana.

Eccessi che vengono invece contrastati anche molto vivacemente in Germania così come dai giansenisti in Francia.

È il consueto contrasto tra le due Europe che vediamo anche oggi? L'Europa del nord e quella meridionale.

Fino a un certo punto. La promulgazione del dogma è potentemente favorita dalla serie di apparizioni mariane occorse proprio in Francia, a partire da quella del 1830 a Catherine Labouré in rue du Bac a Parigi. Ne parleremo.

I papi dell'Ottocento sono tutti devoti di Maria e favorevoli all'Immacolata Concezione.

Pio IX, appena eletto pontefice, dà il via alla lunga procedura per la proclamazione del dogma, nominando una commissione di diciannove teologi per un parere. Trova numerose resistenze, sia sul piano dottrinale (insufficienze scritturistiche), sia su quello dell'opportunità. Così ad esempio il filosofo e teologo Antonio Rosmini che, pur convinto del concepimento immacolato di Maria, sconsi-

na delle più celebri raffigurazioni della Madonna: più giovane del figlio morto che sorregge
lla *Pietà* di Michelangelo conservata in San Pietro (*fig. 1*).

2

L'Annunciazione e la fecondazione di Maria attraverso l'orecchio in un affresco di Olivuccio
Ciccarello, a Recanati (*fig. 2*), e in un rilievo della Marienkapelle a Würzburg (*fig. 3*).

3

5

ue raffigurazioni tradizionali di Maria. Regina inginocchiata davanti al Figlio che le pone la orona sul capo nell'*Incoronazione della Vergine* di Filippo Lippi agli Uffizi (*fig. 4*). Addolorata e rcondata dai suoi sette dolori (la profezia di Simeone, la fuga in Egitto, la perdita di Gesù al empio, l'incontro nella *Via crucis*, Maria ai piedi della Croce, mentre accoglie tra le braccia il orpo di Gesù e durante la sepoltura) nell'opera di Adriaen Isenbrant a Bruges (*fig. 5*).

6

Spesso nel Rinascimento italiano Maria viene raffigurata come una gentildonna in un paesagg idilliaco: è il caso di due capolavori conservati agli Uffizi, la *Madonna del Magnificat* di Sandı Botticelli (*fig. 6*) e la *Madonna del cardellino* di Raffaello (*fig. 7*) in cui accanto a Gesù bambino c il piccolo Giovanni Battista.

L'affresco del Domenichino – *Intercessione della Madonna presso il Cristo per la città di Napoli* – nel cappella del tesoro di San Gennaro nel duomo di Napoli (*fig. 8*) è invece un esempio tipic dell'arte della Controriforma: Lutero e Calvino vengono schiacciati da un giovane che impugı una bandiera con una scritta inneggiante all'Immacolata.

7

8

9

0

e raffigurazioni dell'Immacolata e dell'Assunta sono le più frequenti nell'iconografia mariana, nche se i relativi dogmi sono stati proclamati dalla Chiesa in epoca recente (nel 1854 e nel 950). Ecco l'*Immacolata di Soult* di Murillo al Prado (*fig. 10*) e l'*Assunta* di Tiziano nella basilica ei Frari a Venezia (*fig. 9*).

1

12

a le rappresentazioni della Vergine tipiche delle icone bizantine una è la *Eleoúsa* (*fig. 13*), ovve-
Tenera, Misericordiosa, detta anche *Madonna Donskaja* perché venne portata in processione
ima della battaglia di Kulikovo, in cui il principe russo Dmitrij Donskoj sconfisse i tartari, nel
80. Nella tradizione bizantina era cresciuto anche El Greco, che nel suo *San Luca* conservato
lla cattedrale di Toledo (*fig. 12*) presenta il santo come autore sia del vangelo sia del ritratto
lla Madonna. Caratteristica invece dell'arte tardo-gotica dell'Europa settentrionale è l'imma-
ıe dell'unicorno che si lascia catturare da Maria Vergine, qui nell'Annunciazione che occupa
ɔannello centrale dell'*Altare dell'unicorno* nella cattedrale di Erfurt (*fig. 11*).

14

Tra le altre Marie presenti nei vangeli, la più celebre è sicuramente Maria di Magdala, la Ma dalena, raffigurata come penitente da Tiziano nel dipinto dell'Ermitage di San Pietroburgo (*f 14*). Spesso confusa con la Maddalena è Maria di Betania, sorella di Marta e Lazzaro e simbo della vita contemplativa, come tale raffigurata su un portale della cattedrale di Chartres (*fig. 1* La *Legenda aurea* di Jacopo da Varazze narra l'approdo a Marsiglia della Maddalena, di Lazza e di altri compagni, episodio rappresentato da Giotto in un affresco della cappella della Ma dalena nella basilica inferiore di Assisi (*fig. 16*).

15

17

La *Vierge ouvrante* del Museo di Cluny a Parigi, una Madonna con Bambino in legno policron
in cui due sportelli, aprendosi, rivelano nel ventre di Maria una rappresentazione della Trini
(*fig. 17*).

glia la promulgazione del dogma per non inimicarsi il mondo protestante e perché non gli sembra opportuno, dopo il Concilio di Trento, tirar fuori altri dogmi, soprattutto senza un concilio.

Finì come finì, ostinazione del papa, forti dissensi nella Chiesa.
Sicuramente la cosa andò per le lunghe, commissioni su commissioni; infine Pio IX fece prevalere il *sensus ecclesiae*, ovvero la volontà dei fedeli. L'8 dicembre 1854 proclamò il dogma, con la Bolla *Ineffabilis Deus*, nella quale si dichiara che:

> La dottrina la quale ritiene che la beatissima vergine Maria, nel primo istante della sua concezione, per singolare grazia e privilegio di Dio onnipotente ed in vista dei meriti di Gesù Cristo, Salvatore del genere umano, sia stata preservata immune da ogni macchia della colpa originale, è rivelata da Dio e perciò da credersi fermamente e costantemente da tutti i fedeli.

Che sia rivelata da Dio non è proprio vero, ma in materia di dogmi non si può guardare troppo per il sottile altrimenti l'intero edificio si sbriciola. Il sacro è inaccessibile agli strumenti della ragione, anzi di più, il sacro vive o nella penombra o in una luce abbagliante. Due condizioni nelle quali si vede comunque male. L'importante è che chi crede senta davvero dentro di sé le cose in cui crede. Sul resto meglio il silenzio.
Però il proverbio dice anche *vox populi, vox dei.* E se non è proprio voce di Dio, comunque la cosa ha un senso. In effetti, come l'Assunzione riabilita il corpo – e in particolare il corpo della donna, per tanto tempo bistrattato quale causa di peccato – anticipando quella rivalutazione della corporei-

tà cui assistiamo oggi, così l'Immacolata Concezione poneva un'eccezione al peccato originale. Era perciò quasi un preludio all'attuale fine della credenza in quel peccato, almeno in quanto legato alla mera generazione fisica.

Non è un caso se la promulgazione di questi dogmi fu accolta con entusiasmo; grande nei Paesi latini; minore nei Paesi del Nord Europa, con opposizione dura dei protestanti. Ancora oggi, ogni 8 dicembre, festa dell'Immacolata, il papa (in effetti un vigile del fuoco) va a deporre una corona sulla statua alla sommità della colonna innalzata a Roma in piazza di Spagna, ove ha sede l'ambasciata presso la Santa Sede del Paese più «immacolista», per l'appunto la Spagna.

XII

La Grande Madre

Questo capitolo, caro professore, si annuncia affascinante e complesso, direi anzi che rappresenta forse il cuore della nostra esplorazione. Il suo contenuto apre a domande fondamentali, impone di andare a ritroso nelle vicende della civiltà fino a riscoprire esigenze, spinte, sogni ancestrali della psicologia umana, consapevole o inconscia. Non a caso lo abbiamo intitolato alla «Grande Madre» ovvero all'archetipo stesso della femminilità che perpetua l'esistenza, la prepara nel buio del ventre, come la terra custodisce i semi durante l'inverno, per poi, arrivato il momento, farla germogliare alla vita.

Cerco di riassumere la vicenda in termini che pur restando sommari non sono brevissimi. Sappiamo che le religioni arcaiche sono segnate all'inizio dalla presenza di una divinità femminile, onnipotente dispensatrice del bene e del male. È presumibile che l'immaginario primitivo fosse profondamente segnato dal parto, espulsione sanguinosa di un corpo vivo da un altro corpo vivo. La donna, socialmente legata all'amministrazione della casa, in quel momento supremo assumeva caratteristiche quasi divine: la dea madre che perpetuava la vita.

La divinità con caratteristiche maschili, il «padre onnipotente» compare solo più tardi anche se, una volta affermatosi, è lui ad assumere anche la funzione «femminile» di dare la vita. Alla dea delle origini vengono allora affidati altri ruoli. Diventa madre, sposa, sorella del dio, con caratteristiche che possono essere divine o semidivine.

Gli antropologi attribuiscono questi cambiamenti di ruolo alle mutate condizioni economiche, al predominio sempre più netto dei «maschi» data la loro più sviluppata forza muscolare, la maggiore attitudine alla caccia, alla raccolta degli alimenti, alla più sviluppata abilità nell'uso delle armi per la difesa della proprietà e della prole. E ovviamente per la guerra. In tutte le culture umane infatti, le divinità sono sempre state immaginate e modellate sulla base di alcuni principi utili al mantenimento della società. Utilizzando il parametro di Ludwig Feuerbach, cui abbiamo entrambi accennato, si potrebbe dire che gli uomini hanno sempre creato gli dèi «a propria immagine e somiglianza» secondo i bisogni di ogni determinata cultura; fatti salvi alcuni canoni rimasti comuni a ogni tipo di civiltà.

Dobbiamo molta riconoscenza al pensatore svizzero Carl Gustav Jung per aver intuito il ruolo degli «archetipi», ovvero dei modelli collettivi ancestrali, «installati» così profondamente nella psiche di ogni essere umano, ovunque nato, da essere per la maggior parte «inconsci», cioè inavvertiti a livello della mente razionale. Jung considerava giustamente questi «archetipi» un grande patrimonio dell'umanità.

Per unanime riconoscimento, la mitologia delle varie popolazioni è un formidabile aiuto per la comprensione dei meccanismi psichici che muovono gli individui e le stesse collettività; per noi europei è molto importante la mitologia dei greci, un complesso sistema di miti, favole e tragedie nelle quali sono evocati i principali nodi della psicologia e degli affetti umani.

Non è stato sempre così. Giulio Guidorizzi, nel bel volume *Il mito greco* da lui curato, ricorda che verso la metà del XVIII secolo gli illuministi consideravano i miti dci grcci alla stregua di una puerile espressione dell'infanzia della ragione, la dimostrazione che i «moderni» non hanno nulla da invidiare agli «antichi». Per lo spirito illuminista, imbevuto del culto della razionalità, quei miti lontani contenevano assurdità che alla ragione ripugnavano, accadimenti inverosimili che ben si accordavano con le superstizioni che sono alla base dei fenomeni religiosi.

Sbagliavano clamorosamente, come sappiamo. Sigmund Freud ci ha svelato che esistono aspetti rimossi della nostra coscienza che sfuggono alla ragione. I greci avevano intuito ciò che gli illuministi non sapevano più, cioè «avevano chiara la nozione che il mito scaturisce in modo misterioso da qualche segreta regione della memoria comune».

Il racconto mitico, come del resto le tragedie e i racconti religiosi, vogliono che l'ascoltatore accetti l'inverosimiglianza e le eventuali incoerenze sospendendo il giudizio critico. È un procedimento mentale che dal sofista Gorgia arriva fino alle finzioni teatrali, delle fiabe, del cinema. Il poeta e pensatore inglese Samuel Taylor Coleridge lo chiamò (1817) «*suspension of disbelief*» ovvero sospensione dell'incredulità. In chi ascolta o guarda subentra in quei momenti un pensiero «analogico» che coesiste, va di pari passo, con quello razionale senza interferenze reciproche.

Nel 1936, lo scrittore tedesco Thomas Mann in una conferenza dedicata a *Freud e l'avvenire* definiva il mito in questi termini: «Fondazione di vita; schema atemporale, pia formula cui tutta la vita si adegua, attingendo i suoi lineamenti dall'inconscio».

Károly Kerényi, allievo di Jung, uno dei fondatori della filologia sui miti greci, nel suo fondamentale saggio *Gli dei e gli eroi della Grecia*, scrive che il mito rappresenta la chiave più segreta del mondo religioso non tanto nei singoli accadimenti e personaggi, quanto nella funzione creativa del mito stesso, nella sua struttura e nella sua genesi. Aggiunge: «Ogni mitologia si potrebbe chiamare "psicologia collettiva" [...]. La parola greca *mythologia* non contiene soltanto le "storie", i *mythoi*, ma anche il raccontare (*legein*), un raccontare che originariamente era anche in grado di suscitare intima risonanza; coinvolgeva l'idea che la storia riguardava sia il narratore sia gli ascoltatori». Il mito dunque è parola ma è anche racconto, con altre parole: un racconto tramandato oralmente, per mezzo di parole.

Se si accetta questa premessa si vede come il mito sia veramente uno dei fattori di riconoscimento di una società e, più in generale, dell'intero genere umano.

Jung ha riflettuto a lungo sulla figura della madre arrivando a concludere che la fisionomia del materno è ricchissima e contraddittoria. Analizzando in particolare il mito della Grande Madre lo descrive così, negli *Aspetti psicologici dell'archetipo della madre*, 1938:

> La magica autorità del femminile, la saggezza e l'elevatezza spirituale che trascende i limiti dell'intelletto; ciò che è benevolo, protettivo, tollerante; ciò che favorisce la crescita, la fecondità, la nutrizione; i luoghi della magica trasformazione, della rinascita; l'istinto o l'impulso soccorrevole; [ma anche] ciò che è segreto, occulto, tenebroso; l'abisso, il mondo dei morti; ciò che divora, seduce, intossica; ciò che genera angoscia, l'ineluttabile.

Dunque una figura contraddittoria buona e cattiva nello stesso tempo, capace di molte funzioni assai ben descritte, per esempio, in un *Inno a Iside* rinvenuto a Nag Hammadi (Egitto) e risalente al III secolo a.C.:

Io sono colei che è prima e ultima
io sono colei che è venerata e disprezzata,
io sono colei che è prostituta e santa,
io sono sposa e vergine,
io sono madre e figlia,
io sono le braccia di mia madre,
io sono sterile, eppure sono numerosi i miei figli,
io sono donna sposata e nubile,
io sono Colei che dà alla luce e Colei che non ha mai partorito,
io sono colei che consola dei dolori del parto.
Io sono sposa e sposo,
e il mio uomo nutrì la mia fertilità,
io sono Madre di mio padre,
io sono sorella di mio marito,
ed egli è il figlio che ho respinto.
Rispettatemi sempre,
poiché io sono colei che dà Scandalo e colei che Santifica.

Le società arcaiche non erano arrivate a collegare l'atto sessuale con la fecondazione e la successiva gravidanza. Secondo un altro allievo di Jung, Erich Neumann, si baserebbe su questo il concetto di vergine legato alla Grande Madre: «La continuità della vita personale sessuale viene interrotta in modo imprevisto dall'inizio e dalla fine delle mestruazioni, così come dalla gravidanza. Entrambi i fenomeni si svolgono nell'intimo della sfera matriarcale-femminile [...]. Per tale ragione la donna è messa incinta sempre da una potenza extraumana, non personale».

Gentile professor Vannini, ho tentato una veloce – e approssimativa – sintesi di alcune delle posizioni più autorevoli sul «mito» che sono tra l'altro anche le più coinvolgenti. Lo scopo era di arrivare a questa domanda: è lecito far risalire la figura di Maria, compresa la sua doppia funzione di «vergine» e «madre», a un tale riferimento mitologico?

Almeno una differenza salta subito agli occhi: la dea onnipotente delle religioni primitive era un misto di qualità altamente positive con altre di segno opposto.

Maria invece racchiude solo elementi benevoli e positivi. Maria è l'anti-Eva, cioè il contrario della donna che con la sua disobbedienza ha causato la rovina dell'umanità. Maria è, come la definisce una litania, «advocata nostra»*: intercede cioè presso Dio in favore del genere umano. Si ripete qui lo schema della famiglia umana dove alla figura del padre severo (*Rex tremendae maiestatis*, lo si chiama nella messa da Requiem) si contrappone quella della* Mater misericordiae.

L'esistenza di una mitica Grande Madre dispensatrice di vita, che in alcuni casi precede il dio creatore o è addirittura madre del creatore per partenogenesi (generazione verginale) è ampiamente nota.

L'antropologo svizzero Johann Jakob Bachofen (1815-1887) ha sostenuto la tesi di un «matriarcato» all'origine delle società umane, comprese religioni e moralità. Tenga conto che questa ipotesi, molto discussa, è stata anche ripresa dalla «teologia femminista» nei passati anni Settanta, come più avanti vedremo. Abbiamo comunque una consistente documentazione archeologica di dee preistoriche della fecondità, raffigurate spesso con grandi fianchi, grandi seni, organo genitale in evidenza. Possiamo anzi dire che le prime opere artistiche sono le statuette delle dee madri. La terra per eccellenza del culto della Dea madre è l'India, ove la forza primordiale femminile si manifesta soprattutto nella dea Kali.

Ne parla molto anche Emilio Salgari nei suoi romanzi...
Senza nulla togliere a quel grande narratore, la realtà è un po' più complicata di quella da lui rappresentata. In un inno di lode rivolto alla dea leggiamo:

> O Madre, che togli le sofferenze di chi ti supplica, sii propizia; sii propizia, o Madre dell'universo. Sii propizia, regina e difesa del mondo.
> Tu, o Madre, sei regina di ciò che si muove e di ciò che è inerte. Sii propizia, o dea, allontana da noi il timore dei nostri nemici, cancella i peccati del mondo.

Kali è una di quelle divinità femminili nelle quali aspetti positivi si mescolano ad altri fortemente negativi e addirittura feroci.

Messo da parte Salgari, che evocavo affettuosamente, vero è che l'argomento è densissimo. Odon Vallet nel suo saggio Le spiritualità indiane *richiama l'attenzione su due nascite straordinarie. La regina Mayadevi, sposa del sovrano degli shakya, partorisce dal fianco un bambino straordinario destinato a diventare il Buddha: Siddhartha. Il suo destino è già scritto nella nascita avvenuta «senza contatto con l'utero». Sempre in India, anche Indra, re degli dèi vedici, nasce dal fianco della madre. Dice lui stesso di non voler venire al mondo attraversando lo stretto e oscuro passaggio della vagina. Un arduo compito lo attende: rimettere ordine nel creato. Anche sul padre di Indra, come sul padre di Gesù, sappiamo poco o nulla. Ovviamente le differenze tra buddhismo, induismo e cristianesimo sono numerose. Interessante però notare l'insistenza sul medesimo principio: un dio prende forma umana e arriva nel mondo in modo straordinario per salvarlo o illuminarlo.*

Leggendo la descrizione delle varie liturgie protocristiane, si nota che le cerimonie imitano spesso quasi alla lettera i precedenti pagani. Potremmo allargare il campo e notare come gli stessi simboli, le stesse vicende, si ripetono uguali in molte religioni.

È vero. Per capire le ragioni di questi processi imitativi, dobbiamo ricordare che il messaggio cristiano venne comunicato a uomini delle più disparate concezioni religiose, che per di più erano oggetto di conquista da parte di altri culti. È naturale che i primi cristiani avvicinassero la nuova dottrina alle tradizioni esistenti.

Questo processo diciamo «mimetico» riguarda anche la figura di Maria?

Il culto di Maria riprende da vicino quello delle divinità femminili della vegetazione, della pietra, dell'acqua. Albero, pietra, acqua, sono infatti simboli frequenti della Grande Madre. L'albero fu il primo simbolo della fecondità materna. L'Italia è piena di Madonne dell'Acero, del Salice, del Pino, del Faggio, dell'Olivo, soprattutto della Quercia, l'albero che più attira i fulmini, sacro a Zeus e alle divinità celtiche.

Anche la pietra, la roccia, è simbolo della Grande Madre fin dai tempi più remoti. La Grande Madre di Cnosso, nell'isola di Creta, era la cima di rocce elevate; la madre montana, Cibele, è la regina delle rocce. Gli hurriti ritenevano feconde le rocce: il Chronos hurrita fecondò un'enorme roccia, che poi partorì un uomo. La pratica di mettersi in contatto con una pietra per guarire la sterilità si trova in tutte le aree culturali. Poi c'è l'acqua, mobilissimo e plasmabile principio di vita, generatrice di tutti i germi che l'atmosfera vi deposita, un altro simbolo universale di fecondità. Infatti sono numerosissime anche le Madonne legate a sorgenti e acque.

Il processo di adattamento del mondo classico e pagano alla nuova religione cristiana ebbe dimensioni enormi. A Roma molte chiese cattoliche sono ricavate da preesistenti templi pagani, alcuni di toccante bellezza. Su un piano ancora più vasto è noto che la Chiesa contribuì da una parte al crollo dell'impero romano ma per un altro aspetto se ne fece continuatrice ed erede fin dalla nomenclatura: Curia, basilica, eccetera; lo stesso papa, con il titolo di sommo pontefice, si appropriò, fin dai tempi di Costantino, della qualifica imperiale di Pontifex Maximus. *Per Maria?*
C'è un processo generale di adattamento che, per quanto riguarda Maria, si accelera soprattutto dopo che a Efeso venne dichiarata «madre di Dio». Maria prende così la funzione di divina protettrice di tutte le caratteristiche materne. In particolare nelle campagne, le sorgenti, i boschi, le grotte, un tempo sacre alle ninfe, ad Artemide, a Cerere, a Giunone Lucina (protettrice dei parti), diventano piccoli o grandi santuari mariani, ove soprattutto le donne accorrono per cercare aiuto nelle funzioni essenziali della riproduzione: fecondità, parto, allattamento.

Il paganesimo ha favorito la fede in un intervento celeste per la generazione di un uomo straordinario, facilitando così a molti cristiani provenienti dall'ellenismo l'accesso al presupposto intrinseco del culto cristiano.

La giovane Chiesa comprese che, valorizzando i punti di aggancio, il passaggio dal paganesimo al cristianesimo sarebbe stato psicologicamente più facile.

L'esempio più evidente è la trasformazione della città di Efeso da centro di culto della dea Artemide (Atti degli apostoli 19,23-40) a centro di culto cristiano di Maria.

Come scrive il già citato padre Georg Söll, l'archeologia cristiana quasi non si rende conto di quante immagini o statue della Dea Madre siano divenute, nel giro di una notte, gradite e amate rappresentazioni di Maria madre di Dio.

Anche la verginità fa parte del culto ancestrale della Grande Madre?
La verginità si connette con l'immagine femminile in rapporto dialettico con la fecondità e la maternità. Il fatto che nella tradizione mediterranea la dea *pótnia* (signora) alterni verginità e maternità, che nella tradizione greca Era e Artemide siano concepite come vergini e madri, indica la funzione che il valore verginale ha nei confronti della vita, della fecondità, dell'inizio d'una vita affidato a un nuovo principio.

Esiste una spiegazione di tipo antropologico a questa sovrapposizione in apparenza inconciliabile tra verginità e maternità?
Gli antropologi la spiegano col ricordo mitico della durezza della vita al tempo delle caverne; lì la sopravvivenza era affidata alla donna che vigilava sulla distribuzione dei viveri e, per amore della vita, imponeva gravi limitazioni: economia dei viveri, continenza sessuale perché l'aumento della popolazione non mettesse a repentaglio la sopravvivenza. Il principio femminile venne così ad assumere la configurazione della vergine-madre che preserva e distribuisce la vita e gli alimenti, custodisce il fuoco, sorregge la volontà di vivere, istituisce sanzioni che aiutino a sopravvivere.

I casi più importanti di queste funzioni divinizzate sono quelli di Rea-Cibele, Demetra-Cerere, Iside, che spesso convergono in una stessa divinità. Evito un'enumerazione particolareggiata, che avrebbe dimensioni eccessive in questa conversazione, mi limito a un esempio di particolare importanza: i misteri celebrati a Eleusi, vicino ad Atene, in onore di Demetra e della figlia Persefone. Nella psicologia del profondo il rapporto madre-figlia è ritenuto il rapporto primario per quanto riguarda il mistero tutto femminile della trasmissione della vita.

Il nome *Éleusis* è legato al sostantivo che significa «venuta», «comparsa». Ebbene, ad *Éleusis* Persefone sarebbe apparsa alla madre. Nel Nuovo Testamento *Éleusis* è anche l'avvento di Cristo. A Eleusi le primitive feste della morte della vegetazione in autunno e della sua rinascita primaverile assunsero un carattere mistico, cioè con un'allusione a una morte e a una rinascita spirituali, per cui si passava dall'oscurità alla luce, dalla morte all'immortalità, riservata agli iniziati. Scrive Sofocle:

> Tre volte felici quei mortali i quali hanno contemplato questi sacri riti, allorché tocca loro di scendere all'Ade; per essi soltanto esiste nel mondo di là una vita; per gli altri non vi sono che affanni e pene.

Una volta si insegnava perfino nei licei, oggi chissà, che questo culto misterico fu importantissimo in Atene prima di passare a Roma, dove la dea venne assimilata a Cerere, divinità latina delle messi. Durò come tutti i culti pagani fino a quando l'imperatore Teodosio I, alla fine del IV secolo, non li dichiarò fuori legge lasciando al solo culto cristiano la libertà di essere praticato. Finiva così la lunga tradizione romana di tolleranza religiosa con il cristianesimo eretto a religione imperiale di Stato; chi si ostinava a venerare gli antichi dèi andava incontro a pene severe non esclusa quella di morte.

Queste somiglianze di funzioni divine, ritualità, culti, tempi e stagioni delle cerimonie descrivono esattamente la continuità di cui parlano sia gli antropologi sia una robusta corrente psicoanalista.

Sì, certo, però con cautela. In queste materie è necessario

tenere sempre presente il principio metodologico che «analogia non è genealogia».

In parole povere?

In parole povere, la somiglianza delle forme non significa necessariamente identità di origine. Ovvero non si possono *sempre* spiegare manifestazioni analoghe o parallele deducendone una derivazione o influsso diretti dell'una sull'altra.

Professore, rapporti e derivazioni tra il culto delle divinità femminili precristiane e quello mariano sembrano innegabili.

Infatti nemmeno io li nego. Contesto solo la tesi che il culto di Maria derivi unicamente da una trasposizione cristiana del culto pagano alle divinità femminili. Gli studi di liturgia comparativa tra il culto delle dee (fenicie, cananee, greche, egiziane, babilonesi, eccetera) e il culto cristiano di Maria mostrano la radicale diversità di quest'ultimo rispetto ai precedenti.

Se leggiamo il capitolo *La Grande Madre degli dèi e il suo seguito*, in *Gli dei e gli eroi della Grecia* di Kerényi, lo studioso che lei ha già ricordato poco sopra, vediamo che non c'è alcuna rassomiglianza tra Maria e la lussureggiante mitologia femminile pagana.

Non si discute. Si tratta infatti di una diversità che salta come si usa dire agli occhi. Però se parliamo di differenze, non solo il culto mariano ma l'intera teologia cristiana è diversa da quella classica e da quella ebraica. Anche il Dio della Bibbia è diverso dal Dio cristiano, anzi è così diverso che ci si è chiesti più volte e autorevolmente come facciano a convivere nella stessa religione due divinità tanto dissimili.

Le dee pagane erano come abbiamo visto una mescolanza di bene e di male, erano buone e malvagie; anche Jahvè me-

scolava elementi contraddittori. È il Dio che per mettere alla prova l'obbedienza di Abramo gli ordina di uccidere suo figlio Isacco; solo quando il coltello sta per affondare nella carne di quell'innocente, interviene un angelo a fermare il braccio omicida. Tra l'altro nessuno si è mai preoccupato del trauma che questa «finta esecuzione» – una tortura diffusa ancora oggi – deve aver provocato nel povero Isacco.

Quando Mosè fa attraversare al suo popolo il mar Rosso, le acque si richiudono sugli inseguitori egiziani, e testimonia Esodo 14,28: «Neppure uno di quelli si salvò». Cioè una strage. Le divinità antiche conoscevano queste contraddizioni, compreso il Dio degli ebrei, per altri aspetti nobilissimo.

Dopo il messaggio di Gesù tutto cambia, ma cambia ancora di più la teologia che su Gesù è stata costruita. Gli dèi antichi rappresentavano la totalità dell'esperienza umana; il cristianesimo l'ha come divisa in due: Dio è solo bontà, il mondo e gli uomini invece sono tentati dalla malvagità raffigurata e concentrata nell'angelo della trasgressione, il diavolo. Credo si possa dire che lo stesso discorso valga per Maria che non conosce malvagità perché «Tota pulchra es Maria», *ripiena di ogni grazia.*

Che vi sia nel cristianesimo una componente dualistica, di opposizione tra bene e male, tra il divino e il diabolico, è indubbio. Accanto a essa però è presente anche la componente che potremmo chiamare monistica – anzi, meglio non-duale, *a-dvaita* come si direbbe in India – per la quale il negativo, il male, non scalfisce la bontà del Tutto, che è Uno e divino. Questa componente è presente da sempre, da quell'Origene che abbiamo più volte ricordato, tanto per fare un esempio, al *Diario di un parroco di campagna* di Georges Bernanos, che, pur avendo ben presente la sofferenza e il male nel mondo, si conclude però con le parole: «Tutto è grazia».

Giustamente lei ricordava infatti Maria, *gratia plena*. Nella sua figura il mondo cristiano vede appunto incarnato quel principio di dolcezza, mitezza, e, insieme, bellezza, che la parola «grazia» esprime anche nella nostra lingua. Principio eminentemente femminile: anche il laico Goethe scrive che «il femminile è la grazia» e conclude il suo capolavoro, il *Faust*, con la invocazione che il *doctor marianus*, cioè san Bernardo, rivolge a Maria e con il celebre verso: «l'eterno femminino ci porta verso l'alto».

Infatti nel culto mariano non v'è nessuna esaltazione della fecondità, né adorazione della donna come simbolo della vita, della sessualità, della potenza generatrice della natura, niente di tutto questo. Non vi sono sacrifici od offerte in suo onore, né sacerdoti o sacerdotesse a lei dedicate, non pratiche sacerdotali di carattere sessuale come gli amplessi rituali frequenti in alcuni culti pagani, o come la prostituzione sacra, famosa quella di Corinto. Rispetto ai miti greci, manca ogni aspetto di natura sessuale.

In conclusione io ritengo che i racconti evangelici di Maria e della nascita di Gesù non possano essere ricondotti a precedenti ellenistici.

Le ricordo che è Giustino Martire, in una delle sue Apologie, *a suggerire il parallelismo tra Gesù che nasce da una vergine con un Padre divino e la nascita di Perseo dalla vergine Danae e da Zeus; del resto potremmo aggiungere che anche Romolo era nato da una vergine e da un dio.*

Non v'è dubbio che il culto mariano, soprattutto dopo l'epoca carolingia, recuperi alcuni tratti delle divinità femminili che la Chiesa stava sradicando ma che continuavano a essere molto sentite a livello popolare. Sotto questo aspetto Maria prende il posto protettivo delle antiche dee. Nella tradizione e nel culto assume però forme molto diverse.

Alcune di esse sono parallele a quelle di divinità precristiane, e anche a dee-madri, altre se ne discostano radicalmente. Il rapporto tra la Grande Madre e Maria va ricercato non tanto sul piano storico, quanto su quello psicologico-simbolico, che è universale.

Nell'ultimo secolo lo sviluppo della psicologia e in particolare della psicologia del profondo di Carl Gustav Jung e della sua scuola ha impresso un approccio nuovo al mito di Maria. Uso qui, come già nell'apertura del capitolo, la parola «mito» in senso tecnico, ovvero come riferimento umano universale indipendente dall'oggettività storica di Maria.
Vediamo dove ci può condurre questo approccio. Personalmente mi rifaccio a Sallustio, beninteso non lo storico romano ma il filosofo neoplatonico del IV secolo, quando afferma: «Una cosa simile non è mai avvenuta, ma avviene sempre».

Cosa vuol dire?
Un approccio di questo tipo rende ragione dell'importanza che la figura di Maria ha avuto e ha ancora, non solo come fonte di consolazione per gli umili, i poveri, i semplici, ma come fonte di riflessione e ispirazione per filosofi e poeti non solo antichi e medievali, ma anche moderni e contemporanei. Cito Rilke, Lorca, Pasolini, Hesse, Brecht, Brodskij e potrei continuare. Punto di partenza è la constatazione che in ogni essere umano coesistono una componente psichica maschile (*animus*) e una femminile (*anima*), ma di questo diremo nel prossimo capitolo.

Siamo anche qui in un mito, quello antichissimo dell'androgino.
Sì, ma lo troviamo anche in uno dei più importanti vangeli apocrifi, quello di Tommaso, dove al capitolo 22 si leggono

queste parole di Gesù: «Quando farete che i due siano uno, e farete sì che l'interno sia come l'esterno e l'esterno come l'interno, e l'alto come il basso, e quando farete del maschio e della femmina una cosa sola, cosicché il maschio non sia più maschio e la femmina non sia più femmina [...] allora entrerete nel regno dei cieli».

Non a caso questo vangelo è stato rifiutato dal canone, infatti a occhio e croce sembra piuttosto pericoloso.

La Grande Madre come lei la descrive finisce per ridursi a un aspetto dell'archetipo femminile.

Certo Maria è uno di questi archetipi. Per essere precisi è l'archetipo del femminile nelle culture cristiane, dove rappresenta la femminilità eterna, la maternità divina che completa l'immagine divina del Padre nell'esperienza profonda della coscienza dei fedeli. Vede, caro Augias, in tutte le culture il femminile ha un ruolo unificante, teso alla riconciliazione degli opposti; Maria non sfugge a questa regola: ragione e affettività, intelletto e amore. «Donne ch'avete intelletto d'amore» canta Dante. Perfino un prete spretato come Lorenzo da Ponte fa dire a Cherubino nelle *Nozze di Figaro*: «Voi che sapete che cosa è amor, donne vedete s'io l'ho nel cor». Questo elemento tutte le religioni lo proiettano simbolicamente nell'aspetto femminile del divino.

Non nell'ebraismo: lì la divinità resta rigidamente maschile.

È vero e non è vero. Nell'interpretazione cabalistica l'immagine di Dio è completata da quella della *Shekinah*, madre, regina, sposa. Nell'albero delle *Sefirot* (emanazioni, manifestazioni divine) ogni attributo maschile del Padre è accompagnato da un corrispondente attributo femminile, non si dimentica la presenza del femminile di Dio nella coscienza umana.

Si tratta di accessori, professore, aggiunte con le quali si è voluta mitigare l'originaria concezione fortemente maschile della divinità quale si manifesta, con ogni evidenza, nella Bibbia.
Le concedo che nel monoteismo occidentale giudaico-cristiano-islamico, forte della sua propensione al logico-astratto, la dea, figura femminile di saggezza (*Sophía*), è stata detronizzata e repressa. Sopravvive, alterata o distorta, nella fata, o nella strega, figure dotate di un sapere arcaico, di poteri magici, buoni e/o cattivi.

La devozione a Maria esprime invece il ritorno alla madre, ovvero all'unità primitiva, ove verginità e maternità, fratello e sorella, spirito e materia, conscio e inconscio si fondono armonicamente in uno.

Qui scivoliamo nel misticismo che è sicuramente un modo legittimo, arrivo a dire nobile, di interpretare il mondo e di specchiarvisi, ma riguarda solo chi ne partecipa mentre resta poco comprensibile a chi ne è estraneo.
Dissento. Noti questa stranezza: il teologo cattolico Karl Rahner, un gesuita, considerava il dogma dell'Assunzione qualcosa di trascurabile nella fede. Lo definiva «una elocuzione marginale del magistero ufficiale della Chiesa». Al contrario uno psichiatra protestante (ma non seguace di alcuna Chiesa) come C. G. Jung considera la proclamazione del dogma dell'Assunta l'evento religiosamente più importante dopo la Riforma protestante, in quanto per la prima volta il mondo cristiano assume il femminile, anche corporeo, nel divino.

Jung aveva le sue ragioni, professore, che non coincidono certo con quelle del misticismo. Il fatto che le conclusioni sembrino analoghe non annulla la diversità delle premesse.

Si può condividere o meno questo approccio, certo è che aiuta molto a spiegare l'importanza che la figura di Maria ha avuto, e tuttora ha, non solo come consolazione per gli umili, i poveri, i semplici di cuore, ma anche come fonte di riflessione e ispirazione per filosofi, poeti, artisti come accennavo poco sopra.

Ognuno è giudice e padrone dei propri sentimenti, siamo in un campo in cui la più estesa libertà dev'essere garantita a tutti.
Certo, anche perché, preciso, non si tratta di prendere Maria come «modello», sia essa la vergine casta, la sposa fedele, la pia vedova, o, figura molto commovente, la madre dolente. Sono stereotipi che hanno come punto di riferimento storico il patriarcato. Non si tratta nemmeno di ripetere le vicende terrene di Maria, vere, presunte o immaginate. Ritengo che questa sia stata una stortura gravissima da parte di una certa educazione cristiana.

Come mai dice questo? Non capisco.
Ma è chiaro, mi scusi. La «sublime perfezione» di Maria così spesso proposta al fedele non favorisce un processo di maturazione, ma, al contrario, lo blocca.

Tanto più quando si tratta di devozione intesa nel senso superstizioso del termine: processioni, preghiere, suppliche, tridui, litanie, novene e via dicendo. Tutte manifestazioni che mantengono in una condizione infantile, o vi riconducono.

Invece lei che cosa propone?
Mi limito a rilevare come la figura di Maria possa guidare nel profondo, tocchi l'inconscio, conduca verso le regioni superiori, verso il cielo, fino a raggiungere un significato

simbolico, dunque universale, non riservato solo a chi è vergine in senso biologico, anatomico. La stessa verginità può essere intesa come un vuoto che è suprema pienezza perché distacco, libertà – dunque verginità come autonomia, il livello ineffabile in cui la verginità diventa positivamente feconda.

Nobile messaggio. Io non riesco a condividerlo. Ma forse qualcuno dei nostri lettori sì.

XIII

Maria femminista

Professor Vannini, c'è un fenomeno che è andato intensificandosi negli ultimi anni e che non possiamo trascurare per l'impatto che ha avuto sull'altra «metà del cielo», come si usa dire, ovvero sul destino delle donne. Come abbiamo avuto occasione di osservare, Maria era associata nei passati secoli della cristianità a un'immagine risoluta, di grande fermezza, vorrei dire «virile» se l'aggettivo non fosse infido. Con l'andare del tempo l'immagine si è come infiacchita, via via sostituita da una Maria molto diversa, vale a dire languida, rassegnatamente malinconica, confinante talvolta con la faciloneria e la credulità, direi «femminile» dando al termine il suo significato più corrivo. Negli stessi ambienti cattolici più avanzati questa trasformazione è stata giudicata negativamente.

Ci si sarebbe dunque potuti aspettare un ritorno al passato, cioè il tentativo di restituire all'immagine della Vergine una rinnovata robustezza. Invece è accaduta una cosa diversa, nel senso che la «robustezza» è in un certo senso stata riproposta senza rinunciare però alla femminilità, anzi recuperando Maria nell'ambito di quella consapevolezza di genere che conosciamo come «femminismo», possente movimento che dagli anni Settanta del XX secolo si è sempre più affermato.

Come possiamo declinare questa rilevante novità in relazione a Maria?

In effetti l'emancipazione femminile nei Paesi occidentali, l'ingresso massiccio delle donne nel mondo delle professioni e della cultura, la conseguente affermazione di una storiografia «di genere», cioè al femminile, ha portato anche a una mariologia al femminile, talvolta decisamente femminista. Questa si è sviluppata soprattutto in Germania, anche perché in quel Paese esiste da sempre una teologia come disciplina accademica, insegnata nelle università di Stato con pari dignità rispetto a tutte le altre. Condizione che non esiste in Italia, dove lo Stato unitario la escluse, condannandola a rimanere appannaggio delle Chiese (al plurale).

Lei tocca un punto delicatissimo che merita a mio giudizio una breve precisazione. La condizione che lei giustamente lamenta deriva dall'anomala situazione italiana nell'insegnamento delle materie religiose. Quando discussi dell'argomento con il professor Remo Cacitti (docente di Storia del cristianesimo antico alla Statale di Milano) mi fece notare come il fenomeno religioso non sia contemplato dal nostro ordinamento didattico. In virtù degli accordi tra la Repubblica italiana e la Santa Sede, l'insegnamento della religione è stato appaltato alla Chiesa cattolica in tutte le scuole, a eccezione dell'università. La conseguenza è che la catechesi confessionale si sostituisce all'insegnamento pubblico, gravissima deviazione dalla libertà d'insegnamento garantita dalla Costituzione (Art. 33). In quasi tutte le università italiane esistono corsi in area storico-religiosa. Eppure questo patrimonio di conoscenze, che ha anche da noi una notevole tradizione di ricerca, rimane quasi sempre inutilizzato poiché nessun laureato in queste discipline può andare liberamente

a insegnare ciò per cui è stato formato. Scusi la deviazione ma il fatto è troppo grave per poterlo trascurare.
Ha ragione. Purtroppo viviamo in un Paese in cui il fatto religioso si trova ancora stretto tra l'incredulità laico-positivista dei tempi in cui si fece l'unità d'Italia e il confessionalismo istituzionale. Ma torniamo a Maria. La mariologia cui facevo cenno intende rileggere questa figura «dalla parte delle donne», ovvero in un'ottica sottratta a quello che viene giudicato il maschilismo dell'istituzione ecclesiastica.

Su quali punti di partenza, fondamenti teorici, su quali testi, si basa questa nuova mariologia?
Comincio dai tempi più remoti. Secondo una teoria alla quale abbiamo già accennato, è esistita una società storica (o preistorica) del matriarcato, che precede quella patriarcale degli ultimi tre millenni (circa). Ovviamente una teoria discutibile, anche se ha dalla sua notevoli supporti archeologici, antropologici e propriamente storici.

Sia nella mitologia sia nella tragedia greca, sono evidenti le tracce di un matriarcato che ha preceduto la società patriarcale. Si veneravano divinità femminili, soprattutto della fecondità, della vita: le grandi dee, o dee madri. Un'idea di divino al femminile che si presentava come materno, accogliente, pacificante, a differenza di quello al maschile con divinità guerriere, aggressive, sanguinarie.

Se è per questo professore, non mancano esempi di dee madri che si presentano con analoghi caratteri di aggressività.
Sicuramente e anche su questo abbiamo già detto qualcosa. In realtà la tesi poggia su idee preesistenti dell'antropologia e della psicologia. Per esempio l'idea che nel matriarcato non esistesse la proprietà privata, fonte di cupidigia e di lotta, bensì il possesso comune della terra; soprattutto che

non esistesse la famiglia monogamica strettamente collegata all'idea di proprietà, bensì un'ampia libertà sessuale, ove la donna-madre, con più «mariti», governava pacificamente una sorta di famiglia allargata, come la chiameremmo oggi. Idee di cui ritroviamo tracce nel marxismo (Friedrich Engels), nella psicoanalisi (Erich Fromm), nell'antropologia culturale (Bronisław Malinowski).

Queste teorie si basavano sul fatto che la femmina umana, come in tutte le altre specie, era visibilmente colei che trasmetteva la vita e dava alla luce un nuovo essere.
Infatti, quando si capì il ruolo del seme maschile nel processo generativo, i ruoli si rovesciarono e lo sperma divenne il vero fattore della procreazione, mentre alla donna rimase solo il ruolo di «nutrice» (così per esempio Aristotele).

La società patriarcale, con l'affermazione della proprietà privata e lo sfruttamento dell'uomo sull'uomo, concepisce anche le relazioni sessuali in termini di possesso dell'uomo sulla donna («possedere» è il verbo che indica l'atto sessuale da parte dell'uomo). Il comandamento mosaico da questo punto di vista è esplicito: «Non desiderare la donna *d'altri*», cioè che appartiene ad altri. Come abbiamo già detto, in Esodo 20,17 leggiamo: «Del tuo prossimo non desidererai la casa. La donna, la serva, il bue, l'asino, niente che appartenga a lui», ove la donna è indicata come un possesso accanto alla casa e all'asino. In tale società si esercita la massima repressione sessuale, tanto sui maschi quanto sulle femmine, di cui diventa essenziale la verginità prematrimoniale.

C'è una possibile conseguenza di queste teorie sul tema della nostra discussione se si dà all'Antico Testamento, come fa qualcuno, un valore di testimonianza della lotta del patriarca-

to – un dio unico, maschio, aggressivo – contro il precedente matriarcato con le sue numerose e pacifiche dee. I profeti tornano con insistenza sui mali del politeismo e sui culti delle dee della fecondità, accusate di prostituzione. Il re David danza seminudo con delle giovani davanti all'Arca dell'Alleanza, probabile ricordo delle danze orgiastiche del matriarcato essendo «l'Arca» un chiaro simbolo del ventre materno. La stessa Maria è stata poi associata all'Arca: foederis arca*, arca dell'alleanza, la chiama una delle litanie lauretane.*

Se ci mettiamo su questa strada, anche i testi fondativi dell'intero libro sacro, come la Genesi, testimonierebbero in modo analogo.

Per esempio, la storia di Eva, nata dopo l'uomo e da una sua costola, raffigurerebbe un mito che stabilisce il primato del maschio sulla femmina – al contrario della verità, dato che è la donna a generare, non l'uomo.

Anche il cosiddetto «peccato originale» servirebbe a questo scopo: accusare lei, Eva, di una colpa ancestrale dalla quale deriva la sofferenza umana, tenendo così la donna in posizione subordinata.

Il cristianesimo (ma non Gesù) avrebbe ereditato queste concezioni maschiliste, del resto comprensibili in tribù arcaiche dedite alla pastorizia.

A voler seguire queste teorie, Maria sarebbe allora davvero solo l'ultima incarnazione di quelle dee madri proprie dell'umanità prima dell'avvento del patriarcato. Il suo simbolismo avrebbe origini precristiane e anche i dogmi che la riguardano – verginità perpetua, maternità divina, Immacolata Concezione, Assunzione – sarebbero comuni alle religioni esistenti molto prima del cristianesimo.

Se estendiamo queste teorie fino alle loro ultime conseguenze, potremmo in effetti arrivare a questa ipotesi.

Ma c'è un ultimo elemento importante da aggiungere per capire appieno l'interpretazione femminista di Maria. Come abbiamo già accennato, lo troviamo nella cosiddetta psicologia del profondo, ovvero in Jung e nella sua scuola. Secondo questa teoria l'elemento psicologico maschile (*animus*) incarnerebbe il razionale, il logico, il conscio; mentre apparterrebbe al femminile (*anima*) il mitologico, il simbolico, l'inconscio. E sarebbe quest'ultimo l'elemento più ricco, profondo, vitale, della psiche umana.

La ringrazio di questa premessa che credo sia servita a chiarire alcuni aspetti introduttivi. Ora la domanda è a quali esiti possa condurre l'attuale lettura femminista della Scrittura e del simbolo mariano.

Il primo è, abbastanza ovviamente, la ripulsa di Maria come descritta in una certa tradizione ecclesiastica. Una teologa dei nostri giorni, Christa Mulack, nel suo saggio *Maria, vergine e ribelle: la dea nascosta del cristianesimo*, la descrive crudamente in questi termini: «Quell'essere di gesso della grotta di Lourdes, occhi bassi, corpo nascosto fino ad essere irriconoscibile: desessualizzazione più umiltà, simbolo creato [dai maschi] per insegnare alle represse l'autorepressione, alle insicure l'autocensura, alle sfruttate l'autosfruttamento».

La seconda possibile conseguenza è meno ovvia e più interessante. In un'ottica femminista Maria (che è pur sempre una donna!) incarna il femminile e i suoi valori, che sono appunto più ricchi del maschile. Lontana dall'essere una statuina di gesso, è una donna vera, capace di lottare – Miriam può anche significare «la ribelle», in una delle molte possibili interpretazioni del nome! Sotto questo profilo Maria, e non il dio-maschio, sarebbe la divinità più «vera» del cristianesimo – il quale, peraltro, sembra averla smarrita nei secoli e potrebbe in certo senso rigenerarsi riscoprendola appieno.

Mi paiono idee discutibili, nel doppio senso che si può dare a questa espressione, cioè «dubbie» o «che vanno discusse». Forse bisognerebbe appunto discuterne e poiché si parla spesso, anche in termini vivaci, dello sforzo di rinnovamento che la Chiesa dovrebbe fare, sembrerebbe opportuno che in quello sforzo rientrasse anche il riesame della figura di Maria tanto più che quest'ottica sembra aprire prospettive interessanti sulla lettura del vangelo, sulla figura in questione e perfino sulla storia del cristianesimo.

Partiamo dalla constatazione che la parola «Spirito», maschile in latino e nelle lingue europee moderne, è neutro (*Pneûma*) in greco ma soprattutto è femminile (*Ruach*) in ebraico.

La vergine Maria, fecondata dallo Spirito-Dio sotto forma di colomba, concepisce dunque dal femminile, non da un maschio. È libera dal predominio e dal condizionamento maschile: «Non conosco uomo» vuol dire questo. Infatti, sarà lei a dare nome al bambino, come pure era accaduto alla madre del Battista, sottraendo così al padre quello che era un suo preciso e fondamentale diritto.

Nella mentalità antica, biblica in particolare, denominare significa dominare. Invece qui il padre, Giuseppe, non conta nulla: deve solo servire.

Maria è vergine in quanto sottratta al «possesso» maschile; la sua verginità evidentemente è solo simbolica. Lo avevano capito certi gruppi gnostici, aspramente combattuti dalla Chiesa dei primi secoli, che sottolineano come Gesù abbia per «padre» una «Madre», *Ruach* (o *Sophía*) *Chokhmah*, la Sapienza divina (femminile anch'essa!), che, nella Bibbia latina detta «Vulgata», viene detta «*ab aeterno ordinata*», presente già alla creazione, coeterna al Creatore (Proverbi 8,23 ss.).

Nell'interpretazione femminista la verginità è un valore in quanto padronanza di se stesse. Verginità, dunque, come libertà – vuoto e libero sono equivalenti in molte lingue, anche in italiano – e dunque disponibilità. Verginità peraltro feconda, in quanto con-tenersi, più che as-tenersi. È la verginità della Madonna di Guadalupe, non a caso presa a simbolo della lotta di liberazione delle plebi oppresse in Messico e in tutta l'America latina.

Non devo certo ricordare a lei quanto siano numerose nelle religioni le divinità nate da una vergine.

Lo stesso Buddha sarebbe nato non da una vergine ma comunque senza intervento di un padre naturale. Per non dire della mitologia greca dove troviamo le amazzoni, vergini guerriere, devote della vergine Artemide, fondatrici di quella città di Efeso che sarà poi centro di culto mariano! Quando, nel V secolo, gli efesini applaudirono Cirillo e la proclamazione del dogma della divina maternità di Maria al grido di «Sia lodata la *Theotókos*!», stavano in realtà riaffermando la mai sopita fede nella Grande Madre Artemide, sul cui tempio era stata costruita la chiesa dedicata a Maria.

Dirò di più, nella religione antica, pregiudaica e precristiana, verginità e maternità non erano disgiunte: la verginità era sempre feconda e la fecondità verginale. Si pensi a Era, che riconquista con un bagno la verginità perduta; o alla Giunone romana patrona sia delle vergini sia delle spose: *Juno virginalis*, *Juno matronalis*.

La Astarte babilonese non aveva fedeltà, le sue sacerdotesse (ierodule) compivano l'atto sessuale come atto di per se stesso sacrale, prostituzione sacra. Anche nella Bibbia, del resto, il re Giosia nella sua riforma cultuale abbatte le «case infami, ovvero di prostituzione, attigue al Tempio del Signore, dove le donne tessevano tuniche per Ascera-Astarte» (2Re 23,7).

Ma è soprattutto Iside, la dea madre che assorbe le altre figure femminili (Hathor, Demetra, Afrodite, Era), a mostrare le maggiori affinità con Maria: è madre del figlio divino; madre-sposa del dio morto e resuscitato; ama, dona, aiuta, protegge, salva, fin nel regno dei morti. Il suo culto aveva preti, liturgie, digiuni, litanie; era universale e non etnico come quello di Jahvè. «*Isis*» significa «seggio, trono», questo trono è il suo grembo in cui tiene Horus, il fanciullo divino.

Ancora una volta, si potrebbe continuare.

La Chiesa cattolica, con le sue accentuate caratteristiche maschili, ha compiuto lo stratagemma di identificarsi con Maria («Madre Chiesa») trasferendo su di sé la venerazione che spettava alla donna e continuando nello stesso tempo a tenere sottomessa la donna stessa.

Ricordo che il domenicano Jacob Sprenger, coautore di quel Malleus maleficarum *(Martello delle streghe), feroce manuale per la lotta alla stregoneria, era nello stesso tempo colmo di pregiudizio antifemminile e devotissimo della Vergine.*

Per contro, nella Chiesa ortodossa, in particolare quella russa, la venerazione di Maria non è stata mai veramente separata da quella della Terra madre, anche rispetto e amore per la donna sono sempre stati superiori a quelli dell'Occidente.

Il dogma dell'Immacolata Concezione, come abbiamo ricordato, fu voluto fortemente dal popolo e non si trattava solo dell'ingenua pietà dei semplici, come vorrebbe un superficiale giudizio. Vi affiora la necessità di contraddire il male che la donna incarnerebbe al punto da meritarsi l'attributo di *Ianua Inferi*, porta dell'inferno.

Il popolo ha sempre rifiutato la contrapposizione Eva-Maria sostenuta dai teologi.

Eva e Maria si devono unire, non contrapporre: la prima è la donna che porta verso la conoscenza con il mito dell'albero della conoscenza del Bene e del Male, senza il quale, come scrive Hegel, il paradiso terrestre sarebbe solo un giardino zoologico. Maria è la donna che libera dalla servitù, colei che compare in quel grande canto di libertà che è il *Magnificat.*

Sembra comunque innegabile che Maria erediti alcune caratteristiche delle antiche divinità femminili persino nella sua iconografia: l'Immacolata tiene sotto i piedi il serpente, ha la luna accanto, attorno al capo una corona di stelle.

È certamente così. Il serpente rimanda alla maledizione divina che leggiamo nella Genesi 3,15: «Io porrò inimicizia tra te e la donna [...], questa ti schiaccerà la testa e tu le insidierai il calcagno». Ma in un certo senso fornisce anche la base su cui Maria poggia, sembra quasi convivere con il rettile senza ostilità. Il serpente è un simbolo antichissimo di vita che si rinnova, mutando pelle, di vita eterna nel suo stare in cerchio, mordendosi la coda (*ouroboros*). Simbolo di guarigione, di energia vitale: adorna la verga di Esculapio, dio della medicina, come è ancora oggi nel simbolo dell'Ordine dei medici. È simbolo di saggezza («Prudenti come serpenti» (Mt 10,16), dice anche Gesù). Copre, proteggendola, la testa del Buddha; adornava la fronte dei faraoni, facendoli intermediari tra il cielo e la terra. Simbolo della terra, in cui vive, e della sua forza rigeneratrice. Erano adorne di serpenti le statue di certe dee cretesi, tuttora viene adornata di serpenti (vivi!) la statua di san Domenico che in primavera si porta in processione a Cocullo, in Abruzzo: festa che eredita l'antichissimo culto dei serpenti della Marsica.

Ancora più scoperto il simbolismo della luna legato com'è al ciclo mestruale femminile.

Bisogna ricordare che l'aggettivo *menstruus* in latino significa per l'appunto mensile. E che tuttora nelle lingue anglosassoni e germaniche i nomi della luna sono derivati da mese, o viceversa. Si dice *month*, *Monat* per «mese» e si dice *moon*, *Mond* per «luna». Di più, lo stesso concetto di mese viene dalla luna, non dal sole! Le quattro settimane delle fasi lunari che influenzano la vegetazione, la crescita, le maree.

Luna, mese, mestruo, tutto è collegato concettualmente al ciclo femminile.

La luna è simbolo di Artemide, di Iside, e le sue fasi simboleggiano il ciclo stesso della vita: la falce di luna crescente la verginità, la giovinezza (la vergine Artemide); la luna piena la fecondità, l'amore che rinnova le generazioni; la luna nuova la morte, gli Inferi (di cui Iside è signora), da cui però si risorge, si rinasce, per un nuovo ciclo di vita (Demetra, Persefone).

La luna simbolo di pienezza, della interrelazione che tutto lega. L'interpretazione femminista, che sto esponendo, dice che Maria, ovvero il femminile, materno e tuttavia verginale, senza macchia (immacolato) compie quel che non è riuscito a compiere il Figlio: la riunificazione degli opposti.

Credo però che sia il dogma dell'Assunzione in cielo a richiamare, più di ogni altro, le antiche dee, che erano Madri della terra ma anche del cielo.

Se guardiamo alle mitologie più antiche troviamo figure come Hathor, Nut, Iside, tutte dee che hanno creato il loro generatore. La luna, le stelle, i corpi celesti di notte sono infatti simboli antichissimi del femminile nel suo aspetto spirituale. Contro queste antiche divinità astrali combatte il Dio creatore narrato dalla Genesi; appendendo gli astri in cielo come lampade (Gen 1,14-18) intende spodestare l'antica regina del cielo. Anche l'evangelista Matteo, che scrive per gli ebrei, fa adorare Gesù dai magi, che hanno seguito la stella, ovvero dagli astrologi, seguaci di quelle religioni astrali proibite dalla classe sacerdotale ebraica, che difendeva il suo monoteismo maschilista.

Nel VII secolo a.C. il profeta Geremia combatte il culto della «Regina del cielo», che non vuole sacrifici cruenti, ma solo focacce e vino, «frutto della vite e del lavoro dell'uomo». Viene ovviamente da pensare al rito dell'eucarestia cristiana, nella quale il pasto simbolico indica la comunione con la divinità, proprio come in quegli antichissimi culti.

L'autore dell'Apocalisse, consapevole o meno, ripresenta una di queste figure quando parla di una donna rivestita di sole con il ventre gravido. La donna ha ripreso il suo posto di regina e mentre ostenta la sua potenza di madre mostra d'aver fatto suo il sole, tradizionale simbolo maschile. Non a caso Lutero, che aveva buon fiuto, intuì che quella dell'Apocalisse era una figura pagana.

Con un balzo fuori dal tema, ricordo che il carcere giudiziario di Roma è appunto intitolato alla «Regina Coeli», invocazione che ricorre spesso nei canti liturgici dove s'invoca Maria «O regina del ciel».

Abbondanti le rappresentazioni musive e pittoriche. Per esempio il notissimo mosaico di santa Maria in Trastevere dove si vede Maria in trono, regina del cielo, col figlio accanto. O la tela assai meno nota, ma molto rappresentativa, dell'Immacolata Assunta e Incoronata, di autore ignoto del secolo XVIII, che si conserva nella chiesa madre di Santa Maria di Licodia, in provincia di Catania. Gli esempi sarebbero innumerevoli.

È la donna che porta in grembo l'umanità: per questa sua prerogativa, di cui nessun uomo può privarla, essa incarna il divino e lo porta nel mondo. Ecco il significato profondo della parola più volte citata: *Theotókos*, madre di Dio.

La natura ha dato alla donna questa facoltà. L'uomo è svantaggiato dalla natura, invidia la capacità della donna di generare, allattare, e cerca una compensazione col Logos. *Enûma Eliš*, il poema babilonese della creazione, recita infatti: «Dato che l'uomo col suo corpo non può generare niente, deve farlo in altro modo: produrre qualcosa con la bocca, la parola, il pensiero».

L'Assunta è il simbolo cristiano che più di ogni altro rivela il femminile divino. Le donne possono riscoprirvi l'antica certezza sulla loro capacità di unire la terra e il cielo. Molto significativa a riguardo è la statua che si trova a Parigi, nel Museo nazionale del Medioevo di Cluny, la cosiddetta *Vierge ouvrante*: una Madonna cui si apre il ventre con uno sportello e appare l'intera Trinità – un'immagine, ovviamente, censurata.

Con la venerazione della madre di Dio, vergine e assunta in cielo, si compie il ritorno della Dea Madre, di cui si recuperano nomi e forme.

Non il Logos, il pensiero, ma l'amore, la misericordia, è il principio di tutto: la dedizione d'una madre, compresa la sua partecipazione al dolore dell'umanità sofferente. Su quella del rigore prevale cioè una morale del cuore, dell'amore, della compassione.

Mi sembra questa una riflessione degna di tutto rispetto, femminista o no che sia.

XIV

Le altre Marie

Nelle Sacre Scritture compaiono numerose donne che si chiamano Maria. Non sempre è facile distinguere l'una dall'altra perché i testi sono a volte imprecisi o contraddittori. Anche a causa di queste imprecisioni, tali figure sono state alterate fino ad allontanarsi in maniera anche notevole dal personaggio, o modello, di partenza.

La prima Maria di cui abbiamo notizia compare nell'Antico Testamento, libro dell'Esodo, dove si narra della prigionia degli ebrei in Egitto. Maria (Miriam) è la sorella maggiore di Mosè e Aronne. È lei che sorveglia che cosa potrebbe accadere al piccolo Mosè quando sua madre lo depone in un canestro sulle rive del Nilo. La figlia del faraone, scesa al fiume con le ancelle per fare il bagno, s'avvede del bambino e, commossa dal suo pianto, incarica una schiava di prenderlo.

Maria esce allora allo scoperto e le parla (Es 2,7): «La sorella del bambino disse allora alla figlia del faraone: "Devo andare a chiamarti una nutrice tra le donne ebree perché allatti per te il bambino?"». È con questo stratagemma che Mosè può tornare tra le braccia e al seno di sua madre.

Maria ha poi un ruolo durante il miracoloso attraversamento del mar Rosso (sempre in Esodo 15,19-21):

Mosè e i figli d'Israele cantarono questo cantico quando i cavalli del faraone, i suoi carri e i suoi cavalieri entrarono nel mare, e il Signore fece ritornare su di loro le acque del mare, ma i figli d'Israele camminarono sulla terra asciutta in mezzo al mare. Allora Maria, la profetessa, sorella d'Aronne, prese in mano il timpano e tutte le donne uscirono dietro a lei, con timpani e danze. E Maria rispondeva:
«Cantate al Signore,
perché è sommamente glorioso:
ha precipitato in mare
cavallo e cavaliere».

Nella tradizione successiva Maria mantiene questo ruolo di profetessa insieme ai suoi due fratelli. E nel Nuovo Testamento, professor Vannini?
Nel Nuovo Testamento sono citate sette Marie; almeno due però, se non di più, sono la stessa persona per cui il numero totale rimane incerto. A parte Maria madre di Gesù ricordo, di passaggio, due Marie di rilievo marginale. Una è Maria di Gerusalemme, la cui dimora viene utilizzata come luogo di riunione dai discepoli dopo la morte di Gesù (At 12,11-17). Un'altra compare come collaboratrice di san Paolo, ed è salutata insieme a molte altre persone nella chiusa della celebre Lettera ai Romani con le parole: «Salutate Maria, che ha faticato molto per voi» (Rm 16,6).

C'è poi Maria di Betania, sorella di Marta e di Lazzaro, una delle protagoniste del commovente episodio della resurrezione di Lazzaro, per la cui morte Gesù aveva pianto. Luca (10,38-40) la descrive seduta ai piedi di Gesù, intenta ad ascoltare la sua parola, mentre la sorella Marta si dà da fare in casa e anzi si risente del fatto di essere da sola a lavorare.

Alle sue rimostranze, Gesù dice che Maria «ha scelto la parte migliore, che non le sarà tolta». Così, nell'interpretazione dei Padri della Chiesa e poi per tutto il Medioevo, Maria diventa il simbolo della vita contemplativa, e sua sorella di quella attiva. In questi rispettivi ruoli le due donne sono scolpite nello splendido portale nord della cattedrale di Chartres.

In una versione per certi versi parallela, Giovanni (12,1-7) descrive Maria mentre unge con olio pregiato i piedi di Gesù, asciugandoli coi suoi capelli, mentre Marta serve. Qui è Giuda, il futuro traditore, che fa delle rimostranze dicendo che l'olio pregiato si poteva vendere per darne il ricavato ai poveri; Gesù però la giustifica, con le parole diventate celebri: «I poveri li avrete sempre con voi, ma non sempre avrete me».

C'è poi una misteriosa Maria di Cleofa...
Misteriosa non proprio, sicuramente sfuggente nel senso che viene citata solo da Giovanni (19,25) come una delle donne ai piedi della croce. Secondo alcuni studiosi è da identificarsi con l'altra Maria, madre di Giacomo il Minore e di Giuseppe, che compare nei vangeli anch'essa ai piedi della croce citata da Marco (15,40) e da Matteo (27,55-56), per poi ricomparire come testimone alla sepoltura di Gesù, alla tomba vuota e alla prima apparizione del Risorto.

E veniamo finalmente alla Maria più importante dopo la madre di Gesù. Anzi, se dovessimo tralasciare la teologia e giudicare in base al numero delle citazioni, dalla letteratura e dalle leggende sviluppatesi su di lei, la diremmo ancora più importante. Questa Maria ha un ruolo particolare nei vangeli canonici, cresce ancora in quelli apocrifi, la sua storia diventa così abbondante nelle leggende medievali da arrivare fino ai nostri giorni sull'onda di infinite rappresentazioni pittoriche e romanzesche. Parlo ovviamente di Maria di Magdala detta comunemente la Maddalena.

Preciso in primo luogo che Magdala è la località dalla quale proviene, un villaggio, al più una cittadina, collocata sul mare di Galilea, o lago di Tiberiade che dir si voglia. I vangeli la nominano ben dodici volte, molto di più di tutte le donne che seguivano Gesù o appartenevano in un modo o nell'altro alla sua cerchia, ivi compresa sua madre.

Luca la cita (8,1-3) come la prima tra le donne che Gesù aveva guarito «da spiriti cattivi ed altre infermità» e che, insieme a molte altre, partecipava alla vita itinerante di lui.

Questo dettaglio, aggiungo, ci dice che tra i seguaci di Gesù c'erano numerose donne, che alcune di queste avevano ruoli precisi e che in qualche caso erano di condizione agiata come dimostra il fatto che nella dimora di Maria di Gerusalemme, da lei citata, si radunavano i seguaci di Gesù. Anche se non si trattava di moltitudini, doveva comunque essere un gruppo di alcune decine di persone, per cui la dimora doveva avere una dimensione adeguata. Queste donne hanno avuto un ruolo importante conservato anche nel primo cristianesimo per poi essere soppresso da una diversa tradizione.

Posso aggiungere un ulteriore elemento. Al momento della cattura di Gesù, i discepoli fuggono mentre le donne restano accanto a lui. La Maddalena è la prima che Marco e Matteo citano come presente sul Calvario, alla sepoltura e poi, la mattina dopo il sabato, quando si reca con altre donne al sepolcro per ungere il corpo di Gesù.

In Giovanni la presenza della Maddalena è ancora più rilevante. L'evangelista non dice che Maria osserva «da lontano», come le altre donne (Mc 15,40), la pone invece ai piedi della croce insieme alla madre di Gesù, alla sorella di lei (secondo alcuni sarebbe Maria di Cleofa) e al «discepolo che Gesù amava», che si suole identificare con Giovanni stesso.

Nella descrizione di questa scena, peraltro fondamentale, i tre vangeli detti «sinottici» (Marco, Luca, Matteo) e il quarto vangelo (Giovanni) danno versioni discordanti.
È vero, fatto salvo però un dettaglio, appunto la presenza di Maria Maddalena. In Giovanni, poi, lei è la sola che si reca al sepolcro la mattina presto, quando è ancora buio, ed è lei a scoprire la pietra rimossa e il sepolcro vuoto, è ancora lei che corre a chiamare Pietro e il «discepolo che Gesù amava» per poi fare ritorno al sepolcro. Ma c'è un particolare ancora più significativo: i discepoli, avendo visto le bende per terra e il sudario in un angolo, se ne vanno perché «non avevano compreso la Scrittura». La Maddalena invece resta in lacrime vicino al sepolcro ed è lei a vedere per prima il Risorto che la chiama per nome: «Maria!». Allora lei lo riconosce e gli risponde: «Maestro!» (Gv 20,1-16).

Mi vorrei soffermare brevemente su questo episodio. Gesù appare dunque alla Maddalena. È la prima volta che si manifesta dopo la morte. Si potrebbe obiettare, ed è stato fatto, che la Maddalena era talmente presa o innamorata di lui, da un punto di vista religioso, filosofico o amoroso, amichevole o sensuale, o comunque si voglia ipotizzare il loro rapporto, era così dolorosamente sconvolta dalla sua morte, che crede di vederlo in una di quelle che sono state definite visioni isteriche o allucinazioni. In altre parole un portato del desiderio, una potente proiezione dell'inconscio.

Non è impossibile che la Maddalena fosse davvero convinta d'aver visto Gesù e che lo stesso accada in seguito ai

discepoli. Dal punto di vista storico, religioso o antropologico, è chiaro che il veggente «vede» solo ciò che gli permettono di vedere gli schemi culturali che possiede o le emozioni e i sentimenti più forti.
Capisco il suo punto di vista, ma la seguo fino a un certo punto. Sa perché? Per le ragioni che esporremo nel capitolo seguente e che mi pare lei condivida. In parole povere, si tratta di ipotesi senza fondamento né prova, dunque indiscutibili, nel senso letterale del termine: non possono essere discusse su un piano razionale.

Sono indiscutibili infatti. Sia in un senso sia nell'altro. Volevo solo ricordarlo.
Dopo il riconoscimento, Gesù intima alla donna di non toccarlo con parole diventate proverbiali: «*Noli me tangere*». Aggiunge di non essere ancora asceso al Padre, le ordina invece di annunciare ai discepoli la sua resurrezione. Perciò la Maddalena ha il ruolo tutto speciale di prima testimone e annunciatrice dell'evento cruciale della storia del cristianesimo: la resurrezione.

Paolo però non è dello stesso parere, nel senso che non dà alla Maddalena un ruolo di tale rilievo.
Se è per questo Paolo non menziona mai la Maddalena, neppure tra i testimoni della resurrezione di Gesù; neanche gli Atti degli apostoli la ricordano tra le donne della prima comunità cristiana dopo la morte del maestro.

Invece gli apocrifi le riservano un ben diverso trattamento, evidenziando un contrasto che doveva esser sorto nella primitiva comunità intorno al primato di Pietro o della Maddalena stessa. In particolare sono i testi gnostici a conferirle un ruolo privilegiato. Nel *Vangelo di Filippo*, in cui Maria Maddalena è incarnazione della Sapienza celeste, si legge:

> Compagna di Cristo è Maddalena. Il Signore amava Maria più di tutti i discepoli e la baciava spesso sulla bocca. Gli altri discepoli allora gli dissero: Perché ami lei più di tutti noi? Il Salvatore rispose e disse loro: «Perché non amo voi tutti come lei?».

Da questi famosi baci sulla bocca è nata una complessa, articolata leggenda che credo valga la pena di raccontare.
Vorrei prima completare il quadro con una precisazione. Il testo va interpretato considerando che il bacio sulla bocca non aveva necessariamente una connotazione erotica come presso di noi oggi. Poteva essere un gesto di amicizia, com'è tuttora presso alcuni popoli slavi, anche tra persone dello stesso sesso...

Infatti ricordo il celebre bacio sulla bocca che nel 1979, in occasione dei festeggiamenti per il trentesimo anniversario della Ddr, si scambiarono il leader sovietico Brežnev e il presidente della Germania dell'Est Erich Honecker. Una scena diciamo pure imbarazzante, allora assai commentata.
Impropria, secondo la nostra sensibilità, però ha fatto bene a ricordarla. In quel bacio non vi erano certo componenti erotiche. Vorrei tornare però alle parole «compagna di Cristo è Maddalena» del *Vangelo di Filippo*. Il greco *koinonós*, che di solito si traduce con «compagna», può voler dire sì consorte, ma in primo luogo indica chi ha una *koinonía*, cioè una comunanza di un qualche tipo, che può anche essere una società di affari.

C'è però un altro dettaglio che fa propendere per un rapporto speciale tra Gesù e la Maddalena. Nello gnostico Vangelo di Maria, *dopo l'Ascensione, la donna rincuora i discepoli smarriti e Pietro le si rivolge con le parole: «Sorella, sappiamo che*

il Salvatore ti amava più delle altre donne. Dicci le parole sue che ricordi e che tu, non noi, conosci».
Sì certo, il testo registra questo dissidio che del resto si amplia coinvolgendo altri personaggi. Andrea non crede alla donna e anche Pietro non ammette che lei «sia stata preferita a tutti noi». Allora Levi lo corregge: «Se il Signore l'ha fatta degna, chi sei tu per rifiutarla? Certamente il Salvatore la conosce molto bene; perciò l'ha amata più di tutti noi». Sul conflitto tra Pietro e la Maddalena è significativo quanto scrive il testo gnostico del III secolo intitolato *Pistis Sophía*, nel quale la donna dice a Gesù: «Temo Pietro; egli è solito minacciarmi e odia il nostro sesso».

Queste contese e altre, anche più accese, come quella celebre tra Pietro e Paolo, non mi dispiacciono. Aggiungono un tocco di umana verità a resoconti che rischiano altrimenti di apparire banalmente edificanti. Sono uomini, stanno fondando una nuova corrente dell'ebraismo, sono coinvolti in un'impresa eccezionale, è umano che abbiano opinioni differenti, su quella donna come su molte altre cose. Divergenze sicuramente nobili, certo più elevate di quelle sui criteri di trasparenza di una banca.
A partire più o meno dal III secolo, la figura di Maria Maddalena si confonde con quella di altre donne, soprattutto con quella della peccatrice che in casa del fariseo piange e unge i piedi di Gesù col profumo, o con quella della sconosciuta che, in casa di Simone il Lebbroso, versa il profumo sul capo di Gesù; o anche con quella di Maria di Betania, che nel vangelo di Giovanni unge i piedi di Gesù con l'unguento e li asciuga coi suoi capelli. Così la Maddalena assume i tratti della prostituta che con le lacrime del pentimento riscatta il suo peccato: molto le è perdonato perché molto ha amato, come scrive Luca (7,47). Tale identificazione di

Maria Maddalena con Maria di Betania e con la peccatrice del racconto di Luca diventa canonica in Occidente con le *Omelie sui vangeli* di papa Gregorio Magno (VI secolo).

Il suo culto si diffonde nella seconda metà del secolo XI, a partire dall'abbazia benedettina di Vézelay, in Borgogna, intitolata appunto a santa Maria Maddalena; i monaci sostenevano di custodire il corpo della donna, portato dalla Provenza. Una leggenda, infatti, di epoca non precisabile, sosteneva che la Maddalena era approdata dalla Palestina in Provenza, insieme a Marta, Lazzaro e altri compagni, menandovi poi vita eremitica.

E qui s'innesta la storia che darà spunto sia all'ulteriore leggenda del Santo Graal sia all'astuto romanzo di Dan Brown Il codice da Vinci.

Quel racconto lo lascio a lei che ha avuto occasione di occuparsene. Nel XIII secolo Carlo d'Angiò, conte di Provenza e futuro re di Napoli, rinvenne nella cripta della chiesa di Saint-Maximin, oggi nel dipartimento francese del Varo, un corpo identificato con quello della Maddalena. Ne sorse un'aspra disputa con i monaci di Vézelay, ma si confermò comunque la presenza della donna in Francia per cui ebbe inizio, via via ampliandosi, un'intensa pratica di pellegrinaggi diretti ai numerosi santuari maddaleniani. Alla fine del secolo, la celeberrima *Legenda aurea* del domenicano Jacopo da Varazze dette contorni definitivi alla storia della Maddalena approdata in Provenza a predicare, operare prodigi, scegliere vita di penitenza in una grotta, vicino a Saint-Maximin, fino all'apoteosi dopo la morte. Il paese Saintes-Maries-de-la-Mer, sulla costa della Provenza, sarebbe l'approdo della donna in fuga dalla Palestina insieme con altre Marie e numerosi compagni, tra cui Lazzaro, pronti a diffondere la nuova fede nella regione.

L'identificazione delle «tre Marie» in una sola donna fu confutata definitivamente agli inizi del XX secolo dall'erudito domenicano francese padre Marie-Joseph Lagrange. La Francia è comunque il luogo dove il culto della Maddalena ha avuto maggiore risonanza. Con riferimento alla sua storia, divenne patrona dei profumieri, dei parrucchieri, dei fabbricanti di cosmetici; ma soprattutto patrona delle prostitute pentite. Alla Maddalena furono intitolati numerosi istituti volti al recupero delle donne perdute – le «maddalene», appunto – divenuti spesso luoghi di internamento coatto. Tali istituti si sono diffusi dappertutto: anche di recente è scoppiato uno scandalo sullo sfruttamento delle «maddalene» in un istituto irlandese.

Nella *Legenda aurea*, poi nella letteratura devozionale e nel teatro religioso, Maria Maddalena è una donna di elevata condizione sociale e culturale, descritta con i tratti di colei che si dà non per denaro, ma per amore. Questo ne ha fatto un modello dell'amore di Dio, ovvero della penitenza e della conversione dall'amore profano a quello sacro: alla Maddalena di Donatello (Battistero di Firenze), emaciata immagine di penitenza, fanno seguito le rappresentazioni di Tiziano, Tintoretto, Veronese, Rubens, Ribera, ove la penitenza cede il posto all'estasi. Nell'Ottocento, poi, la Maddalena finisce per assumere talvolta, nella letteratura, i tratti paganeggianti di una donna di liberi costumi.

Difatti la sua figura è doppia, mistica e penitenziale da un lato, soffusa di un evidente erotismo dall'altro. Il fortunato romanzo di Dan Brown, Il codice da Vinci*, modesto per livello letterario e dei personaggi, deve anche a questa duplicità il successo mondiale. L'autore vi mescola con abilità ingredienti fondamentali: mistero, suspense, sesso, antichi segreti. Anche Umberto Eco nel* Nome della rosa *aveva giocato, con* *ben altra sapienza però, su elementi analoghi. Brown fa della Maddalena la sposa di Gesù, madre di un suo figlio. Arriva in Provenza insieme allo sposo, sbarca nei pressi di Marsiglia, e lì vive fino a quando, venuta a morte, viene sepolta nel villaggio di Rennes-le-Château nei pressi di Carcassonne.*

Da quel figlio avrebbe avuto inizio la dinastia dei re merovingi. Sarebbe quel re il Santo Graal, non più inteso come la coppa da cui ha bevuto Gesù, bensì come Sang Real, *cioè sangue reale.*

Il segreto del matrimonio di Gesù e della nascita di un figlio sarebbe stato custodito gelosamente da ristrette gerarchie ecclesiastiche, in quanto distruttivo per la Chiesa e, forse, per la stessa religione cristiana. Ne sarebbero venuti a conoscenza durante la loro presenza in Palestina i cavalieri Templari (sempre presenti in queste storie!), e i catari, attivi in particolare nella Francia meridionale; anche però un ordine ancora più ristretto e segreto, il Priorato di Sion, proseguito nei secoli, anche dopo che, all'inizio del Trecento, i Templari vennero sanguinosamente soppressi, con il loro capo arso vivo su un rogo a Parigi.

Verso la fine dell'Ottocento il parroco del paesino di Rennes-le-Château, Bérenger Saunière – personaggio equivoco, rimosso dalla sua carica dal vescovo locale – avrebbe scoperto la tomba della Maddalena, insieme ad altri tesori e a enigmatiche pergamene che proverebbero l'intera storia. Nel Novecento numerosi altri personaggi, un po' archeologi un po' esoteristi, avrebbero scovato ulteriori indizi della vicenda nella chiesa del paese.

Il libro che con ogni probabilità ha più ispirato Dan Brown è Il Santo Graal *firmato da tre autori: Michael Baigent, Richard Leigh, Henry Lincoln. Nelle sue pagine i misteri e gli indizi più enigmatici si inanellano gli uni sugli altri in una sterminata galleria di cui per la verità non si riesce a vedere né luce né fondo. A proposito del Graal per esempio si legge:*

> Il Graal era la coppa dell'ultima cena poi passata a Giuseppe d'Arimatea il quale, quando Gesù fu deposto dalla croce, la riempì col sangue del Salvatore: ed è questo sangue sacro a conferire al Graal poteri magici.

*Leggiamo inoltre che tra i Gran Maestri del Priorato di Sion (*Prieuré de Sion*) vi sarebbero stati: Leonardo da Vinci, Isaac Newton, Victor Hugo, Claude Debussy (!), Jean Cocteau. Il Priorato è definito, disinvoltamente, un fatto storico incontestabile:*

> Esisteva un ordine segreto che aveva creato i Templari per servirsene come braccio armato e amministrativo [...]. Anche se i Templari vennero annientati e sciolti tra il 1307 e il 1314, il Priorato di Sion rimase indenne continuando a funzionare nel corso dei secoli ancorché dilaniato da lotte intestine e di fazione. [...] Il suo scopo dichiarato è la restaurazione della dinastia e della stirpe merovingia non solo sul trono di Francia ma anche sui troni di altre nazioni europee.

Eccetera, eccetera. Tutta la vicenda è intrecciata con elementi fortemente romanzeschi dove compaiono Renato d'Angiò, detto «il buon re René», personaggio di rilievo negli anni immediatamente precedenti il Rinascimento; accanto a lui Giovanna d'Arco, un cabalista ebreo (immancabile) conosciuto come Jean de Saint-Rémy che sarebbe il nonno di Nostradamus (immancabile anche lui) e via di questo passo.

Gli autori del libro danno peraltro una data d'inizio del fenomeno: «Nel 1956 cominciarono ad apparire in Francia una serie di libri, articoli, opuscoli e altri documenti su Bérenger Saunière e l'enigma di Rennes-le-Château». Quella data diventa verosimile poiché il Priorato di Sion è l'invenzione di un tale che, processato più o meno in quegli anni, ammise il falso. Prende spunto però e trae una certa consistenza dalla tradizione antichissima della presenza di Maria Maddalena nella Francia meridionale, come pure dal fatto che Rennes-le-Château era feudo di Bertrand de Blanchefort, gran maestro dei Templari e che si trova nel bel mezzo di quel pays cathare *selvaggiamente distrutto dalla crociata contro i cosiddetti albigesi, indetta da papa Innocenzo III agli inizi del XIII secolo.*

Circostanza che aggiunge l'ultimo tocco a una storia anche troppo fitta di elementi romanzeschi.

L'8 gennaio 1198 viene eletto papa a soli 38 anni Lotario dei Conti di Segni che prende il nome di Innocenzo III. Fu sicuramente un grande papa, c'è addirittura chi lo colloca nella storia come «il secondo fondatore dello Stato della Chiesa». Ma per la parte che qui interessa fu anche l'organizzatore della crociata (1208) contro i catari o albigesi così detti dal nome della città di Albi. Questi «eretici» chiedevano solo di seguire gli insegnamenti di Gesù, predicavano il distacco dai beni terreni, la tolleranza tra le varie fedi, la parità tra uomini e donne. Le stesse cose che, negli stessi anni, predicava ad Assisi un povero frate di nome Francesco.

Durante l'assedio di Béziers si verificarono atrocità tali da dare origine a un episodio, forse solo leggendario, comunque ostinatamente tramandato, che rende da solo l'atmosfera di quell'impresa.

Era a capo della crociata il legato pontificio Arnaud Amaury, abate di Citeaux. Quando le sue truppe riuscirono a entrare in città dopo un lungo assedio, si abbandonarono a un sistematico sterminio. Un soldato, forse preso da scrupoli, corse a chiedere al comandante come avrebbero fatto a riconoscere gli eretici dagli altri. La gelida risposta fu: «Uccideteli tutti, Dio riconoscerà i suoi».

Ci siamo però allontanati troppo dal tema centrale di questa conversazione, è tempo di farvi ritorno.

XV

Sogni, visioni

Nelle pagine che seguono indagheremo uno dei misteri più antichi e più diffusi della storia. Ridotta all'osso la domanda intorno alla quale il capitolo si svolgerà potrebbe essere così riassunta: che cosa vede chi afferma di vedere qualcosa che gli altri non vedono?

Girando intorno al quesito entreremo in un argomento che amplia il nostro dialogo; dovrei forse dire che lo amplia in modo addirittura eccessivo trattandosi di ricostruire fenomeni che, come accennavo, hanno accompagnato ovunque e in qualunque epoca il cammino, le ansie, il bisogno di rassicurazioni del genere umano.

Anche in un altro senso l'oggetto della nostra conversazione risulterà ampliato. Fino a questo punto abbiamo esaminato aspetti della fede che si basano essenzialmente sulle testimonianze o su elaborazioni intellettuali o su frasi contenute in alcuni testi ritenuti sacri. Affermazioni, pronun ciamenti, asserite verità eterne che poco o nulla distingue da una qualunque altra «verità» di tipo filosofico.

Con questo capitolo invece non si tratta più di leggere ciò che sono state capaci di elaborare raffinate menti di teologi o ispirate fantasie di uomini santi. Quando parliamo di visioni entra in ballo il popolo, la gente comune. La meraviglia, l'incredulità, o la credulità, escono dalle chiese, dalle aule e dai cenacoli, debordano nelle strade e nelle campagne, diventano cronaca o vociferazione, fenomeni collettivi che producono a loro volta una serie di conseguenze ulteriori, imprevedibili a volte.

Il che ovviamente rende la discussione più difficile ma anche più appassionante.

Vorrei sgombrare subito il campo da un possibile equivoco. Se mettiamo da parte i casi volgari di ciarlatani e di imbroglioni, è ammissione comune che il «visionario» veda davvero ciò che afferma di aver veduto. Dico subito che condivido questo punto di vista.

Infatti se si trattasse solo di più o meno abili venditori di illusioni, la questione sarebbe relativamente semplice e resterebbe confinata nell'articolo 661 del codice penale che colpisce proprio chi abusa della credulità popolare. Invece la questione, come accennavo, è complessa. Entriamo in un territorio largamente inesplorato, dai confini indefiniti, dove si procede a tentoni più che seguire un preciso cammino, dove si dispiegano i poteri della mente, le sue deviazioni, i desideri e i bisogni, compresi quelli latenti o inconsci. Sono secoli che gli esseri umani si affannano per cercare di completare questa mappa. I risultati non sono mancati, soprattutto dalla fine del secolo XIX in poi. Rimangono tuttavia vere le parole che Amleto rivolge a Orazio nella famosa scena del fantasma sugli spalti: «Ci sono più cose in cielo e in terra, Orazio, di quante non se ne sognino nei nostri sistemi filosofici».

Per dare un'idea concreta di che cosa parleremo, cito brevemente due brani estratti dalle *Vite parallele* di Plutarco. Il primo riguarda la morte di Romolo, fondatore di Roma, il quale misteriosamente appare dopo la sua assunzione in cielo. Il secondo è preso sempre da Plutarco, in particolare dalla vita di Marco Furio Camillo (IV secolo a.C.), il conquistatore di Veio, l'uomo che sconfisse i galli. Ecco per prima (nella traduzione di Carlo Carena) la sconvolgente apparizione: Romolo morto si materializza di colpo davanti a Giulio Proculo che, appena rimessosi dallo choc, corre a riferirne nel Foro.

> Mentre venivo qui, Romolo mi è apparso e mi si è fatto incontro, bello e grande come mai prima d'allora l'avevo visto, rivestito di armi luminose. Sconvolto dall'apparizione gli chiedo: «O re, cosa fai o hai in mente di fare, per lasciare noi patrizi esposti ad accuse false e malevole, e la città tutta immersa in un dolore senza fine per la perdita del suo padre?». Egli mi rispose: «Agli dèi, o Proculo, dai quali provengo, piacque che io rimanessi tra gli uomini solo tanto tempo quanto ci fui, e che, fondata una città destinata a grande gloria, di nuovo tornassi in cielo...».

Il passo, che ricalca numerosi episodi analoghi verificatisi nel corso dei secoli, sotto i cieli di numerose religioni, mi pare che si spieghi da solo senza attardarsi troppo in commenti.

Tanto più che il secondo brano ci porta ancora più vicini al nostro argomento. Questo racconto – il parallelo che Plutarco fa tra le vite di Temistocle e di Camillo – ha come sfondo una Roma immersa in un'atmosfera di misteriosi prodigi, dove il sacro sconfina spesso nella magia e gli oracoli emettono responsi più conturbanti del solito.

Sotto la guida di Camillo, i romani hanno assalito e conquistato la città etrusca di Veio «portando via un bottino sterminato».

Dopo il saccheggio, scrive Plutarco, Camillo decide di portare a Roma anche la statua di Era.

> Radunò gli operai necessari e stava facendo un sacrificio per implorare la dea [...], quand'ecco, dicono, la statua pronunciò a bassa voce ma distintamente, queste parole: «Voglio e accetto». [...] Coloro che insistono a dire che la statua parlò e sostengono il miracolo, trovano valida conferma alla loro tesi nelle fortune di Roma [...]. Le antiche storie sono piene di statue che ogni tanto emanano gocce di sudore, di immagini divine che qualcuno sente gemere o che volgono il capo o chiudono gli occhi.

Fenomeno antico dunque quello delle statue che sudano, piangono, muovono il capo; meritevole di grande attenzione poiché quando fenomeni del genere si ripetono per secoli, vuol dire che sono sintomi di un bisogno: rendere vicina e umana una divinità. Non posso chiudere la citazione senza aggiungere le tre righe finali che Plutarco impronta a un ostentato equilibrio:

> In siffatte questioni tanto una credulità fanatica, quanto un'eccessiva incredulità sono ugualmente pericolose data la debolezza della natura umana; essa non sa porsi dei limiti e dominarsi ma s'abbandona ora a una vana superstizione, ora a uno sprezzante disdegno degli dèi.

Sappiamo che il grande storico, greco di nascita poi divenuto *civis romanus*, scrisse anche un saggio *Sulla superstizione*, che considerava quasi una malattia. Per un altro verso deprecava chi, volendosi mostrare libero da un tale male, cadeva nel male opposto, esibendo uno sfrontato ateismo. La vera spiritualità, scriveva, sta nel mezzo. Ciò non toglie che alle statue che sudano e volgono il capo nemmeno lui credeva.

Caro professor Vannini, a lei il compito di aprire il capitolo illustrando l'argomento scivolosissimo delle apparizioni, delle visioni e di altri consimili fenomeni apparentemente fuori dall'ordine razionale.

Caro Augias, mi fa piacere che abbia citato Plutarco, che è anche uno dei miei autori prediletti. Ricordo che, oltre che storico, era un filosofo di formazione stoica, e svolse le funzioni di sacerdote di Apollo nel santuario di Delfi. Tra le sue opere ce n'è una, *La mancanza degli oracoli*, in cui si interroga sul perché gli dèi non pronuncino più, come un tempo, oracoli. La risposta è che gli dèi ci sono sempre, ma è venuta meno la fede: risposta che mi sembra assolutamente corretta.

Venendo al nostro tema, giustamente lei ha detto che questi fenomeni solo in apparenza sono fuori dell'ordine razionale. La realtà infatti è che visioni, apparizioni, sogni, evocazioni di morti, sono una presenza costante in tutta la cultura antica, da Omero e Virgilio a Gilgamesh e alla Bibbia. Negli Atti degli apostoli (2,17) si ripetono le parole che il profeta Gioele mette in bocca a Dio: «Profeteranno i vostri figli e le vostre figlie; i giovani vostri avranno visioni e i vostri anziani sogneranno sogni».

Per gli antichi era del tutto ovvio che gli dèi si mostrassero agli uomini con apparizioni (epifanie), talvolta accompagnate da miracoli, intesi come manifestazioni delle «energie divine». La cultura antica aveva anche intuito la parentela profonda tra il sogno e la visione. Tutta l'antichità aveva una oniromanzia, ovvero una disciplina per interpretare i sogni. La troviamo nelle tavolette della celebre biblioteca del re assiro Assurbanipal (VII secolo a.C.) così come in Artemidoro di Daldi (II secolo d.C.), autore di una *Interpretazione dei sogni* apprezzata da Schopenhauer e da Freud.

Il filosofo Eraclito detto «l'Oscuro» aveva così sentenziato: «Chi è sveglio partecipa al mondo comune; chi sogna si rifugia in uno suo proprio». Ciò non toglie che presso gli antichi l'interpretazione dei sogni sconfinava spesso nel divino. Oggi noi siamo piuttosto dalla parte di Eraclito, sappiamo che i sogni emergono dal profondo della nostra coscienza, mentre, a livello più banale, servono per giocare al lotto.

È vero e non è vero. L'oniromanzia era una scienza teologica, certo. Gli antichi pensavano che i sogni prendessero origine da quella che potremmo chiamare la «oscura luminosità» del divino. Non escludevano però le profondità dell'inconscio, che i neoplatonici chiamavano *tà bàthe tês psychês*, le profondità dell'anima. Il faraone Tutmosi IV (XV secolo a.C.), durante la siesta di un caldo pomeriggio, ebbe la visione del dio che gli parla «come un padre a un figlio: Io sono tuo padre e darò a te il mio regno su questa terra». Sempre in Egitto, in un papiro si legge: «Dio ha creato le medicine per guarire le malattie, il vino per guarire la tristezza e ha creato i sogni per guidare chi è cieco nel cammino della vita». Potrei continuare con altri esempi, la casistica è sterminata. Aggiungo solo alcune piccole note. Per esempio il neoplatonico Giamblico (III-IV secolo d.C.) scrive nei *Misteri egiziani* (III,3) che durante il sonno quella parte dell'anima che non dipende dal corpo può liberarsi dai legami sensibili e ascoltare la voce della divinità. C'è anche chi pensa al possibile legame tra fantasie notturne e funzionamento dell'organismo. Il *Trattato di dietetica* del Corpus Ippocraticum (libro IV) elenca tutta una sintomatologia del sogno unita a una sua possibile utilizzazione diagnostica e terapeutica. Il medico Galeno va ancora più in là scrivendo addirittura il saggio *La diagnosi per mezzo dei sogni.* Anche il «maestro di color che sanno», Aristotele, uomo non certo sospetto di irrazionalismo, ritiene possibile la divinazione attraverso i sogni; infatti scrive: «Che i sogni contengano un qualche significato merita un certo credito, perché si fonda sull'esperienza e non è incredibile che in certi casi ci sia una divinazione attraverso i sogni». Cicerone, nel *De divinatione*, sarà dello stesso parere, fornendo anche esempi celebri.

Mi lasci aggiungere un altro testo al quale tengo in modo particolare. Si tratta del De rerum natura *di Lucrezio, grande poema che per alcuni aspetti anticipa addirittura quell'Illuminismo che verrà diciotto secoli dopo. Grande è la fiducia di questo scrittore e filosofo nella «*Ratio*», nella Ragione; è con il raziocinio e non con i fumi e i vapori delle superstizioni che l'uomo riesce a vincere le tenebre. Condivide?*

Certamente. Come non condividere il suo «*Felix qui potuit rerum cognoscere causas*»: felice chi ha potuto conoscere le cause degli eventi? Le ricordo però che Lucrezio, da buon seguace di Epicuro, pensa che dobbiamo spiegare gli eventi sempre razionalmente, sì, ma col cosiddetto «metodo molteplice», ossia ammettendo la possibilità di diverse spiegazioni, quando non siamo certi di avere quella giusta. Niente a che vedere, dunque, col presuntuoso scientismo, quelli che ripetono: «La scienza ha dimostrato...».

Ciò che conta, professore, è il metodo, la volontà di ricercare. Lo scopo di Lucrezio era di accrescere la consapevolezza degli uomini sui fenomeni della natura: De rerum natura*, appunto. Tra questi rientrano i sogni. Il libro IV comprende una settantina di versi indimenticabili sui sogni (965-1036 ca.); i sogni degli animali e quelli degli uomini, sogni erotici e incubi, fantasmi e desideri. Compito del poeta, del filosofo è «*naturam quaerere rerum, semper*», indagare sempre la natura* *delle cose. Si sente in Lucrezio il preannuncio dell'Umanesimo, il germe del metodo scientifico.*

Difatti fu proprio la riscoperta del poema di Lucrezio, a opera dell'umanista Poggio Bracciolini, nel 1417, ad aprire nuove prospettive agli uomini del Rinascimento. Però le ricordo un altro grande poeta latino, Properzio, con lo struggente canto di una delle sue Elegie: «*Sunt aliquid Manes, letum non omnia finit*», sono ben qualcosa i Mani, non tutto finisce con la morte – dice in sogno al poeta la ragazza amata, Cinzia, che è morta: «Hanno valore i sogni che vengono dalle porte sacre».

Come lei sa benissimo, si sono interrogati sul sogno e sul suo rapporto con la realtà fior di filosofi – da Platone a Schopenhauer, da Montaigne a Pascal a Cartesio. Anzi, proprio lui, uno dei maestri del razionalismo e della scienza moderna, attribuì ai tre sogni fatti la notte di san Martino del 1619 la rivelazione del metodo scientifico, per cui andò a Loreto a ringraziare la Madonna... guarda caso!

La realtà è che i sogni raramente danno i numeri giusti per vincere alla lotteria e ancora più di rado mettono in comunicazione con la divinità. I sogni, compresi quelli a occhi aperti, comprese le fantasticherie indotte dall'assunzione di alcol o droghe, permettono agli strati più riposti della coscienza, chiamiamolo pure «inconscio», di affiorare. La loro forza di suggestione viene da questo. Ci sono sogni che rimangono ben impressi e a lungo, dopo il risveglio. Anche se le storie sognate sono incoerenti – e infatti difficili da raccontare – è evidente che in quei frammenti slegati, inverosimili, di azioni o di dialoghi c'è una parte di noi, qualcosa che, per una qualche ragione, avevamo ricacciato nel più profondo di noi stessi.

Le apparizioni, le visioni, sono parenti strette dei sogni e in quanto tali potenti rivelatrici, quanto meno sullo stato d'animo del visionario.

Agostino si interroga sulle visioni ed elabora una distinzione poi rimasta canonica nel mondo cristiano: ci sono visioni sensibili, corporee, ovvero che appaiono agli occhi del corpo; e visioni spirituali, che appaiono agli occhi del cuore, ossia alla facoltà immaginativa. Infine ve ne sono di puramente intellettuali, e queste sono le più sicure: anzi, è sulla base di queste ultime che si può giudicare la veridicità delle precedenti due.

La distinzione fatta da Agostino richiama una delle più celebri visionarie, Teresa d'Ávila, fatta santa da papa Gregorio XV nel 1622, a meno di quarant'anni dalla morte. Teresa ebbe frequenti fenomeni di levitazione: si sollevava a tal punto da terra che le consorelle dovevano trattenerla per la tonaca. Aveva crisi, non so se definirle mistiche o isteriche, le due manifestazioni si assomigliano, che provocavano contorsioni del corpo che lei stessa descrive in dettaglio nell'autobiografia. Ebbe anche numerose visioni. Eccone una:

> Vedevo un angelo accanto a me, a sinistra, in forma corporea. [...] Non era un angelo grande ma piccolo, bellissimo, col volto così infocato che pareva di quegli angeli dei cori più alti, che paiono arder tutti d'amore. [...] Lo vedevo tenere in mano una lunga freccia d'oro che sulla cuspide mi pareva avesse un po' di fuoco. Mi pareva che me la conficcasse più volte nel cuore, spingendola fin dentro le viscere: e quando la estraeva, avevo l'impressione che se le tirasse dietro lasciandomi tutta ardente di un immenso amor di Dio. Il dolore era tale, che mi faceva emettere quei gemiti che dicevo, ma la dolcezza, al tempo stesso, era così abbondante, che l'anima non po-

teva desiderarne la fine né volere altra consolazione che Dio. Non un dolore fisico ma spirituale: eppure il corpo vi partecipa alquanto, anzi parecchio.

A dispetto della scoperta sensualità della scena, Teresa scrive di un dolore non fisico ma spirituale. Secondo lei Agostino come l'avrebbe giudicato?

Il linguaggio di Teresa d'Ávila è quello dell'antropologia classica e cristiana, che individua nell'uomo tre componenti: corpo, anima e spirito. Esse costituiscono però una profonda unità, per cui la mistica conosce anche i «sensi spirituali». Come avrebbe giudicato Agostino non lo so: posso dire però che la stessa Teresa pensa, e scrive nel suo *Castello interiore*, che alla fine del cammino spirituale si ottiene una vera pace, le visioni scompaiono, e comunque non hanno alcun valore.

Anche dopo l'amplesso subentra qualche attimo di pace, per alcuni addirittura di sonno. Faccio un altro esempio forse ancora più trasparente, nel suo slancio ingenuamente impudico. Sono le confessioni di Gemma Galgani, una giovane donna vissuta dal 1878 al 1903, morta quindi a 25 anni, fatta santa da Pio XII nel 1940. La poverina era afflitta da numerosi mali, alcuni dei quali tenne segreti fin quando poté, per evitare di mostrare le sue nudità a un medico. Faceva uso di strazianti cilici per, confessa, reprimere le tentazioni: «Uscii di camera, andai dove nessuno mi vedeva né sentiva; presi la fune, che ogni giorno porto fino a mezzogiorno; l'empii tutta di chiodi, e poi me la misi tanto strinta che alcuni mi entrarono dentro; ma il dolore fu così forte, che non riuscii a resistere e cascai in terra senza rinvenirmi dove fossi» (Lettera del 1899).

Ebbe sempre più frequenti visioni (141 quelle annotate)

in particolare di Gesù, sposo divino: «O amore, o amore infinito! Vedi: l'amor tuo mi penetra con troppa veemenza fino nel corpo... Fallo, fallo!... Ch'io muoia e muoia d'amore... Calma, calma, o Gesù; se no l'amor tuo finirà con l'incenerirmi! O amore, amore infinito! Fa' che l'amore tuo tutta mi penetri; altro da te non vo'. Mio Dio, mio Dio, ti amo...» (11 agosto 1902).

«O Gesù lo vedi di quante cose ho bisogno? Fammi tua, Gesù, tutta tua; crocifiggimi un'altra volta, Gesù... fammi tua...» (Estasi n° 24).

«Vieni, vieni Gesù... vieni... lascia che ti abbracci, o mio Gesù. Ora conosco quanto è soave il tuo possesso» (Estasi n° 64).

La pubblicistica cattolica tende in genere a sottacere gli aspetti scopertamente erotici delle visioni di Gemma. Al contrario, lo psichiatra Vittorino Andreoli, in un intervento sul quotidiano «Avvenire» (31 dicembre 2002) le ha sdrammatizzate riconducendole a un'interpretazione «umana». Ha scritto:

> Le trovo una testimonianza di come una ragazza possa manifestare il proprio amore, che comprende anche il corpo, la psiche, e – ovvio per i credenti – l'anima: se non fosse così non sarebbe grande amore. Senza effusioni l'amore tra due amanti non è pieno. Come potrebbe una ragazza vergine, che non ha mai avuto esperienze, parlare di amore se non in questo modo? Insomma, la partecipazione della corporeità testimonia la potenza e la forza con cui Gemma si sentiva legata a Dio.

Andreoli riconosce nelle manifestazioni convulsive di Gemma i sintomi dell'isteria e, nel rifiuto del cibo, quelli dell'anoressia. Arriva però a una conclusione particolare:

Credo che nella canonizzazione di Gemma Galgani si sia esaltata una vita concreta, una personalità fragile, e anche isterica, ma per ciò stesso ritengo si sia proclamato con forza che anche l'isteria può essere arricchita di una dimensione soprannaturale, quale i cristiani chiamano santità. Con ciò spero esaurito il dilemma dell'«aut-aut», isterica o santa, perché si instauri piuttosto quello dell'«et-et», isterica e santa.

Professor Vannini, lei condivide diagnosi e conclusioni del professor Andreoli?
Mi sembra un discorso apprezzabile per il suo equilibrio, e dunque sostanzialmente condivisibile. Vorrei però far notare due cose: la prima è che è difficile giudicare ciò che non si conosce, di cui non si ha esperienza. La seconda è il carattere puramente nominalistico dei termini della psicologia (o per meglio dire delle psicologie, visto che esistono centinaia di «scuole»), le cui definizioni vanno e vengono col tempo, accettate da alcuni e rifiutate da altri, e questo mi pare anche il caso di «isteria».

Il fenomeno delle apparizioni è imponente, non solo per quantità. Non può essere sottovalutato o squalificato riducendolo sbrigativamente ad allucinazioni o a condizioni psichiche alterate.

Vede, Augias, quando si parla di queste cose si ha a che fare in genere con due posizioni pre-giudiziali: quella di tipo positivista, scientista, che considera tali fenomeni bugie o patologie. Quella fideista, che le ritiene invece «rivelazioni soprannaturali». Queste due posizioni, così lontane, hanno tuttavia un aspetto comune: il dualismo naturale-soprannaturale. Una posizione cancella il soprannaturale; l'altra lo rivendica per un motivo opposto e parallelo.

Interessante. E lei invece come la vede?
L'alternativa naturale-soprannaturale è teoreticamente insostenibile. Ma soprattutto, come fa notare il teologo Karl Rahner, nel caso delle visioni non è giusta. Lei conosce Rahner?

So che è stato uno degli uomini del Concilio Vaticano II, quindi posso immaginarlo su posizioni aperte, vicine a quelle di papa Giovanni XXIII.
Più di così. Rahner, gesuita, sostenne una visione della Chiesa cattolica aperta al mondo, al dialogo con le altre religioni, criticò le posizioni neoscolastiche che vincolavano l'obbedienza degli individui. Rahner sciolse quel legame, la sua teologia tende a superare la frattura, oggi così evidente, tra religione rivelata, ferma nel tempo, e le esperienze umane in un mondo che muta di continuo. Era un uomo che guardava lontano.

Purtroppo senza molto seguito se posso giudicare dalle attuali posizioni delle gerarchie cattoliche.
A noi qui interessa la sua posizione sulla contrapposizione naturale-soprannaturale. Rahner tendeva a declinarla in modo diverso, anche e soprattutto nel caso delle visioni. Non è giusto, diceva, sostenere che «naturale» sia sinonimo di non-veritiero e che invece la verità risieda solo nel «soprannaturale». Il confine tra naturale e soprannaturale è impossibile da tracciare, anche perché all'origine di molti fenomeni cosiddetti paranormali ci sono dati non comprovabili, che superano cioè le nostre conoscenze, senza che per questo li si debba ascrivere al soprannaturale, al divino. Del resto anche la fisica più aggiornata ci dice che la materia nella forma conosciuta rappresenta solo il 6 per cento del totale esistente. Il resto si trova in parte sotto

forma di una materia sconosciuta, chiamata «materia oscura», in parte sotto forma di energia, anche questa non ancora identificabile, chiamata «energia oscura». La materia diciamo normale è circa un terzo del totale, mentre l'energia oscura copre i rimanenti due terzi. La conclusione, sconvolgente, è che l'energia oscura, cioè qualcosa che non conosciamo, è di gran lunga la componente dominante dell'universo.

Con ciò non si intende avvalorare ciò che a torto o a ragione chiamiamo «soprannaturale», ma solo richiamare a un saggio principio di modestia: siamo circondati dall'ignoto.

D'accordo, anche se la quantità di ignoto tende a ridursi. O quanto meno, la quantità di noto tende a estendersi. Da quando si attribuivano i tuoni al carro di Giove sulle nubi e i lampi alla sua collera, a quando il primo uomo ha messo piede sulla luna, dal tempo dei salassi e delle purghe alla mappatura del genoma umano, alcuni passi avanti sono stati fatti, ammettiamolo. Ma per tornare alle nostre visionarie direi anche che due dati risultano innegabili. Il primo è che i soggetti interessati non simulavano e non mentivano, su questo siamo d'accordo. Quelle donne vedevano davvero ciò che dicevano di vedere; lo dimostra, a prescindere da ogni altra considerazione, l'intensità delle loro reazioni fisiche. Il secondo è che, dal mio punto di vista, quelle «visioni» scaturivano dal loro interno, dai desideri repressi, dagli aspetti irrisolti della loro coscienza profonda, della loro vita e, almeno nel caso di Gemma Galgani, dalla crudeltà delle pene provate, dunque dal bisogno di alleviarle in qualche modo, per riuscire a sopravvivere. Non da ultimo da una sessualità repressa. Da questo punto di vista io ritengo che la visionaria sia assimilabile a un artista, a uno scrittore. Anche la letteratura, anche la forza di un'opera d'arte sgorga da analoghi desideri o stati d'animo o necessità, ogni opera d'arte resta anch'essa a metà tra visibile e invisibile, come sostiene Marcel Proust in Contro Sainte-Beuve. *Citando Leonardo da Vinci, Proust scrive che ogni opera d'arte è in primo luogo «una cosa mentale». Lei dovrebbe accettare questo punto di vista, che mi pare abbia più di qualche contatto con il suo misticismo.*

Guardi, Augias, che la mistica non è il terreno del visionario, dell'irrazionale, ma, al contrario, la razionalità dispiegata fino in fondo. Perciò, come sostiene anche un grande studioso francese contemporaneo, Pierre Hadot, la mistica è la vera continuatrice della filosofia antica, classica. Non si meravigli, dunque, se i grandi filosofi antichi, da Platone a Plotino, sono anche i maestri della mistica.

Le visioni sono una delle tante cose del mondo, che è sempre un mondo *uno*. Per gli antichi era perciò «naturale» il passaggio tra uomini e dèi, era questo a rendere comprensibile la divinazione e i presagi. Virgilio: «*Omnia Iovis plena*». Eraclito: «Tutto è pieno di dèi». Plotino: «Tutte le anime sono una sola». E oggi? Dopo Kant sappiamo che spazio e tempo non sono oggettivamente determinati come ingenuamente si pensa, non sono cioè proprietà intrinseche delle cose. Dopo Einstein sappiamo che il tempo non «scorre» soltanto dal passato al presente al futuro, ma si può leggere in un senso o nell'altro, o simultaneamente. La conoscenza scientifica è sempre fenomenica, ossia qualcosa che ci «appare» in un certo momento in un certo modo. Da Kant in poi ogni vero scienziato sa che la conoscenza è sempre un rapporto tra un soggetto conoscente e un oggetto conosciuto, ed entrambi hanno il loro peso, solo che la differenza tra soggettivo e oggettivo non è assoluta, ma sempre e soltanto relativa, giacché ogni «oggettività» è pur sempre condizionata da un soggetto.

Caro professore, è vero che l'oggettività è sempre condizionata da una soggettività. Però bisogna distinguere la soggettività empirica (quella di ciascuno di noi) dalla soggettività intersoggettiva (propria della scienza). A questa si arriva mettendo tra parentesi la propria soggettività empirica per adottare le categorie della fisica, o della chimica, o della genetica, o di qualsiasi altra disciplina, ottenendo di volta in volta descrizioni oggettive conseguenti alle categorie adottate. Faccio un esempio: quando Einstein dice di credere nell'esistenza di Dio, non lo dice in quanto fisico (soggettività intersoggettiva), ma a partire dalla sua soggettività personale o empirica. La sua affermazione, che i credenti spesso invocano data l'autorità scientifica di Einstein, non ha più valore di quella di chiunque altro dicesse la stessa cosa. La scienza sa di non dire cose vere, ma semplicemente esatte. La mistica invece tratta come «vere» visioni che sono semplicemente ottenute dalla soggettività di chi le produce. Il problema è di non confondere questo tipo di «oggettività» con la «verità». Questo Kant, da lei citato, non glielo concederebbe.

*La conoscenza scientifica è fenomenica, sperimentale, fallibile. Ma è anche verificabile. È proprio questo che distingue la scienza dal dogma. Ed è ciò che mi piace della scienza: la possibile provvisorietà dei risultati. Viene da qui quell'ansia di verifica, il bisogno di conoscenze ulteriori e di continuare a cercare in vista di successivi traguardi. È l'esortazione di Ulisse nel XXVI dell'*Inferno

Considerate la vostra semenza:
fatti non foste a viver come bruti,
ma per seguir virtute e canoscenza.

«Provando e riprovando» era il motto dell'Accademia del Cimento fondata a Firenze nel 1657 da allievi di Galileo con

l'appoggio del principe Leopoldo. In inglese il nome dell'Accademia è tradotto «Academy of Experiment», infatti lo scopo era proprio quello di sperimentare nuovi metodi e strumenti di ricerca, controllando i risultati fino al punto da renderli ripetibili e verificabili, che è il suggello di ogni vera umana conquista: ripetibile e verificabile. Siamo all'opposto delle verità credute tali per convenzione o dogma, immutabili nei secoli nonostante ogni smentita, oppure penosamente adattate alle scoperte della scienza, com'è accaduto per esempio quando si è stati costretti a correre dietro alla geniale scoperta darwiniana dell'evoluzione. Prima la si è negata, poi davanti all'accumularsi delle prove la si è gradatamente tollerata, escogitando il compromesso del «disegno intelligente». Infine la si è accettata a denti stretti, piegati dall'evidenza, con alcuni deboli distinguo residui per dissimulare la sconfitta.

Per quanto riguarda l'evoluzione, be', che l'uomo derivasse dal pesce lo sostenevano già alcuni presocratici. Meister Eckhart pensa che il mondo sia coeterno a Dio, e questo è uno dei motivi della sua condanna. Il razionalismo della mistica confligge sempre con il fideismo biblico, e non a caso i mistici sono stati spesso vittime del potere religioso.

Sono comunque d'accordo con lei che il miracolo, il prodigio, la visione non dimostrano nulla di «soprannaturale». Farsi forte del miracolo è superstizione. Gesù, proprio perché è stato un taumaturgo (questo non lo nega nessuno, altrimenti non si spiegherebbe il suo seguito), non dà valore ai prodigi, anzi, considera privi di vera fede e perversi gli increduli che cercano prodigi. Nel suo vangelo Giovanni (20,29) fa dire a Gesù, quando si rivolge a Tommaso: «Tu hai creduto perché hai visto, ma beati coloro che credono senza aver veduto».

In questo senso, il duca Federico di Brunswick, ad esempio, che si convertì al cattolicesimo quando fu testimone della spettacolare levitazione di san Giuseppe da Copertino nella basilica superiore di Assisi, non è un esempio di fede *cristiana*, perché quella levitazione non «dimostra» la verità di una fede, ma solo l'eccezionalità del fatto e la «capacità» di chi la compie. Anche i *sâdhu* indiani riescono a levitare.

I medici dicono che le guarigioni che avvengono talvolta a Lourdes sono effetto dell'intensa suggestione sprigionata dal luogo; per i cattolici invece sono conseguenza della fede. Dov'è la differenza?
La sola differenza che vedo sta nel valore accordato allo stato d'animo di per sé. La concezione del meccanismo psico-biologico è identica. Prendo il caso più clamoroso: Gesù che resuscita Lazzaro. Non so se abbia davvero compiuto questo prodigio. Come sostiene Simone Weil nei suoi *Quaderni*, se l'ha fatto si tratta di un'azione che ha compiuto in quanto uomo, come tutte quelle compiute quaggiù; in secondo luogo l'azione si è realizzata per effetto di un meccanismo perfettamente intelligibile a chi fosse in grado di smontarne gli ingranaggi.

Del resto lo stesso concetto c'è anche nella grande tradizione spirituale indiana, come scrive Patañjali in *Aforismi sullo Yoga*, il capolavoro di questa disciplina. Certo che esistono poteri detti «soprannaturali», come psicocinesi....

Vuol dire?
Riuscire a spostare gli oggetti per forza mentale. Come le levitazioni, le trasfigurazioni, e via dicendo. Ma sono effetti quasi «normali» dello yoga, quindi insignificanti. Ciò che davvero conta è la trasformazione interiore, la non violenza, la conquista della non-dualità. La fede non si fonda sui miracoli: su di essi si fonda la superstizione, l'adorazione

della forza e del suo principe, che è, evangelicamente, il demonio.

Ci sono anche aspetti positivi nel suo misticismo, ammetto.
Non ne dubitavo, una volta che ci siamo spiegati. Le piacerà anche il giudizio radicale di Meister Eckhart nel suo *Commento alla Sapienza*: il divino è ciò che a tutti è comune, non ciò che è particolare, privato.

Anche Spinoza sosteneva lo stesso principio.
Tutti i grandi maestri spirituali hanno combattuto l'enfasi data ai fenomeni eccezionali come miracoli, apparizioni, visioni. Il mistico dottore della Chiesa san Giovanni della Croce non si stanca di ripetere che il divino non si vede con gli occhi del corpo: Dio è spirito e si mostra solo come spirito allo spirito, non ai nostri sensi, per cui – senza negarne ovviamente la possibilità – insegna a diffidare di visioni, apparizioni, prodigi. «Quella suora» scrisse un giorno con una certa ironia «crede di parlare con Dio, ma in realtà sta parlando con se stessa.»

Freud sarebbe stato d'accordo. Dopo questo allenamento credo che possiamo affrontare il grande e discusso tema delle apparizioni mariane.

XVI

Apparizioni

Una delle qualità o prerogative che caratterizzano Maria sono le sue apparizioni, fenomeno che si è ripetuto qua e là nel mondo in vari momenti e fin da tempi lontani. La fede cristiana registra alcune apparizioni di santi, alcune rare comparse di Gesù, nessuna apparizione, che io sappia, di Dio padre; per contro innumerevoli apparizioni della Madonna. Si va dalla fine del III secolo, quando pare che Maria sia apparsa a Gregorio il Taumaturgo, fino ai nostri giorni, con apparizioni ripetute o addirittura quotidiane. Nessuno può dire se si tratti di vere apparizioni o di momenti di allucinazione da parte del visionario. La verità, di qualunque cosa si tratti, resta confinata al rapporto tra chi afferma di «vedere» e la «persona» vista, dal momento che nessun altro riesce a scorgere alcunché né esistono strumenti in grado di registrare l'evento. Possiamo comunque affermare, come già detto nel capitolo precedente, che a parte i casi di alcuni ciarlatani, il visionario, nel momento dell'apparizione, è realmente convinto di vedere ciò che poi affermerà di aver visto.

La frequenza e la continuità nel tempo delle apparizioni della Vergine è una delle prove più evidenti della sua necessità. Una figura femminile caratterizzata da dolcezza materna, capace d'incarnare il volto affettuoso e comprensivo della fede, mancava nell'ebraismo e mancava per conseguenza anche nel primissimo cristianesimo che si andava lentamente separando dalla sua matrice per elaborare una dottrina autonoma. Maria ha colmato la mancanza. La progressiva ampia costruzione della sua immagine, a partire dagli scarni cenni che ne fanno le Scritture, scaturisce proprio da questa necessità in specie sentita nei ceti popolari e tra i fedeli di più modesta condizione. Infatti il culto della Madonna, comune a molte confessioni cristiane, è particolarmente intenso nei Paesi di cultura latina, ovvero nei Paesi mediterranei e dell'America meridionale. Sono gli stessi in cui la presenza e l'influenza della «mamma» nella vita familiare e nell'educazione della prole è più sentita e più forte.

Se ne può dedurre con sufficiente legittimità che il culto mariano sia la trasposizione «celeste» di un altrettanto forte culto terreno della figura femminile nell'ambito della famiglia. Tutt'altro il discorso, ovviamente, se si pensa alla posizione delle donne nella vita pubblica; si potrebbe anzi dire che le due posizioni, fuori e dentro la famiglia, siano inversamente proporzionali l'una rispetto all'altra.

Negli ultimi tempi, a partire dall'Ottocento, nella devozione mariana si sono accentuati alcuni caratteri che all'interno stesso della Chiesa sono stati definiti «leziosi». Il sentimento è diventato sentimentalismo, il culto popolare è talvolta scivolato nella superstizione, la richiesta di «protezione» ha sconfinato nell'idolatria. Tutti fenomeni molto lontani da quelli di un tempo, quando il culto mariano non era separato da una bellicosa virilità, per esempio quando i cavalieri Templari andavano all'attacco degli «infedeli» gridando il nome di Maria. Perfino nel Concilio Vaticano II si è avuto un riflesso di questa infiacchita retorica mariana. Le cronache di quell'evento, che ha segnato un insuperato punto di progresso nella teologia cattolica, registrano, tra le altre, le parole di un alto prelato che rovesciò la celebre formula «*De Maria numquam satis*», di Maria non si dice mai abbastanza, nel suo contrario: «*De Maria et iam satis*», di Maria s'è già detto abbastanza. La battuta volutamente ironica riassumeva a suo modo lo scontro molto deciso registrato tra vescovi «latini» e vescovi nordeuropei, più vicini al mondo protestante, che sul tema avevano manifestato una diversa sensibilità. I primi avrebbero voluto aggiungere ai numerosi titoli già attribuiti a Maria anche quello di «madre della Chiesa». I secondi erano contrari; alla fine si arrivò a un compromesso, anche se non mancarono riconoscimenti nei confronti della Madonna, come testimonia la costituzione dogmatica *Lumen gentium*, nella quale si elargiscono a Maria generose concessioni. Maria è dichiarata «sovreminente e del tutto singolare membro della Chiesa» (LG, n. 53). Per volere di Dio «Maria nasce libera dal peccato originale»; è riconosciuta «madre dei viventi» (LG, n. 56).

> La beata Vergine avanzò nella peregrinazione della fede e serbò fedelmente la sua unione col Figlio sino alla croce, dove, non senza un disegno divino, se ne stette, soffrendo profondamente col suo Unigenito e associandosi con animo materno al suo sacrificio, amorosamente consenziente all'immolazione della vittima da lei generata (LG, n. 58).

Ancora: «La Vergine immacolata, preservata immune da ogni macchia di colpa originale finito il corso della sua vita terrena, fu assunta alla celeste gloria in anima e corpo e dal Signore esaltata quale regina dell'universo» (LG, n. 59).

> Difatti anche dopo la sua assunzione in cielo non ha interrotto questa funzione salvifica, ma con la sua molteplice intercessione continua a ottenerci i doni che ci assicurano la salvezza eterna. [...] Per questo la Beata Vergine è invocata nella Chiesa con i titoli di avvocata, ausiliatrice, soccorritrice, Mediatrice. Ciò però va inteso in modo che nulla sia detratto o aggiunto alla dignità e alla efficacia di Cristo, unico Mediatore (LG, n. 62).

Il documento contiene anche altri riconoscimenti che però, ampi che siano, vennero calibrati in modo da non compromettere l'equilibrio con le potestà divine attribuite a suo figlio.

Questo capitolo, centrato sulle apparizioni di Maria, trova nel paragrafo 68 della *Lumen gentium* un'utile introduzione: «La madre di Gesù, come in cielo, in cui è già glorificata nel corpo e nell'anima, costituisce l'immagine e l'inizio della Chiesa che dovrà avere il suo compimento nell'età futura, così sulla terra brilla ora innanzi al peregrinante popolo di Dio quale segno di sicura speranza e di consolazione, fino a quando non verrà il giorno del Signore».

Speranza dunque e consolazione, due parole che possiamo prendere in esame per aprire il dialogo. È a queste esigenze, professore, che le apparizioni di Maria, così numerose, sono venute incontro?

Per cominciare, il tempo. Bene ha fatto a ricordare che le apparizioni sono state numerose nei secoli e iniziate molto presto. Di Gregorio il Taumaturgo da lei citato parla Gregorio di Nissa.

La ritiene una fonte attendibile? Era un mistico protetto da Teodosio I, l'imperatore che proclamò il cristianesimo «religione di Stato», combinando un bel guaio.

Stiamo parlando di un argomento in cui l'attendibilità delle fonti, come lei la definisce, ha un valore modesto. Valgono molto di più la coerenza, l'esempio, la forza della tradizione, la credibilità presso i fedeli. Tutte cose che a Gregorio non mancarono, tra l'altro era un oratore formidabile. Da allora le apparizioni mariane sono state migliaia, con dei veri picchi nel Medioevo. La letteratura visionaria costituisce buona parte della letteratura spirituale del tempo, soprattutto di quella femminile.

Esiste anche un diverso tipo di visioni, più rare, nelle quali lo spirito del visionario viene trasportato attraverso il tempo e lo spazio per assistere a episodi della vita di Gesù e Maria. Da queste apprendiamo perfino episodi sconosciuti ai vangeli. A parte la contemporanea italiana Maria Valtorta (1898-1961), cito solo i due testi più celebri: *Mistica città di Dio* di Maria di Ágreda (XVII secolo), una suora spagnola famosa per le sue bilocazioni e presenze miracolose in Messico, e *Vita di Nostro Signore e Salvatore Gesù Cristo* di Anna Katharina Emmerick (morta nel 1824), le cui visioni furono raccolte dal poeta romantico Clemens Brentano.

A questa visionaria aveva già accennato qualche capitolo fa come fonte della presunta morte di Maria a Efeso. Interrompiamo per un momento la sequenza cronologica per dire qualcosa di più su questo caso, che mi pare la interessi molto.

Non è che mi interessi in particolare, però in effetti è molto singolare.

La Emmerick era una suora agostiniana tedesca, stigmatizzata, cui sono attribuite levitazione, bilocazione, capacità di percepire la sorte eterna dei defunti e altre facoltà eccezionali. È stata proclamata beata da papa Wojtyła nel

2004. Le sue visioni riguardano soprattutto la passione di Gesù, ma anche la vita di Maria, che descrive da quando, quattordicenne, va sposa a Giuseppe fino alla morte. Nel 1899 alcuni archeologi tedeschi, seguendo le indicazioni delle visioni della Emmerick, hanno trovato, a nove chilometri da Efeso, i resti di una casa del I secolo d.C. che, come abbiamo già detto, potrebbe essere stata l'ultima dimora di Maria.

Chi sono i visionari? È possibile per dir così tentarne una catalogazione?

Per cominciare, le visioni possono essere suddivise in private e collettive. Le prime sono, in genere, di mistici e santi, comprese alcune personalità di spicco. Così, ad esempio, Bernardo di Chiaravalle (ca. 1150), Ildegarda di Bingen (morta nel 1179), Francesco d'Assisi, Angela da Foligno (ca. 1300), Brigida di Svezia (ca. 1310), Enrico Suso (discepolo di Meister Eckhart, ca. 1310), Caterina da Siena, e tanti altri.

Le seconde riguardano gruppi di persone come per esempio i monaci di un convento, o i soldati tedeschi alla battaglia della Marna (Prima guerra mondiale), o episodi che hanno coinvolto centinaia, a volte migliaia di fedeli, con fenomeni spettacolari come soli roteanti, per esempio a Fatima.

Suddivisione tra uomini e donne?

Anche qui abbiamo delle statistiche. Nei primi secoli del cristianesimo prevalgono i veggenti uomini con percentuali fino all'80 per cento. Questa quota scende poi al 17 mentre sale, per contro, quella delle veggenti donne che supera il 40 per cento. Salgono però soprattutto i bambini, fino a toccare quasi la metà del totale.

La Madonna appare per dire che cosa? Nell'introduzione a questo libro abbiamo visto che a Medjugorje Maria non è poi che dica granché. Abbiamo invece visto poco sopra che nella Lumen gentium *si parla di «speranza e consolazione». Di questo si tratta?*
La casistica è ampia. Maria guarisce, promette, annuncia, mostra qualcosa, loda, ringrazia, esorta, protegge, piange, tace, desidera qualcosa, profetizza, incita, comanda, compie azioni diversissime a seconda dei tempi e dei luoghi. In breve, agisce come una persona viva, in rapporto con il/i veggente/i.

Ultima domanda preliminare. Come si comportano le autorità ecclesiastiche di fronte a questa nutrita casistica di Madonne che spuntano qua e là?
Delle migliaia – ripeto, migliaia – di apparizioni la Chiesa cattolica ne ha riconosciute autentiche solo quattordici, cominciando da quella di Guadalupe (Messico, 1531), fino a quella di Kibeho (Ruanda, 1981). C'è poi il caso di Akita (Giappone, 1973), che però non è un'apparizione, bensì la lacrimazione di una statua.

La diffidenza delle gerarchie, che supera di gran lunga il 99 per cento dei casi (quattordici contro parecchie migliaia), immagino si spieghi con la fragilità dei casi proposti, a tacere dei veri e propri tentativi di imbrogliare le carte. Lascerei da parte anche le statue che piangono, di cui, come abbiamo visto, parlava già Plutarco, diventate particolarmente numerose in Italia nei periodi pre-elettorali. Madonne che piangono per favorire la vittoria di una parte politica. È uno dei casi in cui, a mio modesto parere, Gesù avrebbe impugnato la frusta e cacciato via tutti in malo modo.

La grande quantità dei casi rifiutati dovrebbe garantire,

per antitesi, i pochi casi che vengono invece riconosciuti autentici. Poiché in un campo come questo non esistono strumenti oggettivi di verifica, suppongo che si tratti dei criteri cui lei accennava sopra: tradizioni, coerenza, affidabilità presso le masse.

Ancora una volta, insomma, questione di fede. Ma poiché bisogna essere disposti a credere per credere, siamo, come si usa dire, da capo a dodici.

Su questo non c'è dubbio: ricordiamo l'opera di Plutarco citata nel capitolo precedente. Bisogna però tenere presente che le apparizioni, come ogni altro fenomeno carismatico, sono state a lungo considerate per così dire «normali» nella vita della Chiesa. È solo dopo il Concilio di Trento che tali fenomeni sono stati posti sotto il controllo dell'autorità, con il vescovo locale che decideva sulla «autenticità» o meno dell'apparizione, autorizzando eventualmente il culto.

Non a caso René Laurentin, il maggiore mariologo dei nostri tempi, diceva che le apparizioni di Maria per la Chiesa non sono affatto una «buona novella», ma «un brutto affare». I suoi presunti «messaggi», diversi a seconda dei tempi, dei luoghi, delle persone che li ricevono, si sovrappongono per così dire alla fede, costringendo la Chiesa a pronunciarsi sulla loro possibile attendibilità.

Infatti bisogna anche considerare l'alimento che queste apparizioni danno alle superstizioni popolari senza trascurare, sempre più spesso, le speculazioni commerciali. Basta pensare alle povere strofette cantate dai fedeli, in genere donne, genuflesse, in certi santuari mariani: «La Madonna del Divino Amore fa le grazie a tutte l'ore / Noi l'andiamo a visitar / Viva viva la Madonna del Divino Amore». O anche: «Dio ti salvi o Maria, celeste verginella piena di grazia e bella». Of-

ficianti davvero consapevoli dovrebbero impedire ai fedeli di umiliarsi in questo modo.

Del resto il fenomeno era diffuso fin dall'antichità. Non c'era tempio di oracolo o grotta di sibilla che non ospitasse venditori di balsami prodigiosi e di oggettini portafortuna.

Be', i «ricordini» dei santuari non mi scandalizzano più di tanto: non si deve disprezzare la devozione degli umili, dei semplici. Non a caso per il capolavoro spirituale dell'India, la *Bhagavad Gītā*, la «via della devozione» è una delle vie di salvezza. Un grande intellettuale del Medioevo, un logico chiamato *doctor invincibilis* per la sua acutezza, il francescano Guglielmo di Ockham, afferma che la fede cristiana è tutta contenuta nella devozione della vecchierella che scalda le panche della chiesa.

Richiamiamo invece un dato importante. Negli ultimi due secoli – diciamo a partire dalla Rivoluzione francese – i messaggi comunicati da Maria nelle sue apparizioni sono rivolti soprattutto a combattere la secolarizzazione della società, a riportare la semplice devozione popolare verso la fede tradizionale.

Tali messaggi diventano spesso polemici contro quei settori della Chiesa che si sforzano di adeguarsi al mondo moderno e alla cultura contemporanea. Non a caso le veggenti appartengono il più delle volte ai ceti più umili. Allo stesso modo è prevalentemente popolare il seguito, spesso amplissimo, nonché le pratiche devote che le apparizioni producono.

Da ciò che dice, gentile professore, deduco che il contenuto dei messaggi può essere definito, con il linguaggio brutale della politica, di tipo conservatore.

In secondo luogo mi sembra di vedervi un richiamo al contrasto già segnalatosi in sede conciliare tra vescovi del

Sud e del Nord Europa. La devozione mariana è sentita e praticata in modo diseguale, legata com'è alle culture locali. Circostanze che portano alla ricerca di un compromesso che tenga in piedi difficilissimi equilibri. Come infatti avvenne anche al Concilio.

XVII

I tempi, i luoghi

Ora dobbiamo entrare nel vivo delle apparizioni mariane. L'argomento è complesso, i luoghi numerosi, le storie appassionanti, è necessario affrontarle con ordine.

Comincerei dall'apparizione forse più celebre: Lourdes.
In realtà non si può parlare di Lourdes senza includere questo episodio in una serie di apparizioni avvenute nell'arco di un secolo in Francia, o comunque in territori francofoni.

Perché lo dice?
Perché la Francia è il Paese della Rivoluzione e di Napoleone, ovvero quello dove più forte è stata la secolarizzazione e la scristianizzazione (o il suo tentativo), pratiche alle quali le masse popolari si sono fortemente opposte. Anche dopo la Restaurazione (1815), l'ideologia laica e rivoluzionaria ha continuato a farsi sentire, spesso proprio nella sua veste anticristiana: socialismo, monarchia «borghese» di Luigi Filippo (1848), la Comune di Parigi (con la fucilazione dell'arcivescovo e di due gesuiti), la Terza Repubblica con la sua legislazione antiecclesiastica.

Da un punto di vista strettamente storico, non meraviglia quindi che proprio in Francia, un tempo «*fille aînée de l'Église*», figlia primogenita della Chiesa, si siano avute queste apparizioni, il cui senso generale sta nel tentativo di ricondurre alla fede tradizionale, proprio per contrastare questo processo.

La serie inizia nel 1830 con le apparizioni a Catherine Labouré, novizia nella Congregazione delle Figlie della Carità, nel convento di rue du Bac, a Parigi.

La notte del 19 luglio Maria appare a Catherine, alla vigilia della Rivoluzione che sarebbe scoppiata di lì a pochi giorni (la «Rivoluzione di Luglio») e garantisce la sua protezione al convento. Poi, ancora due volte, nel corso dello stesso anno, appare chiedendo alla giovane, allora ventiquattrenne, di far coniare una medaglia con l'effigie della visione: la Vergine biancovestita, con un mantello azzurro, gli occhi rivolti al cielo, in piedi sopra un globo per metà illuminato, nell'atto di schiacciare un serpente. La medaglia, diffusa in milioni di esemplari in tutto il mondo, è detta «miracolosa» per i numerosi prodigi che le sono stati attribuiti.

Le apparizioni furono riconosciute dalla Chiesa. Chi fosse la veggente fu reso noto solo dopo la morte di suor Catherine, nel 1876 (canonizzata nel 1947). Il suo corpo incorrotto giace nella cappella dell'Apparizione in rue du Bac 140.

Conosco bene il posto. Davanti al 140 c'è sempre un gran traffico di fedeli e di curiosi e un discreto numero di mendicanti. Anche papa Wojtyła ha sostato in quella cappella durante una visita a Parigi. Non sono mai entrato ma ciò che ha detto mi ha molto incuriosito, riparerò al più presto.

La giovinetta Bernadette Soubirous, quando la Vergine le apparve nella grotta di Lourdes, portava al collo una di queste «medaglie miracolose». Lourdes è una cittadina nel sud della Francia, ai piedi dei Pirenei. Poche migliaia di abitanti allora, oggi secondo centro alberghiero francese, dopo Parigi. Sei milioni di visitatori l'anno.

La storia di questa ragazzina infelice è molto bella, comunque la si voglia valutare. La mia idea è che proprio la singolarità dei personaggi, della vicenda e dei luoghi ha molto contribuito ad assicurarne diffusione e fortuna.

Comincio allora dalla storia. L'11 febbraio 1858 la quattordicenne Bernadette Soubirous, figlia di un povero mugnaio in rovina, costretto a vivere con la famiglia nell'umida ex prigione della cittadina, era alla ricerca di legna insieme alla sorella Marie, detta Toinette, e a un'amica. Giunte di fronte alla grotta di Massabielle, alla confluenza del canale del mulino con il fiume Gave, devono attraversare un guado per andare a raccogliere legna sull'altra sponda; Bernadette però esita, è una bambina malaticcia e teme, giustamente, di potersi ammalare, siamo in febbraio, uno dei mesi più freddi. Avverte allora come un rombo di vento impetuoso, ma non c'è vento; poi la grotta s'illumina e la fanciulla vede una donna vestita di bianco con una fascia azzurra in vita, che le sorride dolcemente e le fa cenno di avvicinarsi. Bernadette crede di avere un'allucinazione, prende il rosario che ha in tasca e comincia a recitarlo. Sulla via del ritorno, confida la cosa alla sorella, che lo dice alla mamma, questa sgrida le due figlie chiamandole bugiarde. È una povera donna oppressa dall'indigenza, con un marito ubriacone. Il 14 febbraio le tre fanciulle tornano alla grotta, poi ancora il 18, quando la bianca signora riappare e dice a Bernadette: «Vuoi essere tanto gentile da venire qui per 15 giorni? Non ti prometto di farti felice in questo mondo, ma nell'altro».

Dal 19 febbraio al 4 marzo si hanno 14 apparizioni, nel corso delle quali la signora fa scoprire a Bernadette una sorgente ricoperta di terra, la invita alla penitenza, chiede che si edifichi in quel luogo una cappella. La fanciulla riferisce la richiesta al parroco, Dominique Peyramale, che non le crede, anzi la rimprovera ammonendola a non raccontare favole. La fama della vicenda però corre: il 4 marzo si radunano circa ottomila fedeli e comincia a formarsi un culto locale, nonostante l'opposizione sia dell'autorità religiosa sia di quella civile. Il 25 marzo (proprio la festa dell'Annunciazione di Maria), Bernadette torna alla grotta e chiede alla signora il suo nome; fino a quel momento l'ha chiamata semplicemente *Aquerò*, ovvero «quella lì», nel dialetto occitano. Deve ripetere la domanda quattro volte, prima di avere, sempre nella lingua del posto, la risposta: «*Que soy era Immaculada Concepciou*», ovvero «Io sono l'Immacolata Concezione».

Non intendo mettere in discussione la veridicità degli eventi. Molti lo hanno fatto, altrettanti hanno difeso la natura celeste delle apparizioni. Sono dispute che lasciano il tempo che trovano e non hanno mai fatto cambiare idea a nessuno, un po' come accade con le discussioni sull'esistenza di Dio. Questi fenomeni non possono essere discussi sul piano razionale, essendo impossibile un qualunque tipo di prova o di controllo a sostegno di una tesi o dell'altra.

Mi soffermo invece su alcune osservazioni di tipo pratico, ammesso che la pratica abbia peso in faccende di questo tipo. Catherine Labouré e Bernadette Soubirous sono due ragazze dall'infanzia infelice. Zoe Labouré (chiamata poi Catherine) era nona di undici figli in una famiglia di contadini della Borgogna. Sua madre muore quando lei ha 9 anni. Pochi giorni dopo la vedono abbracciare una statuina della Madon-

na dicendo: «Ora sarai tu mia madre». Le visioni cominciano quando ha 24 anni, siamo nel terribile 1830, anno della Rivoluzione di Luglio che scaccia dal trono l'inetto Carlo X per sostituirlo con Luigi Filippo d'Orléans.

Bernadette era di condizioni ancora più disagiate, nata in una famiglia povera, soffriva di penosi attacchi d'asma. Il giorno della prima visione, una rigida giornata di febbraio, non stava bene e tossiva. Più robusta anche se minore d'anni era la sorellina Toinette e soprattutto l'amica con la quale si accompagnavano, Jeanne Abadie, figlia di uno scalpellino. Queste le difficili condizioni di partenza; un discorso analogo si potrebbe fare per i pastorelli portoghesi analfabeti di Fatima che avevano 7, 9 e 10 anni. Anche lì la Madonna appare, svela alcuni «segreti», anticipa avvenimenti a venire.

Senza fare illazioni possiamo comunque affermare che le condizioni psicologiche di tutti i ragazzi coinvolti erano di particolare fragilità, condividevano tutti uno status *psicologico che può facilitare l'accesso al «soprannaturale» (qualunque cosa voglia dire) o più semplicemente a quella forma di evasione da realtà penose o difficili che si ha quando sogniamo a occhi aperti.*

Il secondo elemento è l'elementarità delle immagini da loro descritte. A questi visionari appare sempre una signora giovane e bella, vestita di bianco, dalla quale emana una luce meravigliosa, che promette grazie e beatitudini o «svela» eventi prevedibili. Senza alcun animus, *mi sembrano francamente immagini che assomigliano a ciò che può immaginare un bambino quando pensa a una creatura celeste. Infatti la Madonna, oltre al bianco, indossa anche abiti color del cielo. Ultima osservazione: la Madonna è giovane e bella. Bella posso capire, l'immaginario opposto, quello popolato da donne vecchie e brutte, appartiene alle streghe e al demonio. Ma giovane perché? Quale periodo della sua vita attraversa*

Maria quando appare? È la Vergine che ha appena avuto il figlio Gesù? È la Mater dolorosa *che l'ha visto morire sulla croce? È la donna ormai matura che ha partecipato con gli apostoli alla Pentecoste? Maria, secondo il dogma, è stata assunta in cielo, compreso il corpo, alla fine della sua vita, quando era ormai una donna segnata dagli anni e dai patimenti terribili che aveva dovuto affrontare.*

Perché si sarebbe ringiovanita per apparire a quei ragazzi?
Il fatto che spesso, ma non sempre, le visioni le abbiano persone dal fisico debilitato, non deve meravigliare. Fin dall'antichità si sa che alla fragilità del corpo corrisponde non di rado una maggior forza dello spirito. Aristotele associava la genialità alla «melanconia» (oggi diremmo alla sofferenza psicologica). La storia dell'arte, della filosofia, della scienza, è piena di esempi in questo senso e, del resto, nessuno di noi si aspetta di trovare grandi doti di spiritualità nei campioni dello sport o nei divi del cinema, maschi o femmine che siano, con i loro fisici palestrati, «sani e belli», come recita uno slogan pubblicitario.

Capisco, ma qui parliamo di poveri bambini analfabeti o quasi, bisognosi di tutto, affetto, bellezza, protezione, salute. È evidente che devono «vedere» una signora bella, ricca e gentile. Una mamma come ogni bambino sogna.
Che Maria appaia prevalentemente nella sua forma più nobile e gentile dipende dal fatto che così il popolo la pensa. Confesso che anche io, quando penso alla Madonna, la «vedo» com'è raffigurata nei dipinti del Beato Angelico, cui sono abituato fin dall'infanzia.

Sa invece qual è il problema più delicato? La frase che Maria avrebbe pronunciato a Lourdes: «*Que soy era Immaculada Concepciou*». Siamo nel 1858, solo quattro anni prima, nel 1854, era stato definito il dogma dell'Immacolata Concezione, che tante resistenze aveva incontrato nel seno stesso della Chiesa.

Una diffusa opinione vorrebbe che l'umile Bernadette non conoscesse nemmeno il significato di quelle parole, ma mi sembra strano. Era sì una fanciulla ignorante, ma devota, e non ci vuole grande cultura per capire il dogma del peccato originale, se non altro nella forma mitica del peccato di Adamo ed Eva, con la necessità della redenzione in Cristo. Lo hanno capito milioni di bambini ignoranti, non si vede perché non avrebbe dovuto capirlo Bernadette. Avrà comunque sentito parlare di Immacolata Concezione dal parroco, visto che il dogma era stato definito quattro anni prima.

Tralascio le interpretazioni date a quelle parole, numerose, e alcune molto profonde, per riprendere la storia. A seguito di quella e di successive nuove apparizioni, Bernadette dovette affrontare una serie di esami e interrogatori, sia da parte delle autorità civili e scientifiche, sia da parte di quelle ecclesiastiche. Anche il vescovo, monsignor Laurence, rimase a lungo dubbioso sull'autenticità del fatto. Alla fine però tutti, o quasi, si convinsero della genuinità di quanto la ragazza andava dicendo. Bernadette entrò nella comunità religiosa delle Suore della Carità e, dopo anni di malattia e sofferenza, fisica e spirituale, morì nel 1879 a soli 35 anni. Il suo corpo, incorrotto, si trova nel convento di Nevers, ove è morta. È stata canonizzata nel 1933.

Tra le centinaia di opere su Lourdes, di orientamento opposto, vorrei citarne due non per discuterne la veridicità, ma solo per il loro carattere problematico. Il Viaggio a Lourdes *di Émile Zola del 1894 e il film* Lourdes *di Jessica Hausner che ha vinto nel 2009 il Vienna International Film Festival. Che cos'hanno in comune queste due opere diverse e distan-*

ziate da più di un secolo? Condividono il disagio dei miracoli. Non mi riferisco solo alla difficoltà di distinguere tra una guarigione che abbia valore clinico e il sollievo a un male nervoso o psicofisico. Per esempio la paralisi di tipo isterico di cui parla Zola nel romanzo. È che il miracolo, vero o presunto, che guarisce una persona può essere vissuto dagli altri ammalati come un'ingiustizia: a lei sì e a me no, perché? Può arrivare ad aggiungere amarezza a una condizione già compromessa dalla malattia. Tanto più che nelle Scritture Maria non fa mai miracoli; attribuirle il potere di guarire gli ammalati come faceva suo figlio, il taumaturgo, sembra più che altro un complemento alla sua capacità di consolare gli afflitti. D'altra parte condivido ciò che sui miracoli scrive Spinoza in una lettera a Henry Oldenburg (segretario della Royal Society) nel novembre 1675:

> I Cristiani si distinguono dagli altri soltanto per una pretesa; non per fede, non per spirito caritativo, né per altri frutti dello Spirito Santo, ma perché, come tutti, difendono la propria fede con i soli miracoli, cioè con l'ignoranza, che è la fonte di ogni malvagità; dunque perché trasformano la fede, anche se vera, in superstizione.

Anche a me pare che invocare i miracoli, basandovi addirittura la propria fede, costituisca un pericoloso avvicinamento alla superstizione.

Sono d'accordo. Se e in quanto la fede si difende con i miracoli, Spinoza ha perfettamente ragione. Solo che non è così: la fede è la conoscenza dello spirito nello spirito, e non chiede miracoli.

Per quanto concerne il nostro discorso, è comunque un fatto che con le apparizioni a Bernadette ha inizio la serie delle guarigioni miracolose.

Miracolose in che senso?
Bisogna distinguere tra guarigioni in senso lato e guarigioni miracolose (uso l'aggettivo per convenzione, senza formulare giudizi). Le prime sono casi di persone che, dopo il pellegrinaggio a Lourdes, registrano la guarigione da una infermità. Le seconde sono quelle giudicate «scientificamente inspiegabili» (non «miracolose»!) dai medici del Bureau médical che si occupa della cosa e poi, in seconda istanza, dal Comité médical international. L'autorità religiosa, ovvero il vescovo della diocesi del malato, dichiara miracolosa quella che supera il suo esame, che è non solo di natura medica, ma, ovviamente, anche di carattere religioso. Per dovere di cronaca, aggiungo che un tale evento si è verificato fino a oggi solo 65 volte. Dico «solo» perché le guarigioni dichiarate dagli ammalati dal 1858 sono molte migliaia. Pensi che un secolo fa, nel 1914, erano già 4500. La fede popolare è più ingenua, o forse più forte, di quella dei dotti ecclesiastici.

Tutti conoscono le polemiche sull'argomento e mi sembra inutile ripercorrerle per le ragioni già dette. Che la mente, in questo caso la fiducia, la speranza, il desiderio, la disperazione, insomma tutti quei sentimenti che possiamo anche chiamare «fede», siano in grado di intervenire sul corpo è fenomeno assodato.
Potrei aggiungere che la fede, come dice Matteo (17,20), è capace di muovere le montagne. Credo che di fronte a ciò che non riusciamo a spiegare, l'atteggiamento più onesto sia il *nihil admirari* della sapienza antica, insieme alla sospensione del giudizio, la *epoché* degli scettici, vale a dire il rispetto verso ciò che ci è ignoto.

Gilbert Keith Chesterton scrive: «Chi crede ai miracoli lo fa perché ha delle *prove* a loro favore. Chi li nega lo fa perché ha una *teoria* contraria ad essi».

Con tutto il rispetto verso uno dei rari scrittori cattolici inglesi (autore tra l'altro di piacevoli romanzi gialli), la sentenza suona altrettanto vera al rovescio. Del resto il buon Chesterton era anche noto come «il principe dei paradossi»: «Chi crede ai miracoli lo fa perché ha una teoria (una fede) favorevole; chi li nega lo fa perché non ha prove sulla loro veridicità».
Augias, come ha detto prima, in questo caso è inutile polemizzare. Purtroppo l'onestà intellettuale è cosa rara. Comunque il racconto delle apparizioni di Maria potrebbe continuare a lungo. Per restare alla Francia, la serie riconosciuta dalla Chiesa prosegue con il villaggio di Pontmain ed è direttamente legata ai timori per la guerra franco-prussiana del 1870. Potremmo parlare di Beauraing, nella diocesi di Namur, in Belgio, negli anni 1932-33. Ma soprattutto c'è Fatima, in Portogallo, cui s'è accennato.

Anche questa è una bella storia, indipendentemente da ogni considerazione accessoria. Vogliamo sommariamente raccontarla?
Fatima è una piccola località del Portogallo centrale. Curiosamente, in una terra la cui storia è segnata profondamente dalla lotta per la «riconquista» da parte cristiana dopo l'invasione musulmana, porta il nome della figlia di Maometto, sposa di Alì, capostipite degli sciiti. Nome molto diffuso nell'Islam, era portato anche da una fanciulla araba, catturata nel 1158 dal cavaliere Gonsalvo Herminguès, proprio durante una delle tante battaglie tra mori e cristiani. Convertitasi al cristianesimo, divenne moglie di Gonsalvo, morì molto giovane, lasciando buona memoria di sé, tanto che il Paese prese nome da lei.

Siamo nel 1917, nel pieno di quella guerra che a ragione è stata chiamata «Grande». Il Portogallo è un Paese neutrale, ma partecipa comunque intensamente del dramma che coinvolge l'Europa.

Il 13 maggio tre pastorelli, Francesco e Giacinta Marto, il primo di nove anni, la seconda di sette, insieme alla cugina, Lucía Dos Santos, di dieci anni, mentre sono intenti a pascolare il gregge in località Cova da Iria, nel terreno di proprietà della famiglia di Lucía, hanno la prima apparizione. «Nostra Signora», come i tre la chiamano, appare in un cespuglio di leccio circonfusa da intensi bagliori di luce. Triste in volto, domanda ai tre fanciulli se vogliono offrire a Dio le loro sofferenze in riparazione dei peccati del mondo e per la conversione dei peccatori. Gli chiede di tornare il giorno 13 del mese successivo e così per sei mesi.

La notizia dell'accaduto si diffonde e perciò agli appuntamenti annunciati i tre fanciulli sono accompagnati da un numero crescente di fedeli e di curiosi: poche decine all'inizio, decine di migliaia alla fine.

Così avviene il 13 giugno, quando la Signora promette ai veggenti che «li prenderà presto con sé in cielo», e poi il 13 luglio, quando vengono confidati ai fanciulli i tre famosi segreti, su cui torneremo tra un attimo, e preannuncia un segno miracoloso. Nell'agosto l'apparizione avviene il giorno 19, perché il 13 i ragazzi sono trattenuti dal sindaco, un laico, ostile ai fenomeni narrati e desideroso di porre fine alla vicenda. Il 13 settembre alla Cova da Iria sono però presenti circa trentamila persone, e il 13 ottobre molte di più, tra cui numerosi inviati speciali di giornali, in attesa anche del segno miracoloso preannunciato. In effetti il segno avviene: la Signora dichiara di essere la Madonna del Rosario e di desiderare una cappella in quel luogo, dopo di che scompare; nel cielo però si verifica uno straordinario fenomeno: per dieci minuti il sole sembra «danzare», roteando vorticosamente e spostandosi come in un movimento di andata e ritorno verso la terra. Il fenomeno è percepito da tutti i presenti, tra i quali il ministro della Educazione nazionale (il governo era allora anticlericale) e il redattore capo del quotidiano di Lisbona «O Século», liberale, laico, che raccontò il fatto in diversi articoli.

Faccio notare che l'Osservatorio astronomico di Lisbona non registrò alcuna variazione atmosferica.
È vero. Comunque l'autorità ecclesiastica guardò subito con favore agli eventi di Fatima. Già nel 1921 consentì il culto nella cappella delle apparizioni. Dopo la necessaria indagine, nel 1930 il vescovo locale dichiarò «degne di credito le visioni dei piccoli alla Cova da Iria». Nel 1946 Pio XII confermò il culto che intanto era nato. Paolo VI si recò in pellegrinaggio a Fatima nel 1967, cinquantenario delle apparizioni. Lo stesso fece Giovanni Paolo II per ben tre volte (1982, 1991 e 2000) attribuendo alla protezione della Madonna di Fatima la salvezza nell'attentato subìto in piazza San Pietro a Roma il 13 maggio (anniversario della prima apparizione) 1981, ad opera di Alì Ağca. Il papa volle che la pallottola che aveva rischiato di ucciderlo, deviata miracolosamente dalla «mano materna» di Maria, venisse incastonata nella corona sull'effigie della Madonna di Fatima.

E dei piccoli veggenti che ne è stato?
Due muoiono di spagnola, la terribile «influenza» che colpì l'Europa alla fine della Grande Guerra: Francesco nel 1919, Giacinta nel 1920. Lucía invece è morta a Coimbra nel 2005, quasi centenaria. Era entrata a quattordici anni in un ordine religioso, poi tra le carmelitane. È stata spesso in relazione con la Curia romana, e personalmente con papa Giovanni Paolo II, soprattutto perché rimasta la sola depositaria dei «segreti» affidatile da Maria, su cui tanto si è esercitata l'immaginazione popolare, dando vita a business mediatici, interpretazioni più o meno fantasiose, attualizzazioni forzate, eccetera.

In cosa consisterebbero tali segreti?
Il primo è la visione dell'inferno, spaventosa, secondo la tradizione: un mare di fuoco in cui sono immersi i peccatori, tormentati da orribili demoni. La visione per fortuna durò un momento, altrimenti «saremmo morti di terrore», scrisse suor Lucía.

Il secondo è la rivelazione che Maria fa sull'imminente fine della guerra, annunciandone però una peggiore durante il papato di Pio XI, se i peccatori non smetteranno di offendere Dio. Ci saranno fame, persecuzioni alla Chiesa, distruzione di nazioni. Alla fine però la Russia, consacrata al Cuore Immacolato di Maria, si convertirà e sarà concesso al mondo un periodo di pace.

Ma il papato di Pio XI termina nel febbraio 1939 e la Seconda guerra mondiale comincia solo il 1° settembre di quell'anno. Nel 1917, poi, al tempo delle visioni, la Rivoluzione russa era già in atto. Non le sembra che queste profezie siano, diciamo così, o un po' facili o un po' traballanti?
Volendo, si possono salvare. È vero che le dichiarazioni ufficiali di guerra sono nel settembre 1939, con l'invasione tedesca della Polonia, ma in quell'anno, e anche prima, i venti di guerra in Europa erano ormai forti.

Per quanto riguarda poi la Russia, al tempo delle visioni non era ancora diventata comunista, perché la cosiddetta Rivoluzione d'Ottobre doveva ancora scoppiare, cadendo a novembre del nostro calendario secondo la datazione ortodossa.

Come sempre, le possibilità di salvare quello che si vuole salvare non mancano mai. Ma andiamo avanti: e il terzo segreto?
Secondo quel che scrive suor Lucía, dopo la visione di un angelo con spada fiammeggiante accanto a Maria:

> Vedemmo un vescovo vestito di bianco, che abbiamo avuto il presentimento fosse il Santo Padre; vari altri vescovi, sacerdoti, religiosi e religiose salire una montagna ripida, in cima alla quale c'era una grande croce [...]. Il Santo Padre, prima di arrivarvi, attraversò una grande città mezza in rovina, un po' tremante, con passo vacillante, afflitto da dolore e da pena, pregava per le anime dei cadaveri che incontrava nel suo cammino; giunto alla cima del monte, prostrato in ginocchio ai piedi della grande croce, venne ucciso da un gruppo di soldati che gli spararono vari colpi d'arma da fuoco e frecce; allo stesso modo morirono gli uni dopo gli altri vescovi, sacerdoti, religiosi e religiose, e tanti uomini e donne di varie classi e posizioni.

Il testo di questa «premonizione», custodita nell'Archivio segreto vaticano, è stato reso ufficialmente pubblico nel giugno 2000. L'anno dopo suor Lucía confermò che «tutto è stato pubblicato, non v'è più nulla di segreto», avvalorando anche l'interpretazione che della visione del «vescovo vestito di bianco» aveva dato Giovanni Paolo II, riferendola all'attentato subìto.

La componente apocalittica è tipica di molte delle visioni riportate dai veggenti nella storia delle apparizioni mariane. Nel caso di Fatima si salda con tutto un materiale leggendario relativo all'ultimo papa (avrebbe dovuto essere Benedetto XVI!) e alla fine del mondo, tra profezia di san Malachia, Centurie di Nostradamus e quant'altro. Qui superstizione religiosa e superstizione laica, «new age» con l'aggiunta dello smarrimento spirituale tipico del nostro tempo, si prendono per mano.

Ovviamente, ci sono «segreti» e «profezie» più o meno

apocalittiche anche a Medjugorje, da cui è partita la nostra ricerca, fenomeno imponente per le sue dimensioni di massa, ma soprattutto atipico e sconcertante nella storia delle manifestazioni mariane. Come sono cominciate queste apparizioni?
Siamo nel 1981, Medjugorje era un piccolo villaggio croato dell'allora Jugoslavia, nella Erzegovina, a circa trenta chilometri dal capoluogo, Mostar, città con una popolazione mista di cattolici e di musulmani. Oggi, come Lourdes, è diventata un centro «turistico» di prim'ordine. La regione è stata per secoli sotto dominio turco, ma ha conservato l'identità cattolica, soprattutto grazie alla presenza dei francescani. Nel 1965 la Santa Sede decise di affidare una parte delle parrocchie al clero secolare; i francescani si ribellarono, affrontando anche le relative condanne canoniche, perseverando comunque nel rifiuto. La questione è andata avanti per dieci anni, fino a quando Roma non emanò il decreto *Romanis pontificibus*, con cui stabiliva una divisione a metà delle parrocchie. I francescani della provincia erzegovinese continuarono però a rifiutare la decisione papale, appoggiati dalla popolazione, che arrivò a murare le porte di una chiesa per impedirne la presa di possesso da parte del sacerdote diocesano. In questo contesto di divisione tra due chiese – la episcopale e la francescana – iniziano le apparizioni mariane che, sostenute fin dall'inizio dai francescani, hanno invece avuto subito contro il vescovo, che accusò addirittura i frati di esserne i veri ispiratori.

In effetti i francescani sono stati, fin dall'inizio, i mediatori tra i veggenti e i fedeli. Erano loro, per esempio, a comunicare al pubblico, anche ricorrendo ai media e in lingua italiana, il contenuto delle visioni dei ragazzi.

Una storia che per alcuni aspetti ricorda quella, altrettanto controversa, del santuario di padre Pio, legata anche a ricor-

renti polemiche dovute ai cospicui interessi finanziari che la gestione di un santuario comporta.

La storia, stava dicendo, cominciò nel 1981.

Più precisamente il 24 giugno, quando sei giovani di Medjugorje, tra i 20 e i 13 anni, vedono apparire, sulla collina di Podbrdo, una giovane donna, sollevata da terra, con un bimbo in braccio e una corona sulla testa, che fa cenno di avvicinarsi. I ragazzi fuggono. L'apparizione si ripete il giorno dopo, poi ancora nei giorni seguenti. Il gruppo dei veggenti però era cambiato: il maggiore, il ventenne Ivan Ivanković, non c'era più, al suo posto un bambino di 10 anni, Jakov Čolo. Allo stesso modo Milka Pavlović, tredicenne, era stata sostituita dalla sorella Marija, di sedici anni. Sono questi i veggenti definitivi.

Le apparizioni ebbero subito grande risonanza e all'appuntamento quotidiano con Maria iniziarono a partecipare migliaia di persone.

La cosa provocò l'intervento dell'autorità (siamo ancora nella Jugoslavia comunista), che temeva possibili ripercussioni politiche: il nazionalismo croato, ostile al predominio serbo e tenacemente anticomunista, in quelle apparizioni poteva trovare alimento.

Mi lasci ricordare brevemente alcuni precedenti storico-politici. La Croazia, una delle regioni più tormentate d'Europa, è stata negli anni Venti la patria del movimento ustascia di Ante Pavelić, un fascista cattolico. Questo movimento si è macchiato di crimini spaventosi contro i serbi (ortodossi) e gli ebrei. L'arcivescovo di Zagabria, Alojzije Stepinac, venne accusato di collaborazionismo. Quando la federazione jugoslava si disfece, papa Giovanni Paolo II si affrettò a dare riconoscimento internazionale allo Stato croato, con un gesto da molti giudicato prematuro e imprudente. Nell'ottobre 2012 si sono celebrati i vent'anni delle relazioni diplomatiche tra Croazia e Santa Sede. In quell'occasione il premier croato Zoran Milanović ha ricordato l'importanza dei rapporti reciproci esprimendo gratitudine alla Santa Sede per ciò che ha fatto per la Croazia.

Quanto ai francescani dell'Erzegovina, è noto l'aiuto attivo che dettero alla causa degli ustascia. È una delle numerose ragioni per cui la gerarchia cattolica non ha mai voluto riconoscere la veridicità delle apparizioni di Medjugorje.

Il peso della politica non è indifferente. Nel 1984 il vescovo di Mostar, monsignor Žanić, dichiarò che il fenomeno era una «allucinazione collettiva», sfruttata dai francescani del luogo per avvantaggiarsi, contro la legittima autorità, nella questione delle parrocchie.

Nel giugno dell'anno dopo la Congregazione per la dottrina della fede, diretta dal cardinale Ratzinger, consigliò «l'episcopato italiano di voler scoraggiare pubblicamente l'organizzazione dei pellegrinaggi». Questi ovviamente sono continuati ma, ancora oggi, non sono mai di carattere diocesano.

Nonostante tutto il fenomeno è andato aumentando. I pellegrini giungono a Medjugorje a centinaia di migliaia; la maggior parte dall'Italia. Medjugorje ha assunto una dimensione mondiale, favorita dai mass media. Alcuni ecclesiastici, anche di rango elevato, la sostengono, sulla base dei «frutti» di religiosità che se ne ricaverebbero. In Italia se ne fa portavoce Radio Maria.

Voglio chiudere il paragrafo su Medjugorje con le parole pronunciate da monsignor Žanić il 25 gennaio 1987 alla messa nella parrocchia di Medjugorje:

> Si dice che Nostra Signora abbia cominciato ad apparire sulla collina di Crnica, ma, quando la polizia ha

> vietato di andarci, è scesa nelle case, nei giardini, nei campi, nelle vigne e nelle piantagioni di tabacco; appariva nella chiesa, sull'altare, nella sacrestia, nel coro, sul tetto, sul campanile, per strada, sulla strada di Cerno, in macchina, sull'autobus, su un vagone, in alcune zone di Mostar, in diverse zone di Sarajevo, nei conventi di Zagabria, a Varaždin, in Svizzera, in Italia, di nuovo nel presbiterio, eccetera. Questa lista non include nemmeno la metà dei presunti luoghi in cui la Madonna sarebbe apparsa. Chi la venera seriamente dovrebbe chiedersi: «Santa Madre di Dio, che cosa hanno fatto di te?».

In effetti le visioni, le apparizioni, avverrebbero dovunque, in gruppo o singolarmente, giornalmente o a date fisse, e sono perciò ormai dell'ordine di diverse migliaia.

Il nuovo vescovo di Mostar, monsignor Perić, ha aggiunto che gli eventi di Medjugorje hanno in effetti portato a uno scisma: una decina circa di francescani, espulsi dall'Ordine e sospesi *a divinis*, hanno occupato con la forza almeno cinque parrocchie e continuato a esercitare le funzioni pastorali, amministrando sacramenti.

L'aspetto preoccupante è che a manifestazioni di per sé assai modeste, si aggiungono i consigli della Madonna che sono, come abbiamo visto nel Preambolo, della più trita banalità. Cito a memoria ma senza andare lontano dal vero: fumare fa male, bisogna pregare molto, le anime buone vanno in paradiso e poi inviti al digiuno, alla penitenza, alla recita del rosario, a essere portatori d'amore e così di seguito. Mi chiedo come mai messaggi che nulla aggiungono all'insegnamento tradizionale trovino una tale rispondenza popolare. Purtroppo credo di sapere anche la risposta.

Infatti siamo davanti a un fenomeno che tocca talvolta il limite del grottesco. Nel 1981 due dei veggenti, Vicka e Jakov, dissero d'aver fatto un viaggio nell'aldilà partendo dalla cucina di casa, condotti per mano dalla Madonna. Avrebbero prima visto il paradiso, dove tutti sono felici, «cantano e ballano», poi il purgatorio e infine l'inferno, descritto secondo i canoni della più prevedibile immaginazione popolare.

Credo che sappia anche lei molto bene quale sia la risposta alla diffusione di un tale fenomeno.

È semplice. Conta non il contenuto del messaggio, ma il fatto che la Madonna lo mandi, che sia presente. È questa materna presenza a confortare le masse; fenomeni di questo tipo sembrano più confortanti di quanto dice o fa la Chiesa ufficiale, percepita come lontana, collusa con i valori (e la cultura) mondani. Maria rassicura sui grandi temi della vita e della morte, dice che la vita ha un senso e un destino eterni. La *clemens, pia, dulcis Virgo Maria* si dimostra vicina a noi, con noi.

Onestà vuole però che si riconosca il *fatto* delle apparizioni. Ci sono casi in cui possiamo essere certi, per quanto umanamente possibile, che i veggenti hanno creduto di vedere quella che hanno creduto essere Maria.

Cosa diversa è la *valutazione* che diamo del fatto. Lì subentra un giudizio di valore che dipende da ognuno di noi.

Se poi mi chiedesse un giudizio generale nel merito di questo fenomeno, le direi che secondo me le apparizioni non aggiungono nulla alla fede, anzi, rischiano di impoverirla, perché Dio è spirito (Gv 4,24) e la fede, come dicevamo poco fa, è la conoscenza dello spirito nello spirito.

XVIII

I volti di Maria nell'arte

Apro questo capitolo riferendo, in sintesi, quanto ebbe a dire monsignor Timothy Verdon in una conferenza tenuta nel 2011 sul tema *Immagine e Parola: il Verbo visibile*. Verdon, nato nel New Jersey, Stati Uniti, risiede da anni a Firenze dov'è canonico della cattedrale e ricopre anche altri incarichi legati alla storia dell'arte. Nel 2010 per esempio ha curato la mostra *Gesù. Il Corpo, il Volto nell'arte* presso la Reggia di Venaria Reale a Torino. Do queste notizie per meglio orientarci sul suo punto di vista che può essere così sintetizzato: il cristianesimo ha prodotto, fin dagli inizi, opere d'arte al servizio della liturgia. L'arte, insieme alla liturgia è infatti tra le forme di comunicazione più antiche della Chiesa.

Su questo nesso, arte, liturgia e teologia, monsignor Verdon lavora da anni.

Tra le sue osservazioni, due in particolare possono essere utilizzate per la nostra conversazione. Cerco anche qui di riassumere. La prima è che solo verso il V secolo l'arte cristiana è riuscita a definire un suo linguaggio svincolato dal sistema formale ed espressivo dell'arte classica. Per la tradizione popolare, invece, le due realtà – l'immagine letteraria e quella artistica – sarebbero nate insieme e almeno un caso, quello dell'evangelista Luca, lo dimostrerebbe. Verdon cita come esempio un quadro del celebre pittore manierista detto «El Greco» conservato nella cattedrale di Toledo. Nel dipinto si vede appunto l'evangelista Luca, che secondo la tradizione era un pittore, nell'atto di mostrare la pagina di un libro adorna di un'immagine della Madonna col Bambino. Luca ha in mano un pennello, non una penna da scrivano, per cui se ne può dedurre che ha appena finito di dipingere l'immagine che tra l'altro – posta com'è a destra dell'apertura – attira l'attenzione più della pagina scritta, a sinistra. Conclude Verdon: «Lo sguardo interiore dell'evangelista, il pallore del volto, l'eleganza delle mani dalle dita affusolate evocano il clima spirituale che la tradizione bizantina, in cui El Greco era nato e cresciuto, associa con la pittura sacra». Non so bene se sia una prova, sicuramente è un esempio piuttosto suggestivo.

L'altra osservazione dello stesso Verdon ci riguarda ancora più da vicino: nell'arte cristiana, sostiene, neppure Gesù ha avuto il ruolo eminente dato a Maria. Anche se una catalogazione completa delle opere a lei dedicate è praticamente impossibile, l'osservazione suona molto verosimile se si pensa allo sterminato numero di «ritratti» di ogni tipo, dai capolavori supremi alle immagini dettate dall'ingenua pietà popolare, che alla madre di Gesù sono stati dedicati.

Le acute osservazioni di Timothy Verdon non esauriscono però il possibile punto di partenza del capitolo. Le rappresentazioni della vita di Maria toccano un argomento molto sensibile in tutte le religioni: la possibilità di raffigurare il sacro. Com'è noto ebrei e musulmani vietano di rappresentare la divinità e hanno le loro buone ragioni. Come sarebbe possibile dare tratti umani a un'entità onnipotente, onnisciente e soprattutto infinita? Non nascondo che perfino la maestosa raffigurazione di Dio immaginata da Michelangelo sulla volta della Sistina per la creazione di Adamo risulta, in termini puramente teologici, imbarazzante. Dio sarebbe dunque un distinto signore con una bella barba bianca, fluente capigliatura, rivestito da una tunichetta rosa, qualcosa di simile a un direttore d'orchestra, un vecchio socialista, un poeta. Il dipinto è magistrale, l'immagine poderosa, due mani si protendono e stanno per toccarsi, la divina scintilla si scarica su Adamo dandogli vita e intelligenza, tutto ciò è quanto di meglio la mente di un artista poteva concepire. Ma se uno davvero crede che Dio sia l'essere infinito di cui parlano i teologi, l'onnisciente e onnipotente nel quale credono i fedeli, la scena resta inverosimile.

Un'entità infinita non può assumere tratti finiti nemmeno considerando che l'uomo sarebbe stato creato a sua immagine e somiglianza. Meglio lasciarne i possibili tratti all'immaginazione di ognuno.

Ebrei e musulmani bandiscono le immagini dai luoghi di culto anche perché è costante il pericolo dell'idolatria, scambiare cioè la persona divina o comunque sacra con la sua raffigurazione, sia statua di gesso o di marmo, sia una figura dipinta su legno o su tela. Infatti non sono rari i casi, soprattutto nella tipica religiosità mediterranea, in cui questo scambio è avvenuto e continua ad avvenire anche ai nostri giorni sconfinando nel fanatismo. Perfino i mistici cristiani si sono battuti a suo tempo perché statue e dipinti fossero limitati al minimo, perché si tenesse comunque distinta la sacralità dalla sua raffigurazione, il valore intrinseco della persona venerata dai tratti umani che la rappresentano, magistrali che siano.

All'interno del mondo cristiano va segnalata la furia iconoclasta dell'imperatore bizantino Leone III che nel 726, convintosi che la divinità non possa essere rappresentata in forme umane, ordinò la distruzione delle immagini sacre. Il suo ragionamento era che gli adoratori delle immagini cadono nell'eresia poiché, dipingendo Cristo, ne rappresentano solo la natura umana. Ma poiché le sue due nature sono inseparabili, qualità che un'immagine non potrà mai riprodurre, si rende necessaria la loro distruzione. La battaglia, per dire tutto, aveva anche un aspetto pratico che non sfuggì a suo figlio Costantino V, anch'egli acceso iconoclasta.

L'astuto Costantino sfruttò l'iconoclastia paterna per combattere anche lo strapotere dei monasteri che traevano lauti guadagni dal commercio delle icone e, grazie a quelle suggestive immagini (ancora oggi apprezzatissime), condizionavano le folle sottraendole all'influenza imperiale. Distruggere le immagini servì così a ridimensionare il potere dei monaci impossessandosi dei loro ricchi patrimoni.

Che cosa ha determinato la scelta della religione cattolica di dare invece ampio spazio alla rappresentazione del sacro? All'inizio i primi cristiani dovevano strappare i loro fedeli alle religioni della classicità, greca e romana, che avevano diffuso la rappresentazione del sacro, spesso con opere di notevole o addirittura grandioso valore artistico. Dovendo competere su quel terreno, non si poteva passare da una tale abbondanza alla nuda severità dell'ebraismo, privo di immagini. Un'altra ragione è di natura teologica. Il cristianesimo è la religione del Dio che s'è fatto uomo, vero uomo, e che in quanto uomo soffre e muore (salvo poi risorgere, ma questo è un altro discorso). È l'umanità di Gesù, tutt'uno con suo Padre, che ne ha facilitato la rappresentazione. Della sua doppia natura, divina e umana, l'artista ritrae solo quest'ultima lasciando impregiudicata l'altra e senza timore di sembrare eretico, salvo forse agli occhi dei più fanatici.

Naturalmente se si considera possibile ritrarre Gesù, che

è anche Dio, è ancora più facile immaginare di ritrarre sua madre che, quanto meno all'inizio della sua storia, è solo una giovane donna ebrea toccata dalla grazia. Gioca tra l'altro a favore il fortissimo argomento che Maria può essere ritratta in quei momenti topici dell'esistenza che ogni donna conosce: la maternità, l'allattamento, le preoccupazioni per il figlio, i patimenti per la sua sorte possibile. A questo si aggiunge, nel caso di Maria, il dolore di dover seppellire la sua creatura sovvertendo la legge naturale che, come abbiamo già detto, vuole che siano i figli a seppellire i genitori.

Professor Vannini, se questo è un possibile punto di partenza, come possiamo svilupparlo?
In primo luogo preciso che le mie sono osservazioni inerenti alla storia delle religioni e non dell'arte; con questa ci dobbiamo confrontare, ma esclusivamente per gli aspetti che toccano la teologia. Detto questo aggiungo alla sua sintesi, che per la gran parte condivido, un ulteriore elemento che non possiamo trascurare ed è che nella raffigurazione sacra è compresa una componente platonica, ovvero il concetto che nella Bellezza si mostra in qualche modo il divino, cioè il Bene. Il bello, nell'arte, diventa perciò epifania divina, che porta verso la salvezza.

Un ulteriore elemento cui bisogna accennare è che la raffigurazione di immagini estratte dai racconti evangelici costituiva, soprattutto nel Medioevo la cosiddetta *Biblia pauperum*, la Bibbia dei poveri, ossia degli illetterati che, non potendo leggere le Scritture, trovavano informazione religiosa e di storia sacra nelle pitture, specie nelle chiese. Pensi alle grandi vetrate così colorate delle cattedrali gotiche. Questo spiega, ovviamente, anche la presenza di numerosissime immagini legate agli episodi tratti dai vangeli e ai cicli della vita di Maria.

Mettendo da parte la leggenda di Luca pittore, quando cominciano le prime rappresentazioni pittoriche della Madonna?
Le più antiche immagini mariane in Occidente risalgono al III secolo, nelle catacombe romane di Priscilla, sulla via Salaria. Un affresco raffigura una donna con un bambino in braccio. La stella che ha di fronte permette di dire con sicurezza che si tratta di Maria; i primi cristiani attribuivano a lei la profezia di Balaam, l'indovino che, pregato dal re dei moabiti di maledire Israele, lo aveva invece benedetto, profetizzando che: «Una stella sorgerà da Giacobbe» (Nm 24,17). Sempre nelle catacombe di Priscilla compare la scena che più di ogni altra sarà rappresentata nei secoli, ovvero l'adorazione dei magi. Del resto Adolfo Venturi, grande storico dell'arte, notava che l'arte cristiana delle catacombe prelude al Rinascimento, determinando tipi e rappresentazioni nascoste o travestite dal Medioevo e poi riscoperte e ravvivate dall'età moderna.

Maria che siede con il figlio in grembo è una delle immagini più ripetute nel corso dei secoli. Una delle ragioni sembra evidente: è la perfetta rappresentazione della maternità. Ce ne sono altre?
Esiste anche una motivazione di carattere sacro. Molti testi medievali associano la Vergine al «Trono di Salomone» chiamandola *Sedes sapientiae*, qualifica poi rimasta nelle litanie lauretane. Già nel V secolo, dopo il Concilio di Efeso che definisce il dogma della maternità divina, troviamo spesso Maria raffigurata come *basilissa*, ovvero regina. Lo vediamo per esempio nelle figure dell'arco trionfale di Santa Maria Maggiore in Roma, eseguite proprio qualche anno dopo il Concilio di Efeso, ispirate tanto ai vangeli canonici quanto agli apocrifi. Maria vi compare nella scena dell'Annunciazione, nell'Adorazione dei magi, nella Presentazione al Tempio

e nell'incontro con Afrodisio davanti alla città di Sotine, in Egitto, di cui abbiamo già detto. Le scene sono diverse, ma Maria è sempre raffigurata con vesti e atteggiamento regali, talvolta circondata da angeli come se fossero guardie imperiali. Analoga raffigurazione troviamo anche nei mosaici di Sant'Apollinare Nuovo a Ravenna, allora centro dell'irradiazione dell'arte bizantina in Italia. Prenderanno vita da qui, nei secoli, le numerosissime *Maestà* che conosciamo bene, come quella di Cimabue o di Simone Martini.

Queste sue osservazioni richiamano il fatto che, tra i titoli attribuiti alla Madonna, sono numerosi quelli che evocano la sua «regalità». Regina Coeli, Regina angelorum, *la preghiera* Salve regina*; in area francese abbiamo numerose cattedrali e chiese intitolate a* Notre-Dame, *nostra signora, a cominciare dalla più celebre di tutte che si trova a Parigi sull'isola al centro della Senna.*
Infatti il tema dell'Incoronazione della Vergine nasce in area francese, anche se presto si diffonde in tutto l'Occidente. A volte Maria è seduta in trono accanto al Figlio che la incorona; altre volte invece è inginocchiata, come nella tavola di Filippo Lippi al museo degli Uffizi, a Firenze. Altre volte ancora è l'intera Trinità a metterle la corona sul capo. A Maria i medievali applicavano il versetto del Cantico dei Cantici 4,8: «Vieni, mia sposa, devi essere incoronata», e quello del Salmo 44,10: «La regina sta alla tua destra, vestita di oro fino».

L'antifona Salve regina *ha versetti che richiamano la funzione materna di Maria. Quelli di apertura dicono infatti:* «Salve, regina, Mater misericordiae, vita, dulcedo, et spes nostra, salve». *Regina, dunque, ma anche madre di misericordia, vita dolcezza e speranza nostra.*

Prima di rispondere, riprendo brevemente il tema dalla svolta avvenuta nella pittura mariana: possiamo datarla in Occidente al XIII secolo (penso a Giotto) quando la Chiesa si libera, sempre più velocemente, dalla tradizione iconografica che aveva in comune con la Chiesa greca. Liberazione senza dubbio positiva, in quanto segna un progresso nell'arte religiosa. D'altra parte, com'è stato notato, lascia anche agli artisti la libertà di abbandonarsi a interpretazioni personali della storia biblica. Anzi, la Bibbia diventa spesso un pretesto per esibire il proprio virtuosismo, si allestiscono scenari secondo la moda del tempo, comprese possibili connotazioni mondane.

Tra le tipologie più diffuse c'è, e qui torno alla sua osservazione, quella che raffigura Maria come *Mater misericordiae.* Il timore della peste, delle carestie, della guerra, ma anche l'appello alla penitenza, spingono a cercare protezione nella Madre misericordiosa, che perciò è spesso raffigurata in piedi, con un ampio mantello sotto cui trovano rifugio i fedeli. Tra le infinite varianti colpisce il curioso affresco di Panicale (Perugia) in cui Maria ha in mano un bastone per tener lontano il diavolo che si aggira attorno!

Si capisce bene che in un'epoca in cui la scienza medica era più o meno al livello della stregoneria – tale rimarrà del resto fino a Ottocento inoltrato – si confidasse nell'aiuto del cielo per la lotta contro le malattie, spesso epidemiche, e per altre consimili sventure.

Una diversa declinazione dell'immagine di Maria è quella della donna che, accanto alla gloria, ha avuto in sorte anche molti e terribili dolori. La «Regina» infatti diventa a volte la Mater dolorosa.

Il tardo Medioevo, il suo «autunno» come lo chiama lo storico olandese Johan Huizinga, è un'epoca segnata da crisi profonde. È in quel periodo che si diffonde la devozione verso la *Mater dolorosa*. Partendo dalla celebre e variamente interpretata profezia di Simeone in Luca 2,35: «Una spada ti trafiggerà l'anima». Maria era inizialmente raffigurata come trafitta al cuore da una spada. I fedeli portarono però i dolori di Maria da cinque che erano, in analogia con le cinque piaghe di Gesù crocifisso, al numero simbolico di sette. La *Mater dolorosa* viene perciò raffigurata vestita di nero, spesso piangente, con sette spade che le trafiggono il cuore. A volte il dolore è raffigurato nella sua interiorità, come nel dipinto di Adriaen Isenbrant a Bruges, in Belgio: Maria, anche qui vestita di nero, siede in atteggiamento di profonda meditazione, circondata appunto dalla raffigurazione dei sette dolori.

E le varie Pietà*?*

È sempre il tema del dolore che dà luogo alla tipologia della *Pietà*, ovvero l'immagine di Maria che tiene in grembo il figlio morto. Ampiamente diffusa anche nel Nord Europa, trova nell'arte italiana il suo capolavoro con i gruppi marmorei delle *Pietà* di Michelangelo, la più nota delle quali si trova in San Pietro a Roma.

Accenno appena a un altro tema che si intreccia col precedente nel tardo gotico e soprattutto nell'Europa settentrionale: *Maria con l'unicorno* – un mitico e mistico animale che, secondo i *Bestiari* medievali, solo una vergine poteva catturare. Nella scena più consueta si vede Maria seduta in un giardino mentre l'unicorno posa dolcemente la testa nel suo grembo. Il motivo dell'unicorno, come pure quello del «giardino», risalgono probabilmente alla sintesi tra mondo cristiano e cultura pagana. «*Flores apparuerunt in terra nostra*», recita il Cantico dei Cantici (2,12), e già nel IX secolo la Madonna del Libro di Kells, a Dublino, appariva in uno scenario di piante e animali.

*Il suo richiamo a questo ennesimo travaso di cultura pagana nel cristianesimo rende forse opportuna una breve precisazione. È noto che la data convenzionale del Natale venne fissata al solstizio d'inverno poiché in quei giorni il sole ricomincia, per così dire, il suo cammino verso la primavera (*sol invictus*, dicevano già i romani). La Pasqua è stata parimenti fissata in rapporto con l'equinozio di primavera, resurrezione del Cristo secondo la fede, della natura secondo l'ordine delle stagioni. Nell'Europa meridionale, dove il tempo è più clemente, non si afferra pienamente l'importanza che i popoli settentrionali danno al «risveglio di primavera» (per rubare un titolo a Frank Wedekind) dopo i lunghi mesi di freddo e di buio. Nelle lingue romanze la «pasqua» riprende l'ebraico «Pesach» (*Pâques, Pascua*, eccetera); nelle lingue anglo-sassoni invece la pasqua è indicata come *Easter* (inglese) ovvero *Ostern* (tedesco). Un nome che richiama la dea pagana della natura e della fertilità Ostara (ma anche: Eostre o Eastre) celebrata appunto in coincidenza con l'equinozio di primavera. Ostara si avvicina a sua volta alla divinità romana Vesta, protettrice della casa e del focolare domestico (le famose vestali). Molte le somiglianze rimaste tra i vari culti: l'accensione di un cero, il coniglio, noto per la sua solerzia sessuale, le uova (le celebri «uova di Pasqua»), simbolo dell'embrione da cui scaturisce la vita. Se poi alle uova si affianca un salame, come avviene in una certa tradizione italiana, la simbologia fallica diventa lampante. Il risveglio della primavera non potrebbe essere espresso con più efficace eloquenza.*

Confesso, caro professore, che questa circolarità dei culti mi affascina, mi fa sentire con maggiore forza l'unità del genere umano nei suoi desideri, bisogni, speranze.

Condivido pienamente. Del resto, proprio il sentimento di questa profonda solidarietà, unità, di tutto il genere umano, anzi di tutti gli esseri, è, come ho già detto, il pensiero dell'Uno, il pensiero mistico. Per non citare sempre i miei autori prediletti, ricordo il notissimo romanzo di Hermann Hesse: *Siddharta.*

Tornando all'iconografia mariana, tra Bibbia e mondo pagano, nel Cantico dei Cantici al versetto 4,12 leggiamo: «Sei un orto chiuso, sorella mia, sposa, sorgente chiusa, fonte sigillata». Da qui nascono, a partire dal XV secolo, le raffigurazioni di Maria in un luogo di solitudine e di riparo, simbolo più autentico di purezza, verginità. Infatti, non a caso in quel secolo i teologi discutono accanitamente la dottrina dell'Immacolata Concezione. L'*Hortus conclusus* diventa spesso un roseto, da questa raffigurazione si sviluppano le Madonne del Rinascimento italiano, in cui le caratteristiche del giardino si perdono pian piano e Maria diventa simile a una gentildonna delle corti, giovane ed elegante. Uno degli esempi più evidenti è la Madonna del *Magnificat* di Botticelli agli Uffizi. Maria è raffigurata nell'atto di scrivere il *Magnificat* in una specie di corte angelica, mentre insieme col bambino tiene in mano una melagrana, simbolo di prosperità e benessere.

Il Rinascimento italiano, forte dell'eredità umanistica del secolo precedente, libera l'espressione artistica, scioglie i legami col passato, si apre all'idea di bellezza. La Bellezza, ricordava lei poc'anzi, è simbolo del divino, ma possiamo anche dire che attraverso la bellezza il divino si umanizza.

Infatti anche gli aspetti dolorosi, accentuati nel Medioevo, si attenuano. Le Madonne diventano belle donne, serene, spesso raffigurate non solo col bambino, ma anche in compagnia di santi (Anna, Elisabetta) o di fedeli, in mezzo a splendidi paesaggi. Nella Madonna del Cardellino di Raffaello il piccolo Gesù gioca col coetaneo Giovanni Battista

– inconsapevoli entrambi della tragica sorte che li attende! Anche nella Sacra Famiglia Canigiani (Alte Pinakothek di Monaco) Maria è con Giuseppe, il figlio, santa Elisabetta e il piccolo Giovanni. Mentre Elisabetta parla con Giuseppe, Maria guarda serenamente i due bambini che giocano, sullo sfondo di un paesaggio dolce e tranquillo.

Se vogliamo seguire un percorso cronologico, la Riforma, anche in campo artistico, segna un punto di frattura. L'iconografia mariana conosce una svolta profonda, conseguenza delle diversità teologiche. Nei Paesi riformati, cioè in gran parte dell'Europa settentrionale, Maria quasi scompare anche perché le immagini sacre, tutte non solo quelle di Maria, sono viste con sospetto temendosi sempre l'agguato di quell'idolatria nella quale i Paesi meridionali talvolta sconfinano. Maria fa le spese di tale diffidenza. Anche in questo campo si apre, all'inizio del XVI secolo, una divergenza che non è più stata sanata. Sui cattolici peserà l'accusa di «mariolatria».

La verità è che nel mondo cattolico il culto mariano si accresce proprio in polemica con il protestantesimo e Maria diventa centro della devozione popolare. Anche nell'arte il fenomeno è evidente. Esemplare è l'affresco del Domenichino (1640, nel pieno della guerra dei Trent'anni, ultima e più terribile delle guerre di religione) nella cappella del Tesoro di san Gennaro del duomo di Napoli: Lutero e Calvino vengono schiacciati da un giovane con elmo e bandiera con una scritta inneggiante all'Immacolata, mentre un canonico mostra le ampolle col sangue di san Gennaro e in alto Maria intercede presso il Figlio perché deponga la spada della sua ira: vero concentrato di devozione post-tridentina.

Gli indirizzi che il Concilio di Trento impose al mondo cattolico coprirono non solo i campi della dottrina ma l'intera vita dei fedeli e le stesse espressioni artistiche. Non è esagerato dire che il solo paragone possibile è con quanto stabilì Andrej Aleksandrovič Ždanov che impostò la politica culturale sovietica ai tempi di Stalin sconfessando ogni espressione artistica che non rispettasse i canoni del partito. Subirono i suoi colpi, tra gli altri, una poetessa come Achmatova, un musicista come Šostakovič, un epistemologo come G.F. Aleksandrov. Quando s'impone una linea precisa in campo culturale, a parte le possibili conseguenze drammatiche, incombe il passaggio dall'ortodossia al ridicolo.

Il Concilio di Trento, con il Decreto sulle immagini sacre del 1563, orienta per secoli l'iconografia religiosa e anche mariana, che diventa così profondamente unitaria. Si stabiliscono regole severe e canoni precisi per le immagini religiose, proibendo raffigurazioni insolite o complicate, tali da indurre in errore i fedeli o addirittura sospette di tendenze paganeggianti: «Il santo concilio proibisce che nelle chiese si ponga un'immagine ispirata ad errore, che possa trarre in inganno i semplici; vuole che si eviti ogni impurità, che non si offrano immagini dagli aspetti provocanti».

Il cardinale Federico Borromeo, di manzoniana memoria, emana nel 1624 norme sulla pittura sacra nelle quali si depreca, ad esempio, «la sconvenienza di quelli che effigiano il divino infante poppante, in modo da mostrare denudati il seno e la gola della beata Vergine, mentre quelle membra non si devono dipingere che con molta cautela e modestia».

Quali sono, in questo clima, le più frequenti raffigurazioni della Madonna?

Quella dell'Assunta e quella dell'Immacolata. Infatti, come abbiamo già detto più sopra, ben prima che i due rispettivi dogmi fossero definiti, la devozione popolare aveva già deciso in loro favore.

Nelle immagini dell'Assunzione, Maria a volte, portata dagli angeli, si alza con le mani giunte e gli occhi rivolti al cielo, come ad esempio nella tela di Guido Reni a Sant'Ambrogio di Genova; a volte invece si alza in cielo da sola, mentre gli angeli la guardano: così, ad esempio, nell'Assunta di Tiziano nella chiesa dei Frari a Venezia, ove l'ascesa è per così dire naturale, senza sforzo, senza niente di ascetico o mistico. I volti degli apostoli non esprimono meraviglia, quasi si trattasse di un evento straordinario sì ma non incredibile, anzi, la semplice realizzazione di un evento previsto dal disegno divino.

Ancora più diffusa l'immagine dell'Immacolata. Maria è rappresentata in piedi, con le mani giunte o incrociate sul petto; ricordando Genesi 3,15, i suoi piedi, posati sul globo, schiacciano la testa del serpente tentatore, mentre la corona di dodici stelle e la luna sotto i piedi richiamano la donna di Apocalisse, capitolo 12. Questa iconografia, codificata dal pittore spagnolo Francisco Pacheco (la Spagna era, come abbiamo detto, la massima partigiana dell'Immacolata), prevede per Maria veste bianca e mantello azzurro e così viene raffigurata in numerosi dipinti di Murillo, facendo da modello anche per il nostro Tiepolo.

Un'altra frequente iconografia mariana di quel periodo è quella della Madonna del Rosario. La devozione del rosario, di origine medievale, prevalentemente domenicana e certosina, venne codificata da papa Pio V nel 1572. Nel 1573 papa Gregorio XIII istituì una festa (prima domenica di ottobre) nel ricordo della vittoria di Lepanto attribuita all'intervento della beata Vergine del Rosario. Furono i gesuiti a diffondere la pia pratica, tanto che il rosario in certo modo divenne la preghiera dei semplici per eccellenza, e questo spiega, ovviamente, anche il diffondersi delle immagini della Madonna del Rosario nei luoghi di culto.

Il secolo dei Lumi, le correnti razionalistiche dell'Illuminismo che si sono diffuse nel XVIII secolo perfino nell'Italia settentrionale, spengono o attenuano quasi ovunque il fervore mariano.

Lo stesso si può dire per quanto riguarda il secolo successivo, il famoso Ottocento nel quale le varie correnti artistiche non avevano più legami con la fede dei semplici.

È vero. Tutto cambia però con le apparizioni di Maria in Francia di cui abbiamo parlato. Prima a Parigi, a Catherine Labouré, con la cosiddetta «medaglia miracolosa», poi a Lourdes, a Bernadette Soubirous.

Nel senso che le apparizioni incidono anche nell'iconografia mariana?

Certamente, l'immagine più diffusa diventa quella della Vergine con le mani giunte, veste bianca e lungo velo, una cintura azzurra e un rosario che pende dal braccio destro. La proclamazione del dogma dell'Immacolata e la diffusione delle immagini a stampa (i «santini») fissano questa rappresentazione che, insieme a quella di Fatima, è la più comune nel Novecento.

È stato notato che queste immagini, in particolare le statuette di gesso della Madonna di Lourdes, nella loro semplicità (si potrebbe parlare di kitsch), svolgono presso il popolo dei fedeli una funzione analoga a quella delle antiche icone: non capolavori a opera di un artista famoso, ma semplici immagini sacre.

Fatte in serie.

Certo, ma perfino questo si trasforma in un punto positivo contraddicendo il giudizio di Walter Benjamin nel suo celebre saggio *L'opera d'arte nell'epoca della sua riproducibilità tecnica*.

Forse perché si tratta di oggetti comuni. Certo non opere d'arte.
La produzione in serie restituisce alle immagini quell'impersonalità che era già nelle icone acheropite, come si diceva in greco bizantino, ovvero non fatte da mano di uomo.

Comunque nella Collezione d'arte religiosa moderna dei Musei Vaticani, nata nel 1973 per iniziativa di Paolo VI, vi sono opere mariane di grandi nomi dell'arte moderna: van Gogh, Matisse, Rouault, De Chirico, Carrà, Dalí. Altri nomi si potrebbero fare: Emilio Greco, Giacomo Manzù, Igor Mitoraj, eccetera.

Maria resta dunque presente anche nell'arte del nostro tempo.

Sicuramente. Però con un'osservazione non so se da lei condivisa. Questa produzione, anche se di autore illustre, non ha più legami con la dottrina e nemmeno con la pietà popolare. Obiezione che si può estendere ad altri aspetti del sacro, per esempio la moderna architettura ecclesiastica che è in genere di grande bruttezza. È stato osservato che sembra suggerita dal demonio. Condivide?
Ahimè, sì.

Poco fa lei si è riferito alle «icone». Ora, la parola icona, diffusa anche nel linguaggio del computer e del web, di per sé vuol dire semplicemente «immagine», in greco. Però sappiamo che non è così semplice. Le icone, nel senso da lei enunciato, sono quella particolare forma di rappresentazione tipica dell'arte bizantina e poi slava. Qual è, ed è stato, il ruolo di queste immagini?
Devozionale, ma non solo, anche teologico, funzione doppia che non trova corrispondenza in Occidente. Noti che solo nel XX secolo, per l'influenza esercitata da intellettuali cristiano-ortodossi russi esuli a Parigi dopo la Rivoluzio-

ne comunista e il terrore staliniano, l'Europa ha compreso il significato dell'icona.

L'icona è un'immagine a soggetto religioso, in genere di dimensioni ridotte, quindi portatile, dipinta su una tavola di legno con una tecnica perpetuatasi nei secoli, tramandata probabilmente dall'antico Egitto.

La Chiesa ortodossa ha limitato il divieto delle immagini dell'Antico Testamento solo ai *simulacra*, cioè alle raffigurazioni plastiche della divinità, per questo l'arte sacra bizantina non ha prodotto statue, icone invece sì.

L'icona è sottratta a qualsiasi interpretazione soggettiva, rinuncia in larga misura alla spazialità e alla plasticità della pittura ellenistica, ricerca la bidimensionalità, che non deriva, come talvolta si legge, dall'incapacità di usare la prospettiva, ma dal fatto che la figura dell'icona non appartiene più alla sfera della percezione sensoriale, si affaccia per così dire dall'eternità nella nostra dimensione temporale. Anche l'uso dei colori è rigidamente definito, come l'abbigliamento dei personaggi e i simboli. Il pittore non decide niente, tutto è già previsto, deve solo pronunciare una preghiera mentre prepara i colori e li stende sul pannello.

Per la Chiesa ortodossa l'icona non è un'immagine sacra nel senso occidentale, tanto meno un oggetto decorativo, bensì qualcosa che trova il suo vero significato solo nello spazio e nella celebrazione liturgica.

Se capisco bene l'icona non è una rappresentazione del divino, ma in qualche modo richiama la presenza stessa del divino.

Dio è invisibile e irrappresentabile, ma, poiché s'è fatto uomo, si può disegnare sulla tavola e proporre alla contemplazione nei vari aspetti della sua vita: Nascita dalla Vergine, Battesimo, Passione, Resurrezione, eccetera. L'icona mostra colui di cui è immagine, rimandando all'originale.

Non si deve perciò adorare l'icona, giacché l'adorazione è riservata a Dio, ma venerarla, poiché l'immagine onora l'originale cui rimanda. Lei ricorderà certo in *Guerra e pace* di Tolstoj la processione con l'icona della Madonna di Smolensk, prima della battaglia di Borodino, con tutto l'esercito russo in ginocchio, e il vecchio generale Kutuzov con la fronte a terra davanti alla sacra icona.

Ricordo anche Vladimir Vladimirovič Putin che sbaciucchia le icone nelle celebrazioni ortodosse.
Questo fa solo ridere.

Capisco meglio adesso perché i personaggi raffigurati nelle icone appaiano in una sorta di dimensione atemporale, astorica, quanto di più vicino possa darsi dell'idea del sacro. La Madonna come viene raffigurata?
La figura di Maria venne per così dire codificata da Niceforo Callisto, autore greco del XIV secolo, che, richiamandosi a Epifanio di Salamina (IV secolo), scrive: «La Vergine non era di alta statura... Il colorito leggermente dorato dal sole della sua terra, rifletteva il colore del frumento. Biondi i capelli, vivaci gli occhi, un po' olivastra la pupilla. Le sopracciglia arcuate e nere; il naso un poco allungato; le labbra rosse e colme di soavità nel parlare. Il viso né tondeggiante né aguzzo, ma leggermente ovale, le mani e le dita affusolate».

Nelle icone Maria porta sempre il *maphórion*: una specie di velo che le copre il capo e le spalle, scendendo fino alle ginocchia, ritenuto da un fermaglio all'altezza della gola. Esisteva come sacra reliquia custodita a Costantinopoli fino al XV secolo nel famoso santuario mariano delle Blacherne. Poi il monastero fu distrutto da un incendio e la città presa dai turchi. Là si venerava l'icona di Maria detta perciò *Blachernitissa*: posizione frontale, eretta, le braccia alzate e la raffigurazione del Figlio in un clipeo (scudo) sul petto. Una copia importante è a Torcello (Venezia).

Le icone di Maria sono diffuse quanto quelle del Cristo, se ne ricordano addirittura 700 denominazioni. Secondo la leggenda, le prime tre sarebbero state dipinte dall'evangelista Luca.

Ci dobbiamo credere?

Direi di no, ma non ha molta importanza. La leggenda ci dice soprattutto la rilevanza data in particolare a questo tipo di icone. Ometto di elencare anche solo per sommi capi le centinaia di denominazioni conosciute, mi limito a citarne due.

Una è la *Galaktotrophoûsa* (Colei che nutre col latte), che raffigura la Madre col bambino al seno, in ricordo di Lc 11,27: «Beato il seno che ti ha nutrito!». È di una tipologia molto antica, che risale all'Egitto del VI secolo. Il tema compare anche a Roma, nel mosaico di Santa Maria in Trastevere, secolo XII, poi nei cosiddetti «madonnari», attivissimi fino a tutto il Settecento e molto amati anche oggi dalla tradizione popolare, nelle feste mariane. Si tratta di umili artisti che dipingono per terra con i gessetti effimere immagini. Ricordo *per incidens* che ci sono tuttora circa settanta località, tra Oriente e Occidente, dove si sostiene di avere reliquie del latte della Madonna.

L'altra è la *Kyriótissa* (Regina), con la Madonna seduta in trono, vestita di porpora come una sovrana, col Bambino in grembo che alza la mano in gesto di benedizione. Già abbozzato nelle catacombe nella scena dell'adorazione dei magi, si impone dopo il Concilio di Efeso, con la definizione della divina maternità (*Theotókos*). Ne troviamo esemplari a Parenzo, in Istria, a Ravenna, eccetera.

E la connotazione teologica di queste immagini cui accennava prima?
Prendo ad esempio la *Eleoúsa*, ovvero Tenera, Misericordiosa, detta anche *Donskaja* perché venne portata in processione prima della battaglia di Kulikovo, in cui il principe russo Dmitrij Donskoj sconfisse i tartari, nel 1380. Lì si vede che le figure emergono da una luce proveniente dallo sfondo che passa attraverso l'interno dei personaggi quasi accendendoli. Il pittore traduce in questo modo la teologia del mistico bizantino Gregorio Palamas, che considera la luce increata del Tabor (Lc 9,34; Mc 9,7) come manifestazione visibile dell'energia divina. Illuminato da quella luce, l'uomo può elevarsi sopra la materia, essere deificato dalla grazia, divenire Dio non solo nell'anima ma anche nel corpo, cogliendo il mondo intero dall'interno della sua unità.

E qui vedo che si torna al suo prediletto misticismo.

XIX

Poesia, musica, cinema

Nel culto di Maria, per come la sua figura è stata disegnata, c'è il rischio dell'elogio melenso, di una pietà sfibrata quale affiora, come abbiamo visto, in certe nenie e invocazioni popolari. La stessa pubblicistica cattolica sulla Madonna incorre non di rado in questo pericolo. Nel prepararmi a questo dialogo mi sono imbattuto in tomi all'apparenza imponenti, in realtà pieni di considerazioni molto modeste, di episodi compassionevoli di gusto infantile, comunque non all'altezza del personaggio, intendo della sua umana esistenza prima ancora di una sua eventuale missione celeste. Tralascio i nomi ovviamente, interessa il fenomeno anzi, prima ancora, le sue cause.

Si è tentati di dare ragione a quel filone di pensiero protestante secondo il quale il culto della Vergine col tempo si è addolcito oltre misura scivolando in una venerazione stucchevole, lacrimosa, priva di nerbo.

Un tempo non era così. Al contrario il culto di Maria, come abbiamo fugacemente accennato, nasce vigoroso, combattivo, se posso dirlo, «virile». Ne è specchio la sterminata letteratura sul suo conto, mi riferisco qui non ai testi teologici, liturgici, devozionali, bensì alla letteratura diciamo così profana, anche se distinguere in questo campo non è sempre facile.

Infatti se consideriamo solo la vera letteratura il tono del discorso cambia immediatamente. Forse vale la pena di limitarsi a parlare di questa, tralasciando la pubblicistica agiografica quasi sempre deludente. Si è mai chiesto perché sia così?
Confesso che m'interessa fino a un certo punto. Se proprio devo esprimermi sull'argomento, attribuirei questa possibile debolezza al vizio comune a tutta la saggistica apologetica, religiosa o politica che sia. Si tratta di ossequiare un canone, di rispettarne un indirizzo e questo costituisce di per sé un forte limite, nemmeno Maria sfugge alla regola. Ma torniamo alla letteratura. Come nell'arte, anche nella letteratura Maria è continuamente presente. L'antologia – ripeto: un'antologia – di *Testi mariani* dell'editore romano Città Nuova, non ancora conclusa, conta fino a oggi dodici volumi di mille pagine ciascuno.

Ci sarà dentro di tutto.
In questo «tutto» non mancano le punte d'eccellenza.

Come riassumerebbe l'andamento, il tono, il livello dei vari testi attraverso le epoche?
Una prima osservazione potrebbe essere la seguente: in duemila anni di storia, anche la letteratura mariana ha seguito i mutamenti culturali via via intervenuti passando per conseguenza attraverso diverse fasi. Nell'antichità e per tutto il Medioevo la vediamo improntata alla fede tradizionale per cui si parla prevalentemente della Maria del cielo; con l'Umanesimo e il Rinascimento, pur restando rivolti alla Maria celeste, i testi cominciano a spostarsi verso la Maria della terra; nell'epoca moderna e soprattutto con-

temporanea, infine, si punta sugli aspetti che potremmo definire esistenziali, dunque sulla figura di Maria in quanto donna, sul dramma della sua vita terrena.

Non poteva essere altrimenti. Ogni forma espressiva, sia o meno d'arte, deve adeguarsi alla realtà verso cui si rivolge, allo spirito del suo tempo, il famoso Zeitgeist *di cui parlano i tedeschi. Se le credenze religiose possono essere apparentate a quelle di una qualunque filosofia, si capisce bene come le espressioni artistiche che a una religione s'ispirano debbano seguire la medesima regola.*

Nel nostro caso credo che il lungo tempo da lei esaminato renda il fenomeno particolarmente evidente.

Comincio dal Medioevo dove la forma più significativa e più bella è la *lauda*, la lode. La sua bellezza e profondità provengono dalla serietà dell'ispirazione che è quella dei movimenti penitenziali del Duecento, francescani in primo luogo. Non meraviglia che questo accada. Francesco è l'uomo che prese così seriamente il vangelo da poter essere chiamato *Alter Christus*, un secondo Cristo. Viene da lui una letteratura popolare, spesso anonima, intensa e suggestiva. La raccolta più celebre di laudi è quella di Cortona detta appunto *Laudario cortonese*; l'autore più noto è certamente Iacopone da Todi.

Povero Iacopone, ho già ricordato gli anni di prigione nei sotterranei della chiesa di San Fortunato a Todi che ho avuto occasione di visitare. Fu vittima dello scontro tra le correnti spiritualiste e le alte gerarchie vaticane.

Le laudi si diffondono a partire dalla Provenza, da quella civiltà imbevuta dell'eresia catara che fu sradicata con una violenta crociata e che è oggi spesso oggetto di ammirazione e rimpianto. *Comtemptus mundi*, disprezzo del mondo e senso della grazia divina, amore della bellezza, si trovavano riuniti in un unico sentire.

Credo che fosse proprio questa visione dolorosa, nella quale rientravano anche sessualità e procreazione, a far ritenere eretici gli autori di questi testi.

È la stessa visione che ritroviamo nella *lauda*. La figura di Maria, pensata giovane e bella, eredita l'immagine della donna gentile cantata dai provenzali, anche se originata da movimenti spirituali spesso convinti dell'imminente fine del mondo o comunque dell'approssimarsi di rivolgimenti apocalittici. È una cultura nella quale si diffondono appariscenti fenomeni penitenziali che arrivano all'autoflagellazione. Ingmar Bergman include una scena del genere nel suo capolavoro *Il settimo sigillo.*

La *lauda* è, appunto, una lode, che non rifiuta i toni apocalittici fondati sull'angoscia data dal male, dal peccato, o dalla peste, o dalle guerre (che del peccato e del demonio sono figlie), ma dove prevale comunque la fede.

Anche nel *Cantico delle creature* di san Francesco è ben presente la certezza della morte e la possibilità della dannazione eterna, ma lì prevale di gran lunga la gioia per la bellezza del mondo e la serenità per la presenza di Dio; non a caso anch'esso è una continua *lauda*: «Laudato si', mi' Signore, per... e per... e per...».

Sono d'accordo con lei. Francesco fu non solo grande poeta ma di così profonda e rasserenante ispirazione da includere nelle sue lodi perfino «Sora nostra morte corporale, da la quale nullu homo vivente pò skappare».

E, siccome il Dio che si loda è il Padre, che ha operato la salvezza attraverso il Figlio, grazie a Maria, non meraviglia che le laudi siano spesso proprio laudi mariane e abbiano accenti di profondità e sincerità forse mai più raggiunti, sia che si rivolgano a Maria nella gioia e nella speranza, sia che compiangano il dolore di Maria per la sorte del figlio sulla croce. Le do due esempi. Gioia e speranza le leggiamo nel *Laudario di Cortona*:

Altissima luce col grande splendore,
in voi, dolze amore, agiam consolanza.
Ave, regina, pulzella amorosa,
[...]
stella divina virtù graziosa,
bellezza formosa: di Dio se' sembianza!

Il dolore di Maria per la morte del figlio è nel celebre *planctus* di Iacopone:

Donna de Paradiso,
lo tuo figliolo è preso,
Iesù Cristo beato.
[...]
O figlio, figlio, figlio,
figlio, amoroso giglio!
[...]
Figlio perché t'ascundi
al petto o' si' lattato [dove sei stato allattato]?

Con Iacopone la *lauda* assume una forma drammatica, con parti distinte, dialoghi e monologhi, che fruttificherà nel teatro dei secoli successivi.

Nella seconda metà del Cinquecento alla forma drammatica, cioè dialogata, cui lei fa cenno, si aggiunse la musica. Fenomeno che parte da Roma e che segnerà le composizioni della Controriforma.

In questo cospicuo filone possiamo segnalare le laudi scritte da san Filippo Neri e musicate da Giovanni Pierluigi da Palestrina che daranno vita al genere musicale dell'«oratorio».

Ma prima di procedere nei tempi, mi lasci ricordare come sia la fede dei medievali a spiegare la bellezza dei loro scritti mariani. Il celebre inizio dantesco dell'ultimo canto del *Paradiso*, con la preghiera di san Bernardo alla «Vergine Madre, figlia del tuo figlio, / umile e alta più che creatura», già ricordata all'inizio della nostra conversazione, è assolutamente spoglia di retorica. Proviene da un immenso poeta che, pur essendo uomo dottissimo, dichiara che mattina e sera prega la Madonna: «Il nome del bel fior ch'io sempre invoco / e mane e sera» (*Par*, XXIII, 88-89). Del resto tutta la *Divina Commedia* è condotta su un registro mariano: dall'inizio, ove «Donna è gentil nel ciel» che viene in aiuto al poeta (*Inf*, II, 94), nel *Purgatorio* e fino al cospetto di Dio, Maria è una presenza costante. Anche in Dante è la donna gentile dei provenzali, e poi del dolce stil novo.

Ricordiamo anche *Vergine bella che di sol vestita*, che conclude il *Canzoniere* del Petrarca, giudicata da Giosuè Carducci la più bella poesia mariana.

Già, anche Carducci, il nostro fragoroso bardo nazionale, si è occupato di Maria. Com'è noto il poeta era un fiero anticlericale, posizione del resto non rara nell'Italia dei suoi anni. Il suo Inno a Satana *è, se così posso dire, il «manifesto» che illustra la sua ideologia. A proposito della quale egli stesso tenne però a precisare: «Ogni qualvolta che fui tratto a declamare contro Cristo, lo fu per odio ai preti».*

Completamente diverso infatti il suo atteggiamento verso Maria. Carducci è ad esempio l'autore dei versi struggenti della *Chiesa di Polenta.* Lo squillo della campana che chiama all'*Ave Maria* della sera: «l'umile saluto» a cui «i piccioli mortali scovrono il capo», ma cui «curvano la fronte» anche Dante e Byron. Lì si ricorda da una parte la funzione che la Chiesa ha svolto, in molti momenti dolorosi, nel tenere insieme la «itala gente dalle molte vite». Dall'altra i versi lasciano trapelare la profonda commozione («una soave volontà di pianto») al pensiero del rapporto tra l'effimero tempo della nostra vita e l'eterno.

Mi lasci dire che La chiesa di Polenta *è una composizione dove più sono evidenti i difetti del nostro. Pesantezza dei riferimenti, contorsioni logiche, linguaggio artificioso e arcaicizzante. Quanto al rapporto tra la nostra effimera vita e l'eterno, quanto più efficaci e limpidi i versi di Leopardi nel* Canto notturno di un pastore*:*

> Dimmi, o luna: a che vale
> al pastor la sua vita,
> la vostra vita a Voi? dimmi; ove tende
> questo vagar mio breve,
> il tuo corso immortale?

In effetti le pagine più belle della letteratura mariana non sono quelle celebrative, sempre più o meno illanguidite dalla retorica, ma quelle in cui ci si rivolge a Maria come figura pacificante, confortante, mediatrice di grazia.

Penso, ad esempio, alla distanza non solo poetica ma di verità, tra la retorica degli *Inni sacri* del Manzoni – tutti, ma qui in particolare *Il nome di Maria* – e alcune pagine dei *Promessi sposi*, soprattutto quella in cui Lucia, prigioniera nel castello dell'Innominato, rivolge la sua preghiera alla Vergine.

Tutto sommato, professore, i testi poetici mariani di cui valga la pena parlare non mi pare che siano molti. Allargando lo sguardo, direi che sono i testi celebrativi in generale a non essere particolarmente degni di memoria.

Non sarei così severo anche perché, pochi o molti che siano, conta la qualità raggiunta in un registro indubbiamente «difficile» come la pietà religiosa, dove è sempre in agguato il rischio dell'invocazione melensa. Pensi alla canzone *A la Beatissima Vergine di Loreto* del Tasso, dove il poeta ringrazia la «Regina del Ciel, Vergine e Madre» per l'avvenuta liberazione dall'ospedale-prigione in cui era stato tenuto per sette anni dal duca di Ferrara.

Ma pensi anche agli accenti di verità che possiedono i riferimenti a Maria di autori non particolarmente devoti, anzi «maledetti», come François Villon, autore della celebre *Ballade des pendus* (Ballata degli impiccati), che nella sua bellissima *Ballade pour prier Notre Dame* invoca Maria mettendo in bocca alla madre il suo proprio sentire religioso:

Dame du ciel, régente terrienne,
emperière des infernaux palus,
recevez-moi, votre humble chrétienne,
que comprise soie entre vos élus,
ce nonobstant qu'oncques rien ne valus.
[...]
Femme je suis pauvrette et ancienne,
qui riens ne sais; oncques lettres ne lus.
Au moutier vois dont je suis paroissienne,
paradis peint, où sont harpes et luths,
et un enfer où damnés sont boullus:
l'un me fait peur, l'autre joie et liesse.
La joie avoir me fais, haute Déesse,
a qui pécheurs doivent tous recourir,
comblés de foi, sans feinte ne paresse:
en cette foi je veux vivre et mourir.

Dama dei cieli, reggente della terra,
imperatrice delle infernali paludi,
ricevi la tua umile cristiana,
perché sia compresa tra i tuoi eletti,
nonostante ch'io mai sia valsa a nulla.
[...]
Io sono una povera vecchia donna,
che non sa nulla e mai lesse libri.
Nella chiesa del monastero che frequento,
vedo dipinto un paradiso con arpe e liuti
e un inferno dove vengono bolliti i dannati:
uno mi fa paura, l'altro è gioia e letizia.
Fammi avere la gioia, gran Signora,
alla quale tutti i peccatori devono ricorrere,
colmi di fede, senza finzione e senza pigrizia:
in questa fede voglio vivere e morire.

Noti tra l'altro il significativo riferimento alle pitture, la *Biblia pauperum* cui abbiamo accennato nel capitolo su Maria nell'arte.

Non dimentichiamo che François Villon, prototipo dei poeti maledetti (siamo intorno alla metà del XV secolo), fece della sua stessa vita una leggenda. Assassino, ladro, burlone, poeta di corte e miserabile. Poco sappiamo di lui: né il suo vero nome né dove e quando morì. Poco più che trentenne, semplicemente scomparve, da Parigi e dalla vita. Do queste informazioni perché mi pare che l'invocazione alla Vergine faccia parte di un quadro così movimentato e confuso da non essere particolarmente significativa.

Al contrario di lei, io penso che proprio la sua vita fatta di tumulti e di delitti renda l'invocazione commovente. Del resto, molti secoli dopo ma con identico afflato, Paul Verlaine, un altro «maledetto», come abbiamo già ricordato all'inizio del nostro dialogo, si rivolge alla Madonna consapevole di essere un peccatore. Potrei continuare ovviamente, gli esempi sono innumerevoli. Tutti confermano la necessità di invocare, in qualche circostanza della vita, questa immagine materna, cui anche un peccatore può rivolgersi con amore e fiducia, ben più che a un Dio Padre, *rex tremendae maiestatis.*

Su questo aspetto sono d'accordo con lei. La figura di Maria, come abbiamo già detto, è stata potenziata e innalzata al rango che sappiamo proprio perché, soprattutto nella religiosità mediterranea, colmava un vuoto, veniva incontro a un bisogno di tenerezza non soddisfatto dalle altre figure della teogonia cristiana.

Non solo mediterranea. Abbiamo già accennato ad Angelus Silesius, un poeta tedesco del Seicento assai apprezzato da Schopenhauer, che dedica a Maria molti bei distici del suo capolavoro *Il pellegrino cherubico.*

Qui la verginità-maternità non è vista nel suo carattere unico e soprannaturale, per cui Maria può essere solo invocata, bensì nel suo aspetto spirituale, che è universale, perciò si tratta piuttosto di imitarla. Non è una credenza religiosa perché anche da essa occorre liberarsi. Infatti lui parla di una verginità che precede quella fisica ed è condizione imprescindibile di essa.

Davanti alle sue considerazioni mistiche, caro professore, mi perdo un po'. Smarrisco, lo ammetto, i punti di riferimento.

Eppure, caro Augias, la venatura mistica di origine medievale continuerà a portare frutto anche nella letteratura moderna. Penso, ad esempio, alla già citata conclusione del *Faust* di Goethe, in cui Maria è immagine di quel «femminile» che è distacco, umiltà, proprio per questo capace di portare verso l'alto.

Il secolo dei Lumi ignora però la mariologia. Il tema invece torna, e si capisce, con il Romanticismo che, come sappiamo, è un movimento complesso che intreccia vari motivi tra i quali rientra anche il deciso recupero di quegli elementi irrazionali che l'inseguimento della Ragione aveva per alcuni decenni accantonato.
Nel Romanticismo sentiamo prevalere la nostalgia per un'immagine cara, spesso legata all'infanzia. Ovviamente non è più la fede dei medievali, Maria però continua a ispirare grande tenerezza.

Così nel grande poeta tedesco Novalis (1772-1801), nei suoi *Canti spirituali*:

> Spesso sei venuta nei miei sogni
> tu così bella, tu intima in te.
> Un piccolo dio ti stava tra le braccia
> piccolo complice mi voleva aiutare.

Anche il poeta-filosofo Friedrich Hölderlin (1770-1843) dedica a Maria il suo *An die Madonna* («Alla Madonna», in italiano, per l'evidente ricordo delle «Madonne» della pittura italiana), che inizia:

> Molto ho per te
> e per tuo Figlio
> sofferto, Madonna.
> Da quando udii di lui
> in dolce giovinezza.

Penso a un terzo poeta germanofono: Rainer Maria Rilke (1875-1926), che ha scritto uno dei capolavori della letteratura mariana, *Das Marienleben* (La vita di Maria) e che dedica a Maria alcune delle più belle liriche, come *Annunciazione*:

> Tu non sei più vicina a Dio
> di noi. Siamo lontani
> tutti. Ma tu hai stupende
> benedette le mani.

Anche qui potrei continuare fino a Bertolt Brecht (1898-1956) che rilegge il racconto della nascita di Gesù con l'occhio lucido dello storico. È scettico sulla leggenda, tuttavia partecipa con contenuta commozione all'evento:

> Die Nacht ihrer ersten Geburt war
> Kalt gewesen. In späteren Jahren aber
> Vergaß sie gänzlich
> Den Frost in den Kummerbalken und rauchenden Ofen
> Und das Würgen der Nachgeburt gegen Morgen zu.

> La notte del suo primo parto
> era stata fredda. Ma con gli anni
> dimenticò del tutto
> il gelo tra le travi del dolore e il camino che fumava
> e la nausea che segue il parto sempre verso mattina.

Ammetto che il contributo di Brecht, contenuto che sia, è più sorprendente di quello di Villon, sia per la vicinanza negli anni – Brecht è un nostro contemporaneo – sia perché lo ricordiamo come il teorico del Verfremdungseffekt, *cioè l'effetto di straniamento, di alienazione, di lontananza dalle storie per le quali ipotizzava una resa «oggettiva» nella rappresentazione teatrale e nella stessa tecnica di messa in scena.*

Un'invocazione come quella da lei citata si capisce meglio in un mascalzone di genio come Villon che non nel gelido Brecht.

Finora però lei ha citato solo uomini. La partecipazione femminile?

Le autrici donne sono, salvo sporadiche eccezioni, un fenomeno quasi esclusivamente contemporaneo. In compenso si è diffuso in molte lingue. La russa Anna Achmatova (1889-1966), profondamente ispirata da Dante, o l'austriaca Ingeborg Bachmann (1926-1973). In Italia abbiamo voci significative ad esempio nella fiorentina Margherita Guidacci (1921-1992) o nelle milanesi Antonia Pozzi (1912-1938) e Alda Merini (1931-2009).

Come ho già detto, nei nostri anni la Maria della teologia tradizionale tende a scomparire, facendo posto a una figura tutta umana, che si avvicina alla realtà dell'uomo, nella vita concreta, nei problemi, nel dolore. In Maria si vede sempre meno l'Immacolata, o l'Assunta, com'era in tanta letteratura devozionale dei secoli scorsi, sempre di più la madre, soprattutto nella sua sofferenza per il figlio.

E qui potrei citare *La Madre* di Giuseppe Ungaretti (1888-1970) dove l'immagine della madre carnale si unisce intimamente a quella di Maria. La madre celeste – che lo ha atteso tanto – darà una mano al poeta per condurlo sino al Signore, quando il «muro d'ombra» sarà caduto.

Al contrario di lei, professore, ritengo che i magnifici versi di Ungaretti evochino certo la figura di Maria Lunardini, madre del poeta; poi, per un altro aspetto, la morte del poeta. Ecco la prima commovente quartina:

E il cuore quando d'un ultimo battito
avrà fatto cadere il muro d'ombra

per condurmi, Madre, sino al Signore,
come una volta mi darai la mano.

Ungaretti tra l'altro era pieno di rimorsi essendo la madre morta ad Alessandria d'Egitto (sua città natale) mentre lui era lontano; non aveva quindi potuto darle l'ultimo saluto. Scrive nel dicembre 1926: «L'altro giorno m'è morta a Alessandria d'Egitto mia madre. Sono giorni che non riesco a prender sonno tra strazi morali e difficoltà economiche». Vero che il poeta viveva anche una crisi spirituale che lo farà riavvicinare al cattolicesimo, ma non andrei più in là.

Vorrei invece da lei qualche cenno sui riferimenti a Maria nella storia della musica, l'arte immateriale per eccellenza. Troveremo anche in questo campo un andamento che scorre parallelo a quello delle altre arti. Voglio dire un ricco filone sia liturgico sia oratoriale che si va restringendo con l'incalzare dei tempi?
C'è effettivamente una certa attenuazione a partire dalla metà del Novecento, ma anche in campo musicale ci troviamo di fronte a una produzione artistica di grande abbondanza; riguarda sia la musica colta sia quella popolare. Basta pensare, per venire ai giorni nostri, che il cantautore bolognese Lucio Dalla (1943-2012) ha dedicato una delle sue più belle canzoni a una giovanissima ragazza-madre, che accetta il figlio come un Gesù bambino. Voleva intitolarla proprio *Gesubambino*, poi però dovette cambiare, ripiegando su *4 marzo 1943*, che era la sua data di nascita, «per non offendere il sentimento religioso».

Assurdità...
Infatti. Al tema si è avvicinato anche il cantautore genovese Fabrizio De André (1940-1999), con le sue ballate *L'infanzia di Maria*, *Il sogno di Maria* e *Tre madri*, ove il dolore delle madri dei ladroni si unisce a quello della Vergine.

Riprendiamo l'ordine cronologico che ci consente di seguire gli sviluppi.

La prima presenza di Maria nella musica risale alla liturgia medievale legata al culto mariano. Alcuni canti, detti «Antifone mariane», hanno un ruolo particolare. Segnalo tra i tanti *Ave regina coelorum* scritto per l'Assunzione, e musicato da Carlo Gesualdo, Adrian Willaert, Johann Michael Haydn. O *Regina coeli* dedicato al tempo pasquale, forte anch'esso di numerose versioni polifoniche. L'antifona più nota è comunque *Salve regina*, musicata da insigni musicisti, come Alessandro Scarlatti, Antonio Vivaldi, Georg Friedrich Haendel, Giovanni Battista Pergolesi, Johann Sebastian Bach, Jean Langlais, eccetera.

Conosciamo varie versioni sia dello Stabat Mater *sia del* Magnificat, *talvolta vengono eseguiti anche in concerto.*

Pergolesi ha composto uno *Stabat Mater* poco prima di morire nel 1736, a soli 26 anni! La parte del canto è per due soli: soprano e contralto.

Lo *Stabat Mater* di Rossini ha due versioni, molto belle, ma senza rapporto col testo. Liszt ha inserito uno *Stabat Mater* nel suo oratorio su Cristo. Anche Verdi ne ha composto uno: è il secondo dei *Quattro pezzi sacri.* Più vicini a noi Szymanowski, Poulenc, Penderecki.

Quanto ai vari *Magnificat*, mi limito a citare alcuni dei più noti, e più belli. Si va da Palestrina e Monteverdi, al *Magnificat* di Bach, forse il più diffuso, composto per il Natale 1723, di estrema intensità. Molto bello anche il *Magnificat* di Mozart, composto nel 1780, dunque negli anni della maturità, se così si può dire di un artista morto prima di compiere 36 anni. Mendelssohn Bartholdy musicò per le sole voci una traduzione tedesca del *Magnificat*: *Mein Herz erhebet Gott den Herrn.*

Nel 1880 Jules Massenet mise in musica la *Legende sacrée de la Vierge*, opera teatrale che presenta la vita di Maria in quattro scene: Annunciazione, Nozze di Cana, Venerdì santo, Assunzione.

Pochi cenni che spero bastino a dare l'idea di un repertorio in realtà vastissimo.

Per completare il quadro resta un ultimo campo da esplorare, anche in questo caso sommariamente, ed è il cinema. Ho detto sommariamente perché anche in questo ritengo che siano sufficienti poche indicazioni orientative, senza alcuna pretesa di esaurire il tema. D'altra parte eccedere nell'esemplificazione rischierebbe di diventare ripetitivo in una conversazione come la nostra che si rivolge, sperabilmente, a un vasto pubblico e non a degli specialisti. Cinema, dunque.
Un catalogo – necessariamente approssimativo per le ragioni da lei accennate – annovera quasi mille opere a soggetto mariano. Possiamo dire che anche nel cinema nessun'altra figura ha avuto tante rappresentazioni.

Immagino che siano filmati di contenuto religioso o devozionale.
Sì, certamente, anche se in realtà le gerarchie cattoliche all'inizio hanno guardato al cinema con un certo sospetto. Esistono vari documenti ecclesiali che diffidano dal trattare temi religiosi, temendosi alterazioni dell'ortodossia e banalizzazioni.

Le cose cominciano lentamente a cambiare con Pio XI (con l'enciclica del 1936 *Vigilanti cura*). In seguito, Pio XII riconosce al cinema e alla neonata televisione il diritto di occuparsi di soggetti religiosi, sempre però con cautela, passando al vaglio del Centro Cattolico Cinematografico, che peraltro si è espresso con giudizi morali spesso miopi.

Il Concilio Vaticano II si è occupato dell'argomento?
Anche in questo campo il Concilio ha rappresentato una svolta. La Chiesa si rese conto dell'importanza dei media, riconoscendogli una dignità pari a quella della parola e della carta stampata, per di più con un possibile impatto su un pubblico vastissimo. Si ammise che nell'uso di questi strumenti bisognava adeguarsi ai rispettivi linguaggi e all'andamento dettato dai tempi. Cito i documenti *Inter mirifica*, del 1963, e *Communio et progressio*, del 1971.

La mia curiosità le sembrerà banale. Mi chiedo come si fa a filmare la vita terrena – anche se limitata ad alcuni episodi – di una persona sulla quale non sappiamo quasi niente.
La domanda non è banale, anzi la circostanza da lei richiamata ha effettivamente rappresentato una difficoltà. I film su Maria hanno dovuto quasi sempre ricorrere a integrazioni, di carattere più o meno verosimile, basandosi sugli apocrifi, sulla tradizione, in certi casi sulle credenze locali.

In questo modo sono state prodotte moltissime opere: cortometraggi e lungometraggi, documentari, sceneggiati per la televisione. Segnalo per serietà *Lourdes et ses miracles* di Georges Rouquier (1954), racconto di una giornata a Lourdes, e *Marie de Nazareth* di Jacques Lefef (1962) con la consulenza di René Laurentin, già citato per la sua autorevolezza, in cui si rivisitano gli ambienti e i luoghi della vita terrena di Maria, ricercandone – indirettamente – la presenza.

Credo di capire che molte pellicole prendano a soggetto le apparizioni e i miracoli mariani; le ragioni mi paiono intuibili: la vicenda miracolosa, con la dose di suspense e di enigma che comporta, facilita una sceneggiatura narrativamente interessante.

Questa è senz'altro una delle ragioni. Così abbiamo ad esempio *La Madonna nera* (*Częstochowa*), di E. Puchalski (1932); *Notre Dame de la Salette*, di M. Guegnon (1951); *La Señora de Fátima*, di R. Gil (1951) e *The Miracle of Our Lady of Fatima*, di J. Brahm (1952); *Il miracolo di Loreto*, di A. Genoino (1949) e soprattutto la lunga serie di film su Lourdes, il primo dei quali, *Bernadette de Lourdes*, risale al 1919, fino al più famoso *The song of Bernadette* (in italiano *Bernadette*) di H. King (1948) tratto dal romanzo di Franz Werfel, lo scrittore austro-boemo che, per sfuggire alle persecuzioni naziste, trovò rifugio a Lourdes prima di raggiungere gli Stati Uniti.

Più problematico il recente *Lourdes* (2009) di Jessica Hausner da lei citato più sopra. Tralascio le numerose produzioni televisive.

C'è poi tutta una serie di film che non sono centrati in modo specifico su Maria, dove tuttavia compare la sua figura.
Anche qui qualche citazione in base a ricordi e preferenze personali.

Ricordo *La porta del cielo*, di Vittorio De Sica, soggetto di Cesare Zavattini. Girato nel 1944 all'interno dell'abbazia di San Paolo fuori le Mura a Roma durante l'occupazione nazista, racconta la storia di quattro pellegrini ciechi o infermi che si recano con un «treno bianco» (si chiamano così quelli che trasportano i malati in pellegrinaggio) al santuario mariano di Loreto (diventerà Lourdes nella successiva edizione francese). Privo di retorica, non animato da intenti edificanti, il film raggiunge un ottimo risultato anche sul piano religioso.

Memorabile, anche per le polemiche che suscitò, *Je vous salue, Marie*, di Jean-Luc Godard (1984). Storia molto curiosa, direi molto godardiana. In sintesi la possiamo riassumere così: il tassista Joseph si innamora di Marie, giocatrice di basket nella squadra della sua ex compagna, Juliette. Uno strano individuo di nome Gabriel va dal padre di Marie, che è un benzinaio e lo supplica, per amor di Dio, di chiamare la figlia, le annuncia che avrà un figlio. «Non conosco alcuno», risponde lei. Il fidanzato Joseph è tormentato dal dubbio, tanto più che il ginecologo attesta che Marie, vergine, è davvero incinta. In un supermercato l'inquieto Joseph incontra Gabriel, che, in risposta ai suoi dubbi, gli assesta un ceffone e gli dice: «Occorre aver fiducia ed amore, brutto imbecille». A quel punto Joseph chiede di vedere Marie nuda. Marie, nuda sul letto, lotta contro la sofferenza che le causa astenersi da un rapporto sessuale. In una notte di inverno nasce il figlio che, più avanti negli anni, si diverte a cambiare nome ai suoi amici: «Tu ti chiamerai Pietro», per esempio; non obbedisce ai genitori e se ne va, «per occuparsi delle cose del padre suo». Infine l'angelo saluta la donna, che si trucca, si dà il rossetto alle labbra e si avvia a gestire liberamente la sua vita e la sua sessualità. «Io sono la vergine, ma la mia non è stata una scelta», sono le ultime parole.

Ricordo benissimo le polemiche, anche se al festival di Berlino la Giuria Ecumenica lo premiò. Del resto credo che Godard contasse proprio su un successo di scandalo.
Alcune organizzazioni cattoliche in Francia e in Italia chiesero il ritiro del film, sostenendo che le frequenti scene di nudo ferivano il sentimento religioso. Il 4 maggio 1985 Giovanni Paolo II presiedette un rosario di espiazione in San Giovanni in Laterano; anche l'arcivescovo di Milano, Carlo Maria Martini, si espresse contro il film. Il Tribunale di Parigi invece ne permise la libera circolazione, sostenendo che si trattava di una «attualizzazione moderna del mistero e del dogma della Immacolata Concezione» (sic!).

Mi limito ad altre due citazioni. A metà strada tra il tradizionale devoto e il modernamente smaliziato, c'è *Per amore, solo per amore* di Giovanni Veronesi (1993), tratto dall'omonimo romanzo di Pasquale Festa Campanile (Premio Campiello 1984). Il vero protagonista è Giuseppe, descritto come sposo appassionato di una giovinetta che è sempre stata innamorata di lui, e che accetta perciò la sua misteriosa gravidanza, fino al punto di perdere il senno e morirne.

Profondamente suggestiva è la figura di Maria nel capolavoro del regista spagnolo, anarchico e anticlericale, Luis Buñuel, *La via lattea* (1968). Tutto il film è un apologo sulla condizione religiosa dell'uomo contemporaneo, per il quale non è più possibile accettare la fede tradizionale, pur conservandone comunque memoria e nostalgia. Si racconta del viaggio di due barboni, dai nomi significativi di Giovanni e Pietro, uno giovane e ateo, l'altro vecchio e devoto, che vanno a piedi da Parigi a Santiago de Compostela. Tra narrazione veristica, trasposizione onirica e componente surreale, i due si imbattono in vari casi tutti riconducibili comunque alle infedeltà di una Chiesa che brucia gli eretici o discetta di inconsistenti problemi teologici. Quando i due giungono finalmente a Santiago, una giovane prostituta recita loro le celebri parole rivolte da Dio al profeta Osea quando gli ordina di sposare appunto una prostituta. Poi la donna li disillude dicendo che a Santiago ormai non va più nessuno, perché si è scoperto che il corpo conservato nella cattedrale non è quello dell'apostolo Giacomo, bensì quello dell'eretico Priscilliano (cosa non del tutto impossibile storicamente).

In un contesto denso di simboli, compare anche Maria. È una donna come tutte le altre, in casa a fare il pane, con altri figli, anche Gesù è un uomo come gli altri: in una scena

Maria invita il figlio che sta per farsi la barba a non radersi, perché sta meglio con la barba! (Forse allude a un invito a non abbandonare la tradizione ebraica.)

Quando poi due giovani eretici, sfuggiti alla caccia degli inquisitori, deridendo la Madonna sparano per divertimento a un rosario, Maria appare loro nella notte e con un sorriso, senza dire niente, gli porge un altro rosario. Di fronte alla loro commozione per il miracolo, un parroco spiega con bonaria semplicità che non c'è nulla di strano: mille volte Maria è apparsa e appare, perché è sempre con noi. Ovvero il divino non è fuori o lontano, ma qui e ora presente, e proprio la dolce Maria ne è simbolo e testimonianza.

È un bellissimo apologo, molto spagnoleggiante, molto buñueliano comunque lo si voglia interpretare. Credo che chiuda bene il capitolo finale di questa conversazione, prima delle conclusioni che ognuno di noi trarrà da questa esperienza. La ringrazio sentitamente per la quantità delle sue informazioni che mi sono state utili a capire meglio un fenomeno tanto grande quanto misterioso.

La ringrazio anch'io, compresi i dissensi, perché il confronto in buona fede è sempre utile, anche quando le opinioni sono diverse.

Maria: diversi livelli di comprensione

di Marco Vannini

«*Castissimum virginis templum caste memento ingredi*», nel purissimo tempio della Vergine ricordati di entrare con purezza. Le parole iscritte davanti al portale, nel mirabile pavimento del duomo di Siena, mi sono tornate spesso alla mente nel corso di questa conversazione, di cui cerco di riassumere qui le conclusioni essenziali.

La purezza cui esse alludono non è quella che riguarda la vita fisica, con la castità sessuale in primo luogo, ma quella che concerne la vita interiore, ossia l'integrità morale, la purezza intellettuale e spirituale. Ciò è necessario per ogni ricerca storica condotta onestamente, ossia non per difendere tesi precostituite, ma è molto rilevante nel caso specifico, in quanto, come già abbiamo notato, qui si richiede di «sospendere» quelle opinioni – filosofiche, scientifiche, religiose – cui siamo fortemente legati, giacché su di esse si fondano i valori primari della nostra vita e i modi essenziali del nostro agire.

La prima purezza che si richiede è dunque un animo libero, sgombro da pre-giudizi, e solo così capace di accertare la verità dei fatti, la verità storica. Questo, diciamolo francamente, non è sempre facile. Occorre poi tener presenti quei principi che Giambattista Vico poneva all'inizio della sua *Scienza Nuova*, per cui tale verità, che non riguarda la matematica o la scienza naturale, ma l'uomo e la sua vita, richiede l'unione di filologia, «coscienza del certo», e filosofia, «scienza del vero», cercando le ragioni profonde dell'evento «dentro le modificazioni della nostra medesima mente umana», ovvero nella nostra esperienza, senza la quale non ci può essere comprensione e conoscenza storica.

Un argomento di storia religiosa richiede dunque esperienza religiosa, spirituale, e anche questo non è sempre facile.

Ciò premesso, veniamo appunto alle conclusioni essenziali cui sono arrivato dopo questa conversazione con Augias, che mi ha proficuamente «costretto» non solo a ristudiare, ma anche a ripensare quello che era un sapere dato per acquisito.

A un primo livello, ovvero sul piano dei fatti di cui possiamo avere «certa coscienza», credo che dobbiamo con onestà rispondere che sappiamo soltanto che vi fu una Maria sposa di Giuseppe e madre di Gesù. Come si è visto nel corso del libro, incerto è infatti il luogo di nascita, anche se probabilmente Nazareth; incerto il luogo di morte, anche se probabilmente Gerusalemme; incerta la famiglia di origine, a partire da genitori tramandatici da un *midrash*, racconto semi-leggendario; incerta la composizione della sua famiglia stessa, compresa la presenza o no di altri figli oltre a Gesù.

Questo è poco, anzi pochissimo per un verso, ma è comunque ugualmente essenziale, perché stabilisce la realtà di Maria, che non è perciò una figura mitica, come Iside, Cibele, Artemide, Kali o altre «dee-madri» cui si è voluto spesso assimilarla.

La maggior parte di ciò che su Maria ci è stato tramandato nelle Scritture, canoniche o apocrife che siano, appartiene a una riflessione posteriore, alla ricerca di un senso religioso, simbolico, spirituale. Ciò non vuol dire però che si tratti di un materiale insignificante: tutt'altro. Esso, infatti, tocca quella dimensione del «vero», vichianamente inteso, che si manifesta a chi comprende le ragioni profonde, radicate nell'anima umana, di quei racconti.

A un secondo livello, psicologico, infatti, la costruzione della figura della Madonna, sia negli episodi evangelici, sia nella elaborazione teologica – concepita senza peccato originale, sempre vergine madre di Dio, assunta in cielo in corpo e anima – si rivela non come frutto della immaginazione propria di una mentalità pre-scientifica, ovvero di una fede fanciullescamente intesa, ma, al contrario, come qualcosa di serio, importante, capace di far luce nel profondo dell'anima nostra. Lo abbiamo già accennato, ma è opportuno sottolinearlo ancora.

Fin dall'antichità – basti pensare allo splendido mito della bisessualità originaria raccontato da Aristofane nel *Simposio* platonico – si è consapevoli della presenza in ogni essere umano di una componente maschile e di una femminile, e della necessità che esse siano superate nella loro contrapposizione, trovando unità, ovvero una armonica compresenza, per formare una personalità equilibrata, matura.

Anche senza sposare *in toto* le tesi della psicologia del profondo, è indubbio che la storia delle religioni, la mitologia, come pure l'esperienza analitica, testimonino ampiamente come quel processo di conciliazione delle polarità opposte che conduce al superamento dell'egoità abbia bisogno dei cosiddetti archetipi – simboli universali, presenti in tutti i tempi, in tutte le culture – a contenuto religioso, e in questo siano essenziali i simboli femminili.

Il femminile ha infatti di per se stesso un ruolo unitivo, che tende alla riconciliazione degli opposti: ragione e affettività, intelletto e amore, giustizia e misericordia, eccetera. Sotto questo essenziale aspetto, il femminile è perciò mutamento e vita, fattore dialettico fondamentale dello sviluppo umano, che conduce verso la piena formazione della personalità.

Nelle culture occidentali, di impronta cristiana, Maria è appunto l'archetipo del femminile, rappresenta la femminilità eterna, la maternità divina, che completa l'immagine divina del Padre nell'esperienza profonda della coscienza umana. Se infatti l'inconscio è il seno materno di tutta la psiche, la madre «salva»: la presenza di Maria nella psiche porta infatti alla luce la parte femminile, inconscia, affettiva, in modo che si armonizzi con quella maschile, conscia, razionale, vivificandola con la sua ricchezza di sentimento.

La devozione a Maria, nel senso di un rapporto affettuoso, fiducioso, con la sua figura, non è dunque segno di infantile credulità, bensì di maturità spirituale. Per contro, la mancanza o l'ostilità al simbolo mariano è un fattore negativo: anche le recenti interpretazioni femministe di Maria hanno rilevato come il peso delle nevrosi sia maggiore nei Paesi protestanti, che non hanno più quel rapporto affettuoso nei confronti della Madonna che si mantiene (o manteneva) invece in quelli cattolici.

È significativo che tali interpretazioni abbiano recuperato, nei nostri tempi di emancipazione e libertà sessuale, anche il valore della castità, della verginità in quanto padronanza di sé, consapevolezza di sé: non a caso «casto» è etimologicamente in rapporto con «conscio», ha infatti la medesima radice *kan* del sapere, conoscere.

Si comprende perciò come si potesse salutare nella proclamazione del dogma dell'Assunzione l'evento più significativo della moderna storia religiosa, dato che esso è simbolo della riunificazione in Dio di tutti gli opposti, sia nelle qualità maschili che in quelle femminili, sia in quelle divine che in quelle umane, sia nelle coscienti che nelle inconsce. Nell'Assunzione si esprime compiutamente la conoscenza già contenuta nella Immacolata Concezione: la realtà intera, compresa quella umana nella sua radice corporea, materiale, biologica, è fondamentalmente buona, santa, divina. La materia (*mater*) è portata nello spazio stesso dello spirito, non più contrapposta a esso.

Maria è dunque un simbolo, nel senso etimologico di «ciò che unisce». In quanto vergine *e* madre, unifica a livello psichico ciò che sul piano fisico è separato, e questa non è una unificazione fittizia, surrogatoria della realtà, perché la psiche è reale quanto il corpo – oltre che, di sicuro, più importante.

La presenza benevola di Maria nel profondo della psiche accompagna dall'inconscio verso le regioni superiori, verso il cielo. Non meraviglia che Dante, nel suo viaggio dalle oscurità dell'inferno fino alla luce di Dio, sia guidato da tre figure di donne (che poi sono una sola): Lucia, Beatrice, Maria.

Ancora più importante è un terzo livello, quello spirituale. Non a caso esso si situa nel punto che più di ogni altro fa problema: verginità e maternità divina.

Che una donna possa concepire e partorire restando vergine sul piano fisico è impossibile, e pure che una mortale generi un figlio divino. Ciò però solo se si pensa Dio come un ente – eterno, infinito, onnipotente, eccetera, ma pur sempre ente, alla stregua degli umani. La cosa cambia del tutto se pensiamo Dio non più come ente da adorarsi nei templi o sui monti, ma come spirito – secondo le parole che Gesù rivolge alla samaritana nel quarto capitolo del vangelo di Giovanni – che solo in spirito si può adorare.

Allora anche la questione della verginità cambia del tutto aspetto. Non è più un problema fisico, da risolvere sul piano ginecologico, esercitando la facoltà rappresentativa su alcuni centimetri di pelle – cosa, tra l'altro, di un insopportabile pessimo gusto – ma un problema di comprensione intellettuale. Come insegna Boezio, *in divinis*, nelle cose di Dio, è necessario usare la ragione, non le facoltà rappresentative, giacché non si tratta di corpi, da trattarsi alla maniera dei corpi. E la ragione è quella facoltà che si muove libera, al di sopra degli opposti – finito-infinito, umano-divino – comprendendoli dialetticamente nella loro unità originaria.

Concezione verginale e maternità divina non sono più assurde se si comprende che concepimento e generazione di Dio non sono concepimento e generazione di un corpo, ma del Logos, ovvero di un Dio che è spirito, e a opera non di un corpo, ma dello spirito stesso.

Vergine è l'anima che ha rinunciato all'amore di sé, ed è in essa che nasce immediatamente il divino, perciò la verginità è, insieme, feconda. Questa la «verità» del racconto lucano e il senso profondo della figura di Maria vergine e madre, madre di Dio, come hanno compreso nei secoli tutti quelli che hanno accolto l'insegnamento evangelico della rinuncia a se stessi. Nessuno lo esprime con tanta sintetica efficacia come il mistico poeta tedesco che abbiamo già ricordato in queste pagine, Angelus Silesius, nei distici del suo capolavoro, *Il pellegrino cherubico*:

> Davvero è generato ancor oggi il Verbo eterno!
> Dove? Qui, se in te hai abbandonato te stesso.

Infatti, come per una sorta di legge di natura, che faceva parlare a Simone Weil di una «fisica soprannaturale», nel vuoto che l'anima fa di se stessa rinunciando al volere proprio, immediatamente nasce, si genera, il divino.

Luca, o comunque l'estensore del vangelo che porta il suo nome, ha perciò costruito il racconto dell'Annunciazione come un *midrash*, ovvero come un *exemplum* che deve essere compreso nell'esperienza di ciascuno, sulla base del messaggio evangelico, quasi come un'introduzione a esso: «Chi vuole seguirmi, rinunci a se stesso», «chi vuole salvare la sua anima la perderà».

E non è solo Luca: questo messaggio infatti è completamente dispiegato nel quarto vangelo: occorre che il chicco di grano muoia, per portare frutto. Occorre una «morte», la morte dell'ego, perché vi sia una rinascita, una nascita spirituale, e questo Nicodemo, che pure è «maestro in Israele», in dialogo con Gesù nel capitolo terzo del vangelo di Giovanni, non lo capisce, perché non capisce che Dio è spirito.

Il racconto lucano dell'Annunciazione si muove dunque al livello della rappresentazione, a un livello che potremmo definire fisico, in cui l'eccezionale verginità fisica di Maria è il modo concreto – appunto esemplare – per indicare quella spirituale. In realtà il divino non è l'eccezionale, ma l'universale, ciò che è propriamente umano e a tutti comune, ma l'esempio non può essere che unico, presentarsi come l'eccezionalità, anche se è fatto per essere compreso nel suo significato universale. Se viene preso alla lettera, resta un racconto mitico, che rimanda al superstizioso dualismo umano-divino, in completa opposizione al messaggio evangelico, che è precisamente quello della unione umano-divina.

«Maria è una di noi», scriveva perciò giustamente Teresa di Lisieux, proprio come Meister Eckhart affermava che per ogni uomo buono vale quel che vale per Cristo, nei confronti del quale non si deve stare in superstiziosa dipendenza, ma in condizione di libertà spirituale: non alludono forse a questo le profondissime parole che nel vangelo di

Giovanni egli rivolge ai suoi discepoli, congedandosi da loro: «È bene per voi che io me ne vada, perché, se non me ne vado, non verrà a voi lo spirito» (Gv 11,50)?

Se non si comprende questo, unendo vichianamente filologia e filosofia, si ondeggia tra una fede che è superstizione e una incredulità che è incomprensione. Lo spiega bene Hegel nel capitolo *La lotta dell'Illuminismo contro la superstizione* della sua *Fenomenologia dello Spirito*: l'Illuminismo crede di distruggere la fede dimostrando filologicamente la falsità di testi sui quali la fede pretendeva di fondarsi, ma in realtà quella non era fede (*Glauben*), bensì superstizione (*Aber-glauben*), ovvero una credenza cui resta altro ed estraneo il divino, che è spirito. Ma, d'altra parte, l'Illuminismo, che pure ha ragione contro la superstizione, si trova sul suo stesso piano, perché anche a esso è ignoto lo spirito, e perciò crede che il divino si dimostri, o si neghi, sulla base di codici, virgole, puntini sulle i e cose del genere. Così pensa di aver sconfitto la fede, ma ha sconfitto solo la superstizione, giacché la fede non è una credenza, ma la conoscenza che lo spirito ha di se stesso. Questa conoscenza – o, meglio, questa esperienza –, conclude Hegel, è ciò che «un tempo si chiamava mistica», e che meglio è chiamare spirituale.

Della verginità e maternità di Maria si può e si deve dire perciò quello che il filosofo tedesco scrive della resurrezione: non una storia esteriore per convincere gli increduli, ma una realtà interiore, che si comprende nella sua verità quando se ne ha esperienza. Non a caso il vangelo di Giovanni si chiude con l'episodio di Tommaso che crede perché vede, cui perciò Gesù dice: «Tu hai creduto perché hai veduto, ma beati coloro che hanno creduto senza aver veduto», ossia con la sola testimonianza vera, quella interiore, *testimonium spiritus sancti*.

Intorno alla comprensione della verginità come distacco, libertà da ogni volere, ruota dunque la comprensione della maternità divina, ovvero della nascita di Dio nell'anima. Questa non è altro che l'esperienza di Dio come spirito e dell'uomo ugualmente come spirito e, quindi, l'essenza stessa del cristianesimo. Notava perciò giustamente Feuerbach che dove vien meno la fede nella Madre di Dio, viene meno anche quella nel Figlio di Dio.

È qui che la «purezza» richiesta a entrare nel *castissimum virginis templum* raggiunge il suo grado massimo. Distacco, libertà, richiedono infatti il vuoto nell'anima nostra, sgombra da ogni preteso sapere, da ogni opinione, che non è altro che menzogna.

«*Omnis homo mendax*», ogni uomo è menzognero, recita infatti il Salmo 116, riferendosi non al mentire agli altri, ma al mentire a se stessi: infatti «la menzogna più frequente è quella che ciascuno fa a se stesso; mentire agli altri è un caso relativamente eccezionale». È questa la menzogna che c'è sempre, perché serve l'amore di se stesso, serve la volontà, sempre presente.

Non sto qui citando, come potrei fare ampiamente, scrittori cristiani, bensì l'«anticristo» Nietzsche: anche lui capisce che «l'intelletto è maestro di finzione, e svolge perciò un normale servizio da schiavo», giacché «ogni opinione è anche un nascondiglio, ogni parola anche una maschera». Le proprie «verità» non sono altro che legami al proprio interesse, al proprio volere, comunque determinato. Infatti il pensare come fingere – nel suo senso latino di figurarsi, rappresentarsi, formare, e anche proprio fingere – ci è così connaturale che non ce ne accorgiamo neppure, come non ci accorgiamo dell'aria che respiriamo, finché essa è presente. Per accorgersene bisogna uscire dalla finzione, essere sottratti all'amore di se stessi, e questo lo possono solo l'umiltà e il distacco.

È a questo punto che Maria diventa davvero essenziale. Umiltà e distacco sono proprio le caratteristiche salienti della sua figura, come essa ci appare nel testo di gran lunga più importante che la riguarda, ovvero il primo capitolo del vangelo di Luca. All'Annunciazione dell'angelo, Maria risponde infatti con la rinuncia al proprio volere: «Ecco la serva del Signore, sia fatta la sua volontà», e ad Elisabetta che la saluta come «Benedetta tra le donne!» risponde ringraziando il Signore che «ha riguardato l'umiltà della sua serva».

L'umiltà non è qui intesa come una virtù, ma come una consapevolezza: il sapersi *humus* – terra, come amano sottolineare gli scrittori di lingua latina – ovvero materia, soggetta alle leggi della natura come la terra stessa. Questa consapevolezza, certamente sulle prime dolorosa, toglie via ogni pretesa di merito, di valore, facendo «morire» l'egoità e dischiudendo la natura alla grazia. «*Chaíre, kecharitoméne*, Gioisci, tu che hai ricevuto grazia, il Signore è con te, perché hai trovato grazia presso Dio», dice infatti l'angelo a Maria: la grazia (*Cháris*) è ciò che fin dall'inizio disegna la sua figura.

A livello spirituale, infatti, Maria è simbolo della grazia, che porta a perfezione la natura, secondo il ben noto assioma della Scolastica. Non meraviglia perciò, come abbiamo già notato, che anche il laicissimo Goethe concluda il suo capolavoro, il *Faust*, con una invocazione alla Vergine e Madre, ben consapevole che «il femminile è la grazia».

In conclusione, la figura di Maria è comprensibile e significativa a diversi livelli, se entriamo con purezza nel suo *castissimum templum*, che è poi il tempio stesso di Dio, ovvero l'anima umana. Spiegando il passo evangelico «Gesù entrò nel tempio e cominciò a scacciare compratori e venditori», Meister Eckhart spiega infatti che il tempio di Dio è l'intelletto, e che esso deve essere vuoto, libero da ogni legame, per essere davvero dimora di Dio.

È davvero significativo che il *magister* cristiano, senza affatto saperlo, ripeta alla lettera l'affermazione di un maestro anticristiano, il neoplatonico Porfirio: il tempio (*naós*) di Dio è l'intelletto (*noûs*). Ma qui cristiano e anticristiano sono evidentemente denominazioni insufficienti, come avevano già capito anche coloro che, nel duomo di Siena, accanto alle parole citate, raffiguravano quei personaggi, da Ermete Trismegisto alle Sibille, che testimoniano l'armonia tra filosofia classica e religione cristiana.

Ai nostri giorni questa armonia viene spesso contestata, in nome di quella «fede biblica» che il nostro Porfirio giustamente chiamava *àlogos pístis*, ovvero credenza irrazionale. Ma questo è ormai un altro discorso, che va ben oltre quell'inchiesta su Maria che, da parte mia, ho comunque cercato di condurre, per quanto possibile, *caste*, con purezza.

Una madre d’amore voluta dal popolo

di Corrado Augias

Vorrei chiudere questa conversazione con un episodio molto eloquente che risale al IV secolo. Ai tempi di Costantino, l’imperatore che nel 313 aveva reso «*licita*» la religione cristiana, Costantino stesso o un suo dignitario compose un’orazione per il venerdì santo che includeva alcuni versi della IV ecloga di Virgilio, la composizione che ha il celebre attacco:

> Sicelides Musae, paulo maiora canamus!
> Non omnis arbusta iuvant humilesque myricae;
> si canimus silvas, silvae sint consule dignae.

«Oh Muse sicule, alziamo un poco il tono del canto! Non tutti amano gli arbusti e le umili tamerici; se cantiamo i boschi, siano i boschi degni di un console.» Un verso più sotto il poeta, che sarà guida di Dante nella *Commedia*, celebra l’avvento di una nuova era di pace («*magnus ab integro saeclorum nascitur ordo*» – sta per rinascere un nuovo ordine di secoli) per poi proseguire con versi di grande intensità:

> Iam redit et Virgo, redeunt Saturnia regna,
> iam nova progenies caelo demittitur alto.

Tu modo nascenti puero, quo ferrea primum
desinet ac toto surget gens aurea mundo,
casta fave Lucina.

«Già ritorna la Vergine, tornano i regni di Saturno, già una nuova progenie discende dall'alto dei cieli. Tu, o casta Lucina, proteggi il fanciullo che sta per nascere, con cui finirà la generazione del ferro e in tutto il mondo sorgerà quella dell'oro.»

Roma attraversava uno dei suoi tanti periodi terribili, era in corso la guerra civile tra Ottaviano e Antonio che si sarebbe conclusa con il primo sul trono imperiale e il secondo suicida. Ma ciò che qui interessa è quel doppio riferimento a una *Virgo* e a un *puer*. Su chi fosse il fanciullo evocato dal poeta esistono varie ipotesi, nessuna definitiva, forse il figlio del console Pollione al quale l'ecloga è dedicata. Sulla Vergine invece appare chiaro che il poeta si riferisce alla Giustizia, che dopo tante guerre e lutti sarebbe finalmente tornata tra gli uomini. Accadde che Costantino, o chi per lui, fece di queste allusioni un preannuncio cristiano per cui il *puer* diventò il bambino Gesù disceso dall'alto dei cieli («*nova progenies caelo demittitur alto*») mentre la Vergine diventò Maria sua madre. Con questa operazione Virgilio si trovò trasformato in una specie di araldo o profeta della nuova religione, cosa che tornava utile all'imperatore che, avendola appena inserita tra i culti consentiti, temeva i possibili rischi dell'operazione.

Ricordo questo celebre episodio perché dalla conversazione con il professor Vannini ho avuto molte informazioni (che credo saranno utili anche al lettore) ma soprattutto una: su Maria inizialmente si sapeva assai poco. I precoci tradimenti della filologia dimostrano come si avvertì molto presto il bisogno di irrobustirne vita, figura, presagi. Si dovettero chiamare in soccorso alcuni passi della Bibbia ebraica (ribattezzata Antico Testamento) forzando anche in quel caso i testi per cui – come abbiamo visto – l'ebraico *'almah*, giovinetta, diventa in greco *parthénos*, cioè vergine.

La verità è che la figura di Maria nei testi è debole. Poche e brevi sono le frasi attribuitele dalle Scritture; sporadiche le scene in cui compare; nessun riferimento si fa mai alla sua miracolosa maternità verginale, nessun miracolo o prodigio le viene attribuito, scarni e talvolta aspri i rapporti con suo figlio.

Insomma, se dovessimo fermarci ai 27 testi del cosiddetto Nuovo Testamento su Maria non ci sarebbe quasi nulla da sapere o da dire.

Da molti secoli invece la sua è diventata una figura circondata da enorme affetto, una madre amorevole che ispira tenerezza anche in chi non è credente. La sua forza risiede principalmente nella ricchezza delle qualità umane che via via le sono state attribuite. Se all'inizio di lei si sapeva poco, oggi si sa probabilmente troppo. Troppe qualità, troppe prerogative, troppi eventi e grazie per le quali non esistono fonti autentiche. Tutto ciò che su e intorno a lei è stato costruito lo dobbiamo a una serie di decisioni prese dai vertici della gerarchia cristiana prima, cattolica poi – penso soprattutto agli ultimi due dogmi.

La stessa abbondanza di emozioni che suscita tende a farne dimenticare – se così posso dire – la storia, che infatti è povera. Poche notizie che considerate in sé sono quasi insignificanti e per di più spesso contraddittorie. Non si capisce bene, stando alla lettera delle Scritture, nemmeno quale rapporto Maria abbia con suo figlio né è chiarissimo quale considerazione suo figlio abbia di lei, quale ruolo le assegni nella sua breve e tragica vita. Per fare un solo esempio, non si capisce perché Gesù, dopo averla vista straziata ai piedi della croce, una volta tornato in vita non sia corso a farle visita. L'avrebbe certamente consolata e sarebbe stata, tra l'altro, una prova convincente della sua effettiva resurrezione. Fenomeno inaudito che il sepolcro trovato vuoto dalle donne non basta a certificare. «Cessa di piangere madre, il tuo divino figliolo è qui accanto a te, guardami, asciuga le lacrime *mater* non più *dolorosa*.» Quella visita non c'è stata nonostante si pretenda di presentare un quadro familiare ricco anche di umanità, oltre che intriso di elementi divini.

Ed è proprio sul piano dell'umanità che questa mancanza d'attenzione verso la *Mater dolorosa* pare inspiegabile e comunque grave. Occorre trasferire tutto su un piano simbolico per dare una parvenza di logica a un comportamento altrimenti incomprensibile.

Maria dunque che, all'origine, non ha quasi storia, si ritrova dopo alcuni secoli ad averne una colma di grazie di ogni tipo, titolare di innumerevoli e miracolose prerogative, dispensatrice di miracoli. Il professor Vannini ha ripetuto più volte che questa prodigiosa personalità, prima ancora della gerarchia, sono stati i fedeli a volerla; è il popolo ad aver fatto di Maria ciò che è, ha ripetuto il professore basandosi su robuste fonti storiche. Pietà e credenze popolari sono certamente importanti nella costruzione di una religione; ma la pietà popolare tende a concentrare in un modello ogni possibile qualità, tutte elevandole al massimo livello. Qualche volta insomma il popolo esagera, esige troppo, ha bisogni numerosi che chiedono tutti d'essere soddisfatti, si finisce per sommare nello stesso soggetto qualità che si contraddicono. Si può fare di una madre una «supermadre» e si può fare di una vergine una «supervergine». Ma non si può ragionevolmente chiedere che questi due *status* si uniscano nella stessa persona, poiché dove c'è una vergine non c'è una madre (quanto meno *post partum*), e viceversa, «per la contraddizion che nol consente».

La contraddizione però non lo consente in base alla ragione e all'anatomia umane. Ma si può mettere da parte l'umana ragionevolezza – del resto così limitata – e trasferire il discorso su un piano parallelo, per esempio quello dei miracoli dal momento che a Dio, creatore e Signore di ogni cosa, tutto è consentito.

In questo caso le contraddizioni scompaiono, tutto si fonde e si confonde nell'abbacinante luce divina o, al contrario, nell'insondabile penombra che dalle origini del mondo circonda i misteriosi culti della dolente umanità.

Il professor Vannini per la verità ha spesso indicato un'altra strada, quella del misticismo. Qui il discorso si fa interessante, essendo il misticismo un atteggiamento che tende a superare i limiti della conoscenza razionale e sensibile per arrivare a un contatto diretto dell'io profondo con il sacro. Si capisce subito che avvicinandosi in questo modo all'argomento, le contraddizioni tra vergine e madre, tra uno e trino, tra vita terrena e assunzione in un imprecisato «cielo» diventano dettagli insignificanti, anche perché ogni concetto, ogni azione, ogni attributo acquista un valore simbolico o di allegoria che trascende i possibili riferimenti umani e lo stesso significato letterale delle parole. E che impedisce, per conseguenza, ogni possibile discussione.

Non è un caso se una corrente di tipo mistico attraversa ogni religione, a cominciare dall'induismo di cui è addirittura fondamento ancor più che nelle religioni occidentali. Chi è in grado di raggiungere la più alta forma di yoga riesce a intuire la suprema unità del tutto; chi si innalza al livello più alto può godere dell'estasi mistica dove lo spirito si separa dalla materia e arresta lo stesso fluire del tempo; l'anima umana si ricongiunge allora con la divinità in un'unione che sublima quella erotica.

Del resto anche Platone sosteneva che sottraendosi alla sua natura mortale e al mondo dei sensi, l'uomo si fa simile a Dio. Cose simili i sufi islamici, simili i mistici ebraici. Gli esseni di Qumran, per esempio, ritenevano possibile arrivare a unirsi al culto divino praticato dagli angeli.

Al misticismo cristiano ha più volte fatto riferimento il professor Vannini nella nostra conversazione. Qui basti ricordare che già Paolo di Tarso affaccia l'idea che i fedeli più consapevoli accedono a una conoscenza privilegiata dei misteri divini.

Ciò che intendo dire è che rivestendo questo tipo di fenomeni di una simbologia mistica, spogliandoli cioè della loro apparenza sensibile per trasformarli in altro da sé, ogni apparente assurdità, ogni paradosso, diventa spiegabile senza peraltro perdere i suoi connotati, per inverosimili che sembrino. La loro concretezza sta nel fatto che, in una visione mistica dei fenomeni, la carica simbolica è così forte da far diventare irrilevante ogni apparente mancanza di logica o di umana coerenza.

A partire dal XVIII secolo, quando si arrivò a fare della Ragione addirittura una dea, la razionalità tende a prevalere, più in via ipotetica che pratica, per la verità. Sicuramente però appare ridotto in Occidente lo spazio per il misticismo. Sviluppo capitalistico e misticismo risultano quasi incompatibili e comunque la possibile convivenza appare limitata a piccole cerchie di adepti fortemente convinti ma poco influenti sul piano generale. Nessuno oggi potrebbe chiedere seriamente di investire un'intera società con un progetto mistico come era invece possibile in altri e lontani secoli.

Questo processo di secolarizzazione ha una precisa data

d'inizio per quanto riguarda la figura di Gesù. Nel 1778 venne pubblicato, postumo, un saggio di Hermann Reimarus, un professore di lingue orientali di Amburgo, intitolato *Dello scopo di Gesù e dei suoi discepoli*. Gesù veniva descritto come un profeta politico che turbava l'ordine pubblico agitando le masse e che per questo venne mandato a morte dagli occupanti romani; la sua salma era poi stata trafugata dai seguaci che cominciarono a costruire su di lui un mito.

La tesi è opinabile, come del resto lo è quella della resurrezione. Reimarus ebbe in ogni caso il merito di far notare per la prima volta le differenze tra il Gesù storico e il Cristo della fede che in effetti sono notevoli. E che restano notevoli nonostante gli sforzi per tentare di farle coincidere. Tra i tentativi più insigni vi sono quelli di Joseph Ratzinger, che ha dedicato all'argomento un lavoro di anni e ben tre volumi di quasi mille pagine complessive. L'ultimo di questi, uscito nel 2012, avrebbe dovuto essere in realtà il primo, dedicato com'è all'*Infanzia di Gesù*.

L'augusto autore precisa nel risvolto di copertina: «Non si tratta di un terzo volume ma di una specie di piccola "sala d'ingresso" ai due precedenti volumi sulla figura e sul messaggio di Gesù di Nazaret».

Per dare un'idea del metodo seguito dal professor Ratzinger (da teologo e non da papa, così ha scritto e firmato i suoi libri) devo fare una citazione non brevissima. Nel quarto vangelo, attribuito a Giovanni, leggiamo (1,12 ss.): «A quanti lo hanno accolto [Gesù] ha dato potere di diventare figli di Dio: a quelli che credono nel suo nome, i quali non da sangue né da volere di carne né da volere di uomo sono stati generati».

Ratzinger vede in questi versetti una connessione con la nascita di Gesù dalla Vergine Maria:

> Chi crede in Gesù, entra, mediante la fede, nell'origine personale e nuova di Gesù, riceve questa origine come origine propria. Di per sé, tutti questi credenti anzitutto sono «stati generati da sangue e da volere di uomo». Ma la fede dona loro una nuova nascita: entrano nell'origine di Gesù Cristo, che ora diventa la loro stessa origine. In virtù di Cristo, mediante la fede in Lui, ora sono stati generati da Dio.

La fede in Gesù cancella dunque la generazione dovuta al seme che feconda l'ovulo, per trasfigurarla in una nascita simile a quella divina. Sono le parole di un santo ispirate da una profonda fede, sono le parole di un mistico che però nulla hanno a che fare con la storia. E poiché il tentativo di Benedetto XVI era appunto quello di conciliare nuovamente il Gesù della storia e il Cristo della fede, possiamo dire che da questo punto di vista l'operazione non sembra molto riuscita.

La «piccola sala d'ingresso», come la chiama il suo autore, si concentra sui primi due capitoli del vangelo di Matteo e del vangelo di Luca, conosciuti come «vangeli dell'infanzia», che per secoli sono stati letti come resoconti storici. Una volta però messe in risalto le loro numerose contraddizioni la pretesa storicità è venuta meno. Il professor Vito Mancuso, anch'egli teologo cattolico ma di diverso indirizzo, ha elencato alcune delle contraddizioni più evidenti.

Maria e Giuseppe dove abitavano prima che Gesù nascesse? A Nazareth secondo Luca, ma a Betlemme per Matteo. Luca riferisce di un viaggio da Nazareth a Betlemme, Matteo no; Gesù nacque o in casa dei genitori (Mt 2,11) o in una mangiatoia (Lc 2,7); la strage dei bambini di Betlemme o accadde (Mt 2,16) o non accadde (Lc); i genitori o fuggirono in Egitto per salvare il bambino dai soldati di Erode (Mt 2,14) o andarono al tempio di Gerusalemme per la circoncisione senza che i soldati di Erode si curassero del bambino (Lc 2,22); la famiglia da Betlemme o tornò subito a casa a Nazareth di Galilea (Lc 2,39), oppure si recò a Nazareth per la prima volta solo dopo essere stata in Egitto (Mt 2,19-23).

Come si vede, se di testo storico si tratta, bisogna dire che gli autori erano assai distratti o male informati.

C'è poi la questione di come la notizia del concepimento verginale sia giunta agli evangelisti. Il teologo Ratzinger scrive:

> [I racconti di Luca e Matteo,] secondo la loro concezione di fondo, sono saldamente collocati nella tradizione biblica di Dio Creatore e Redentore. Quanto al loro contenuto concreto, però, provengono dalla tradizione familiare.

Sarebbe dunque stata Maria a comunicare ai discepoli lo straordinario evento di aver concepito il figlio senza avere avuto rapporti sessuali con il marito. Se però fosse davvero così, si chiede Mancuso, come si spiega la scarsa attenzione del Nuovo Testamento, compresi gli Atti degli apostoli, nei confronti di Maria?

Tanto più che gli Atti sono stati scritti proprio da Luca, che menziona Maria solo una volta e quasi di sfuggita dando molto più spazio soprattutto a Paolo, poi a Pietro e persino ad altri personaggi secondari. È verosimile che a una rivelazione di quel peso non si faccia cenno? Da parte di uno «storico»? È concepibile che questo «storico», avendo saputo direttamente dalla protagonista un evento di tale portata trascuri Maria al punto da non scrivere nulla su di lei, da non darle nemmeno una volta la parola? Ovviamente si tratta di domande retoriche che hanno una sola risposta dal punto di vista storico: non è concepibile.

Infatti l'osservazione più ragionevole è che questi testi non reggono in realtà una vera analisi storica del loro contenuto, come del resto ha scritto il grande teologo (protestante) Rudolf Bultmann (1884-1976), secondo il quale la visione del mondo contenuta nel Nuovo Testamento è completamente mitologica. Circostanza che potrebbe non essere di necessità negativa, anzi. Un altro illustre teologo tedesco, Paul Tillich (1886-1965), anch'egli protestante come Bultmann, aggiunge che il tentativo di scoprire chi fosse il vero Gesù della storia deve considerarsi fallito. La cosa però, aggiunge, non ha molta importanza dal momento che la vera importanza del Cristo è di essere diventato un simbolo che conduce a una nuova forma di esistenza. Le pretese «vite di Gesù», scrisse, sono più romanzi che vere biografie. Il cristianesimo però non è basato sull'accettazione di un romanzo storico bensì sulla testimonianza del carattere messianico di Gesù: «La partecipazione, non la prova storica, garantisce la realtà dell'evento sul quale il cristianesimo si fonda».

Qui il discorso torna a Maria, dalla quale eravamo partiti. Anche di lei si potrebbe dire la stessa cosa. Le circostanze note della sua vita sono quasi insignificanti. Se dovessimo ragionare in termini «storici» dovremmo rinunciare in partenza a ogni giudizio. In realtà ciò che conta non è la sua pretesa storia ma la partecipazione che la sua figura ha suscitato in tutto il mondo nel corso di secoli. Lì è la garanzia dell'evento, la prova di una «realtà» che milioni di persone hanno immaginato, e quindi vissuto, come se fosse vera.

Si tratta, è ovvio, di una realtà speciale, non quella che comunemente definiamo tale nelle nostre piccole faccende di ogni giorno.

Quando si parla di Gesù in termini «storici», una delle osservazioni più comuni è che le fonti che lo riguardano sono state più volte manipolate; gli esegeti possono scorgere le impronte di queste alterazioni ma non sono in grado di ricostruire l'originale, il che contribuisce ad aumentare le interpretazioni e per conseguenza le divisioni e le ipotesi.

Nel caso di Maria non c'è nemmeno questo, non esistono testi che siano stati manipolati, c'è solo l'immenso bisogno di fede che ha costruito la sua figura nei termini in cui ci viene presentata, come abbiamo cercato di riferire nelle pagine di questo libro.

D'altronde molte persone «credono» senza bisogno di riflettere sulla propria fede, dal momento che «credere» rappresenta in sé un'immensa consolazione, tanto maggiore quanto più ci si abbandona con cieca fiducia alla propria fede. Tutte le religioni sono figlie di questo bisogno. L'anziana donna che, in tempi remoti, sacrificava ai lari domestici o venerava l'effigie di una qualche divinità, era mossa dall'identica necessità che oggi spinge alla recita del rosario o all'implorante genuflessione davanti a una banale statuina di gesso della Vergine.

Di un'ultima cosa questa conversazione mi ha fatto persuaso. Un essere umano avvertito ha certo bisogno di una dimensione spirituale, «virtute e canoscenza» passano anche da lì. Ma la scelta di questa «dimensione» ha un connotato così personale da poter difficilmente rientrare nella rigidità dogmatica, nelle distorsioni gerarchiche, nei complessi calcoli politici di una Chiesa. Da questo punto di vista il paganesimo era non solo più conciliante, ma rappresentava meglio la dimensione umanistica che una religione deve avere. È ciò che scrive Marc Augé nel suo *Genio del paganesimo*. Suonano convincenti queste parole: «Rispetto al cristianesimo, il paganesimo non oppone lo spirito al corpo né la fede al sapere; non pone la morale come principio esterno e trascendente la vita individuale e sociale; postula una continuità tra ordine biologico e ordine sociale». Discende da questa premessa la pratica della tolleranza di cui il paganesimo ha dato prova e che resta il suo lascito migliore insieme alla corrente filosofica e religiosa dello stoicismo, una delle più alte conquiste dello spirito umano. È un fatto che le guerre di religione che hanno insanguinato l'Europa per decenni sono figlie del monoteismo. Combattere in nome di un dio contro un altro dio, combattere e uccidere al grido «Dio lo vuole!» è un'idea che sarebbe parsa ripugnante agli occhi di un «pagano».

Ecco perché, per tornare al nostro tema, Maria ispira, anche a un non credente, sentimenti di serena partecipazione. La sua, anche da un punto di vista laico, è la figura di una «mediatrice» in una religione caratterizzata da grande rigidità e da norme che si pretende di imporre a tutti come «non negoziabili».

Da questo punto di vista sono contento – anche se lì per lì ho sobbalzato – che il professor Vannini abbia dichiarato che il culto di una permanente verginità anatomica di Maria ai nostri giorni appare anche per i cattolici in netto declino. Se Maria è la mediatrice, la consolatrice, la madre di tutti, più caratteristiche umane ha meglio è.

Affido queste pagine al lettore con la speranza che vengano giudicate – e se è il caso criticate – per ciò che contengono e non liquidate con una serie di generiche contumelie come purtroppo avvenuto talvolta in passato.

Da chi in teoria si dichiara pronto a offrire l'altra guancia, sarebbe auspicabile la virtù della tolleranza – o quanto meno di una ragionevole dialettica.

Bibliografia

La bibliografia su Maria è sterminata, superiore anche a quella su Gesù. Per un'informazione e un orientamento generale, si vedano:

Maria. Testi teologici e spirituali dal I al XX secolo, a cura della Comunità di Bose, Mondadori, Milano 2000.
Mariologia, a cura di S. De Fiores, V.F. Schiefer e S.M. Perrella, San Paolo, Cinisello Balsamo 2009.
Nuovo dizionario di mariologia, a cura di S. De Fiores e S. Meo, Paoline, Cinisello Balsamo 1985.
Testi mariani del primo millennio, 4 voll., Città Nuova, Roma 1989-2001.
Testi mariani del secondo millennio, 8 voll., Città Nuova, Roma 1996-2012.

Testi utilizzati e comunque citati nel presente libro:

Akenson, D.H., *Saint Saul: A Skeleton Key to the Historical Jesus*, Oxford University Press USA, New York 2002.
Anonimo Francofortese, *Teologia tedesca*, ed. bilingue, a cura di M. Vannini, Bompiani, Milano 2008.
Artemidoro, *Il libro dei sogni*, a cura di D. Del Corno, Adelphi, Milano 1975.
Augé, M., *Genio del paganesimo*, Bollati Boringhieri, Torino 2002.
Augias, C., Pesce, M., *Inchiesta su Gesù*, Mondadori, Milano 2006.
Augias, C., Cacitti, R., *Inchiesta sul cristianesimo*, Mondadori, Milano 2008.
Augias, C., Mancuso, V., *Disputa su Dio e dintorni*, Mondadori, Milano 2009.

Bachofen, J., *Il matriarcato*, Einaudi, Torino 1988.
Baigent, M., Leigh, R., Lincoln, H., *Il Santo Graal*, Mondadori, Milano 1982.
Barth, K., *Die Kirchliche Dogmatik*, Zurigo 1948.
Benjamin, W., *L'opera d'arte nell'epoca della sua riproducibilità tecnica*, a cura di E. Filippini, Einaudi, Torino 2000.
Bernanos, G., *Diario di un parroco di campagna*, Mondadori, Milano 2002.
Bhagavad Gītā, a cura di I. Vecchiotti, Ubaldini, Roma 1964.
Bloom, H., *Gesù e Yahvè. La frattura originaria tra Ebraismo e Cristianesimo*, Rizzoli, Milano 2007.
Bultmann, R., *Credere e comprendere*, Queriniana, Brescia 1986.
Corano (Il), a cura di A. Bausani, Bur, Milano 2000.
Denzinger, H., *Enchiridion Symbolorum*, ed. bilingue, Edb, Bologna 2012.
Dobraczyński, J., *L'ombra del padre. Il romanzo di Giuseppe*, Morcelliana, Brescia 1980.
Eckhart, M., *Commenti all'Antico Testamento*, ed. bilingue, a cura di M. Vannini, Bompiani, Milano 2012.
—, *I Sermoni*, a cura di M. Vannini, Paoline, Milano 2002.
Ehrman, B., *Sotto falso nome*, Carocci, Roma 2002.
Emmerick, A.K., *Le Rivelazioni*, Cantagalli, Siena 1998.
Engels, F., *L'origine della famiglia, della proprietà privata e dello stato*, Newton Compton, Roma 2006.
Eusebio di Cesarea, *Storia ecclesiastica e i Martiri della Palestina*, ed. bilingue, Desclée & C., Roma-Parigi-Tournai-New York 1964.
Feuerbach, L., *L'essenza del cristianesimo*, Laterza, Roma-Bari 2006.
Fromm, E., *Amore, sessualità e matriarcato*, Mondadori, Milano 1997.
Galgani, G., *Lettere di santa Gemma Galgani*, Postulazione dei PP. Passionisti, Roma 1979.
Galimberti, U., *La religione del cielo vuoto*, Feltrinelli, Milano 2013.
Giovanni della Croce, *Tutte le opere*, ed. bilingue, Bompiani, Milano 2011.
Giuseppe Flavio, *Antichità giudaiche*, a cura di L. Moraldi, Utet, Torino 2006.
Goethe, W., *Opere*, Sansoni, Firenze 1983.
Guidorizzi, G., *Il mito greco*, Mondadori, Milano 2009.

Guignebert, C., *Gesù*, Einaudi, Torino 1972.
Hadot, P., *Esercizi spirituali e filosofia antica*, Einaudi, Torino 2005.
Hegel, G.W.F., *Lezioni sulla Filosofia della Religione*, 2 voll., Zanichelli, Bologna 1974.
—, *Fenomenologia dello Spirito*, ed. bilingue, Bompiani, Milano 2000.
Hesse, H., *Siddharta*, Adelphi, Milano 1973.
Huizinga, J., *L'autunno del Medioevo*, Newton Compton, Roma 2011.
Jacopo da Varazze, *Legenda aurea*, Le Lettere, Firenze 2000.
Jung, C.G., *Opere*, 19 voll., Boringhieri, Torino 1965-2007.
Kerényi, K., *Gli dèi e gli eroi della Grecia*, Il Saggiatore, Milano 2001.
Kundera, M., *L'insostenibile leggerezza dell'essere*, Adelphi, Milano 1985.
Laurentin, R., *Maria nella storia della salvezza*, Marietti, Torino 1975.
—, *Le apparizioni della Vergine*, Piemme, Casale Monferrato 1989.
Lucrezio, *De rerum natura*, trad. it. di R. Raccanelli, Einaudi, Torino 2003.
Lutero, M., *Scritti religiosi*, a cura di V. Vinay, Utet, Torino 1967.
Maria di Ágreda, *Mistica città di Dio. La vita della Madonna secondo la venerabile Maria de Ágreda*, Segno, Tavagnacco (UD) 2012.
Moser, S., *La fisica soprannaturale. Simone Weil e la scienza*, San Paolo, Cinisello Balsamo 2012.
Mulack, C., *Maria vergine e ribelle. La dea nascosta del cristianesimo*, Red, Como 1996.
Neumann, E., *La Grande Madre*, Astrolabio-Ubaldini, Roma 1981.
Newman, J.H., *Lo sviluppo della dottrina cristiana*, Jaca Book, Milano 2003.
Nietzsche, F., *L'Anticristo*, Adelphi, Milano 1970.
Patañjali, *Aforismi sullo Yoga*, a cura di C. Pensa, Boringhieri, Torino 1978.
Pinkus, L., *Il mito di Maria. Un approccio simbolico*, Borla, Roma 1986.
Platone, *Simposio*, ed. bilingue, Rizzoli, Milano 1985.
Plutarco, *Vite parallele*, a cura di C. Carena, Einaudi, Torino 1958.
—, *Dialoghi delfici*, Adelphi, Milano 1983.

Porfirio, *Lettera a Marcella*, a cura di G. Faggin, Fussi-Sansoni, Firenze 1954.
Rahner, K., *Maria, Madre del Signore*, Esperienze, Fossano 1962.
—, *Verginità di Maria*, in *Dio e Rivelazione. Nuovi saggi VII*, Paoline, Roma 1981.
Ratzinger, J. (Benedetto XVI), *L'infanzia di Gesù*, Rizzoli, Milano 2012.
Reimarus, H., *I frammenti dell'Anonimo di Wolfenbüttel*, Bibliopolis, Napoli 1977.
Renan, E., *Vita di Gesù*, Newton Compton, Roma 2012.
Ricca, P., Tourn, G., *Gli evangelici e Maria*, Claudiana, Torino 1987.
Silesius, A., *Il pellegrino cherubico*, ed. bilingue, a cura di G. Fozzer e M. Vannini, San Paolo, Cinisello Balsamo 2002.
Söll, G., *Storia dei dogmi mariani*, Las, Roma 1981.
Soranzo, M., *Maria nell'arte occidentale*, Alba, Dossier di «Vita Pastorale», agosto 2000.
Spinoza, B., *Etica e Trattato teologico-politico*, Utet, Torino 2013.
Talmud babilonese, Utet, Torino 1982.
Taulero, G., *I Sermoni*, a cura di M. Vannini, Paoline, Milano 1997.
Teresa d'Ávila, *Tutte le opere*, ed. bilingue, Bompiani, Milano 2012.
Teresa di Lisieux, *Storia di un'anima. Scritti autobiografici*, Città Nuova, Roma 2000.
Tillich, P., *Teologia sistematica*, Claudiana, Torino s.d.
Vallet, O., *Le spiritualità indiane*, L'Ippocampo, Roma 2012.
Valtorta, M., *L'Evangelo come mi è stato rivelato*, 10 voll., Centro Editoriale Valtortiano, Isola del Liri (FR) 2001.
Vangeli apocrifi (*I*), a cura di M. Craveri, Einaudi, Torino 1990.
Vangeli di Natale (*I*), a cura di G. Ravasi, San Paolo, Alba 1992.
Vannini, M., *Lessico mistico*, Le Lettere, Firenze 2013.
—, *Oltre il cristianesimo*, Bompiani, Milano 2013.
Vico, G., *La Scienza nuova*, Rizzoli, Milano 1977.
Virgilio, *Tutte le opere*, ed. bilingue, Sansoni, Firenze 1992.
Weil, S., *Quaderni*, 4 voll., a cura di G. Gaeta, Adelphi, Milano 1982-1993.
Xella, P., *Gli antenati di Dio*, Essedue, Verona 1982.
Zola, É., *Viaggio a Lourdes*, Medusa, Milano 2010.

Indice dei nomi

Indice generale

Finito di stampare
nel mese di agosto 2013 presso
Grafica Veneta S.p.A. - Via Malcanton, 2 - Trebaseleghe (PD)

Printed in Italy